Heike Werner

Mathias Wallner

Architektur und Geschichte in Deutschland

Anmerkungen:
Die angegebene Bauzeit umfasst in der Regel auch die Planungszeit.
In Klammern angegebene Daten zu Titel- und Würdenträgern beziehen
sich auf die Amtszeit.
Zitate sind zumeist in der aktuellen Rechtschreibung wiedergegeben.

© Heike Werner Verlag, München 2006
Alle Rechte vorbehalten.

Die Deutsche Bibliothek verzeichnet diese Publikation in der deutschen
Nationalbibliografie; detaillierte bibliografische Daten sind im Internet
über http://dnb.ddb.de abrufbar.

Heike Werner Verlag
Reitmorstr. 8
80538 München
www.Heike-Werner-Verlag.de

Urhebernachweis der Abbildungen siehe Seite 176.

Lektorat: Nini Temel
Reproduktionen: Rehmbrand, Rehms & Brandl Medientechnik GmbH,
München
Druck und Bindung: Passavia Druckservice GmbH & Co. KG, Passau

Printed in Germany
ISBN-13: 978-3-9809471-1-4
ISBN-10: 3-9809471-1-4

Inhalt

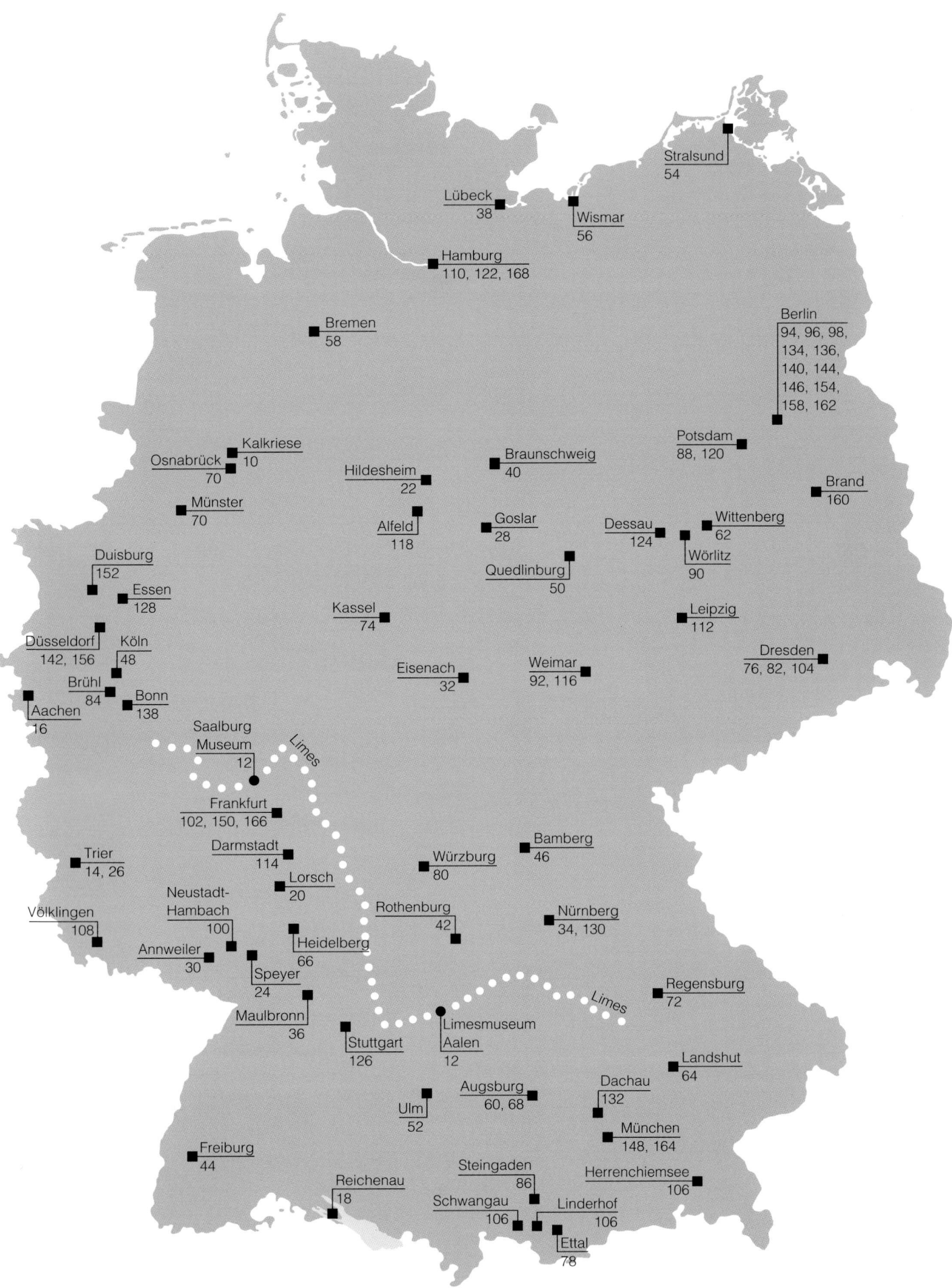

Stralsund
54

Lübeck
38

Wismar
56

Hamburg
110, 122, 168

Bremen
58

Berlin
94, 96, 98,
134, 136,
140, 144,
146, 154,
158, 162

Potsdam
88, 120

Brand
160

Kalkriese
10

Osnabrück
70

Hildesheim
22

Braunschweig
40

Münster
70

Alfeld
118

Goslar
28

Dessau
124

Wittenberg
62

Duisburg
152

Wörlitz
90

Essen
128

Quedlinburg
50

Leipzig
112

Düsseldorf
142, 156

Köln
48

Kassel
74

Brühl
84

Bonn
138

Eisenach
32

Weimar
92, 116

Dresden
76, 82, 104

Aachen
16

Saalburg
Museum
12

Limes

Frankfurt
102, 150, 166

Trier
14, 26

Darmstadt
114

Bamberg
46

Würzburg
80

Lorsch
20

Neustadt-
Hambach
100

Rothenburg
42

Nürnberg
34, 130

Völklingen
108

Heidelberg
66

Annweiler
30

Regensburg
72

Speyer
24

Limes

Maulbronn
36

Stuttgart
126

Limesmuseum
Aalen
12

Landshut
64

Augsburg
60, 68

Dachau
132

Ulm
52

München
148, 164

Freiburg
44

Steingaden
86

Herrenchiemsee
106

Reichenau
18

Schwangau
106

Linderhof
106

Ettal
78

Angegeben sind die Seitenzahlen.

Vorwort

Architektur ist mehr als Baukunst. Bauwerke spiegeln stets die Geschichte ihrer Epoche; man muss sie nur zu lesen verstehen. Geschichte und Architektur sind eng miteinander verknüpft, die Schnittmenge beider Disziplinen ist umfangreich. Beide können dazu dienen, die jeweils andere besser zu verstehen. Im Zentrum dieser Schnittmenge steht schließlich der Mensch. Architektur wie Geschichte erzählen von ihm, von seinem Alltag, seinen Organisationsformen und Institutionen, von seiner spirituellen Sehnsucht, seinem Weltbild und seinem Machtstreben.

Das vorliegende Buch zeigt anhand einer Auswahl von 80 Beispielen aus der Architekturlandschaft der Bundesrepublik diesen engen Zusammenhang. Folgende Auswahlkriterien lagen dabei zugrunde:

Das Gros der vorgestellten Bauwerke repräsentiert seine jeweilige Epoche in einzigartiger Weise. In den Baustilen spiegeln sich die gesellschaftlichen und politischen Gegebenheiten der betreffenden Zeit. Beispielsweise lässt sich in Aufbau und Gestalt einer barocken Residenz das Wesen des Absolutismus erkennen.

Einige der vorgestellten Bauten markieren jedoch auch den Beginn einer neuen Epoche in Deutschland, sei es durch einen kulturellen Umbruch oder einen technischen Fortschritt. So trat der Bautyp Rathaus erst mit der Ausbildung des Bürgertums und dessen politischen Repräsentationsbedürfnis auf, ein unverkennbares Zeichen für einen gesellschaftlich-kulturellen Wandel.

Schließlich gibt es Gebäude, die durchaus auch von architekturgeschichtlichem Interesse sind, doch alleine schon wegen ihrer Verknüpfung mit einem bedeutenden historischen Ereignis aufgenommen wurden; die Frankfurter Paulskirche ist ein solches Beispiel.

Die unterschiedlichen Auswahlkriterien beeinflussten die Reihenfolge, in der die Bauten vorgestellt werden. Grundsätzlich ist sie an der Zeit der Entstehung orientiert, doch waren Abweichungen unvermeidbar. Ein Beispiel ist wiederum die Paulskirche: Ihr Grundstein wurde im 18. Jahrhundert gelegt, doch gewann sie ihren Symbolcharakter im Jahr 1848 mit der ersten deutschen Parlamentsversammlung; zerstört im Zweiten Weltkrieg, erwuchs sie in veränderter Gestalt zum Symbol der jungen Bundesrepublik. Hier überlagern sich wie bei vielen Beispielen die historischen und die architektonischen Momente, was eine Entscheidung verlangte. So beginnt das Buch mit der Vorstellung eines hochmodernen Gebäudes, welches jedoch auf ein Ereignis der Antike Bezug nimmt.

Die ausgewählten Bauwerke decken alle Epochen ab, wobei der Schwerpunkt auf dem 20. Jahrhundert liegt. Letzteres ergab sich aus dem stärkeren Gegenwartsbezug sowohl der Architektur als auch der historischen Ereignisse dieser Zeit; die unmittelbar zurückliegende Vergangenheit hat die größte Prägekraft auf die Gegenwart.

Durch das so entstehende Geschichtsbild ist dieses Buch auch eine Annäherung an Deutschland. Das schließt die dunklen Seiten seiner Geschichte mit ein. Eine vertiefte historische Auseinandersetzung jedoch, wie sie insbesondere die Zeit des Nationalsozialismus und des Holocaust verlangt, entsprach nicht der Konzeption dieses Buches. Ausgangspunkt ist der architektonische Blickwinkel, was mitunter eine nur schlaglichtartige Geschichtsdarstellung zur Folge hat.

Es gehört zu den Absichten der Autoren, durch die Auswahl beim Leser ein weitergehendes Interesse für Geschichte und Architektur zu wecken.

Heike Werner und Mathias Wallner

Museum und Park Kalkriese am Ort der Varusschlacht

Architekten:
Gigon / Guyer, 1998 - 2002
Landschaftsarchitekten
Zulauf Seippel Schweingruber, 1998 - 2000

Zunächst zu den wenigen gesicherten Fakten: Mehr als 15 000 Soldaten, drei römische Legionen, marschierten im Jahre 9 n. Chr. durch ein unwegsames Gelände; leichten Nieselregen darf man sich dazu getrost vorstellen, dass der Boden morastig war, ist sogar überliefert. Nun hatten einige Germanenstämme unter der Führung des Cheruskers Arminius einen Hinterhalt vorbereitet, und verwickelten die offenbar übertölpelten Legionen des Feldherren Publius Quinctilius Varus in eine Schlacht. Seit 1989, als die archäologischen Grabungen in Kalkriese begannen, verdichten sich die Hinweise, dass die legendäre Varusschlacht genau hier stattfand. Die Rekonstruktion des exakten Schlachtverlaufs ist noch in vollem Gange und kann von den Besuchern des Museums mitvollzogen werden; die Archäologie präsentiert sich hier als Detektivspiel und reflektiert coram publico ihre Vorgehensweise. Historisch gesichert ist jedoch bereits Folgendes: Das Schlachtfeld war für die Angegriffenen deshalb so fatal, weil sie sich durch ein Moor auf der einen und durch einen Hügel auf der anderen Seite jeder Fluchtmöglichkeit enthoben sahen. Die Germanen, die ohnehin schon das Überraschungsmoment auf ihrer Seite hatten, nutzten also auch das Gelände. Zusätzlich hatten sie, wie Funde vermuten lassen, das Erreichen der Hügelkette durch Wälle und Absperrungen erschwert. Das Moor, die künstlichen Erdwälle und sogar die Hügelkette existieren heute nicht mehr. Hier setzte die Arbeit der Landschaftsarchitekten ein, als man an den Bau des Museums und seines Parks ging: Das Schlachtfeld wurde durch Bepflanzungen und künstliche Erhebungen rekonstruiert. Die mutmaßlichen Marschwege der beiden Truppenteile sind am Boden in verschiedenen Materialien – Eisen für die Römer, Holz für die Germanen – gekennzeichnet bis zu jenem Punkt, wo der aus Eisen geführte Marschweg

im völligen Chaos und in der Auflösung endet, ein Sinnbild des römischen Desasters. Im Park wandelt der Besucher also auf den vermuteten Pfaden der einzelnen Truppen, und wird in drei Pavillons eingeladen, das Erfahrene und Erlaufene zu überdenken: »Hören«, »Sehen« und »Fragen« lautet jeweils das Thema. Man kann das Gelände aber auch vom Turm des Museums überblicken, wie vom Wachturm eines Heerlagers. Die rostroten Stahlplatten der Fassade zitieren hier das Material der meisten Fundstücke; gleichzeitig deuten Material und Form des Bauwerks auch auf die militärische Strenge und die Rohheit des Krieges hin.
Die verheerende Niederlage der stets siegesgewissen Römer ließ die Welt aufhorchen und führte zu einer Wende in der römischen Geschichte. Einmal in ihrem Expansionsdrang gestoppt, verzichteten die Römer nun auf eine Ausbreitung ihrer Kultur im nördlichen Teil Germaniens. Sie beschränkten sich auf das Limesgebiet und nahmen weiter keinen Einfluss auf jene Entwicklungen, die zur Völkerwanderung und zum Untergang der römischen Welt führten. Nachdem die Schlacht und auch ihr Ort über die Jahrhunderte in Vergessenheit geraten waren, gaben die 1514 wieder entdeckten Tacitus-Schriften den Gelehrten Rätsel auf. Die Suche nach dem als »teutoburgiensis saltus« bezeichneten Ort der Schlacht endete zunächst damit, dass der Fürstbischof von Paderborn, voller Überzeugung die genaue Lage zu kennen, dem Teutoburger Wald seinen Namen verlieh. Arminius, der Anführer der Germanen, musste schließlich im 19. Jahrhundert als »Hermann« die Rolle einer deutschen Identifikationsfigur und Einheitsikone übernehmen, wozu er sich als überkonfessioneller Schlachtensieger anzubieten schien – dabei ging es allerdings sehr unhistorisch und unsympathisch zu. Das Museum in Kalkriese ist von derlei fragwürdigen Sinnstiftungen meilenweit entfernt.

Die Maske eines Legionärs zählt zu den eindrucksvollsten Fundstücken von Kalkriese.

Vom Turm des Museums überblickt man das Gelände der Varusschlacht. Im Park markieren Wege aus Stahlplatten die vermutete Marschroute der Römer.

Der Limes – Grenze des Römischen Imperiums in Deutschland

Bauzeit:
um 100 n. Chr. - um 150 n. Chr.

Das Limesmuseum in Aalen veranstaltet jedes Jahr die Römertage.
Aus der Luft zeigt sich der Limes bei Petersbuch als schnurgerade Linie (gegenüber).

Im Römerkastell Saalburg lässt sich heute der Alltag der Legionäre erahnen.

In seiner Ausdehnung ist der Limes ein eindrucksvolles Zeugnis des Römischen Imperiums. Die Grenzanlagen erstreckten sich vom Rhein, nahe Koblenz, über etwa 550 Kilometer durch das heutige Südwestdeutschland, und enden bei Eining, westlich von Regensburg. Der Verlauf des Limes ist nicht zuletzt dank ergiebiger Forschungen im 19. Jahrhundert gesichert. In jüngster Zeit wird der genaue Bestand sogar anhand von Luftbildern ermittelt, denn das größte archäologische Bodendenkmal Deutschlands ist am Boden nur noch teilweise erkennbar.

Die römische Expansion in Germanien hatte mit der vernichtenden Niederlage in der Varusschlacht einen erheblichen Rückschlag erlitten. Etwa ein halbes Jahrhundert später begann allerdings ein erneutes, wenngleich zögerliches Ausgreifen im rechtsrheinischen Gebiet und von den Alpen her nach Norden, Richtung Donau; in diesen Gegenden hatte es schon früher erste Grenzanlagen gegeben. Der systematische Ausbau des Limes, vermuten Archäologen, begann um 100 n. Chr. und war etwa 50 Jahre später durchgehend wie oben beschrieben gezogen.

Der Limes war jedoch nicht als unberührbare und unüberwindliche Grenzlinie konzipiert. Meist war die Grenze eine Palisade aus Eichenpfählen, später kam mancherorts ein Graben und ein etwa zwei Meter hoher Erdwall hinzu. Die eigentliche Grenzsicherung funktionierte anders: Der Limes mit seinen über 900 Wachtürmen diente in erster Linie als Informationssystem. Dabei bildeten die Wachtürme das Grundgerüst einer Kommunikationskette. Nachrichten über gefährliche Bewegungen wurden mittels Feuer- oder Rauchzeichen schnellstmöglich an die anderen Türme, gleichzeitig aber auch an die hinter der Linie liegenden Kastelle gegeben. So kam das Abwehrsystem der Römer in Gang. Durch das hervorragende Straßennetz konnten binnen kurzem auch die in Obergerma-

nien und Rätien liegenden Legionen – Eliteeinheiten von etwa 5 000 Mann – mobilisiert und herbeigerufen werden. Der Limes war dabei möglicherweise schon überrannt. Dies war jedoch keine militärische Katastrophe, so lange das Informationssystem garantierte, dass die Eindringlinge in kurzer Zeit gestellt werden konnten.

Zum Limes gehörte also nicht nur die Grenzlinie mit den Wachtürmen, sondern zahlreiche weitere Anlagen. Die etwa 60 Kastelle waren in erster Linie Kasernen, alle jeweils ähnlich konstruiert. Außerhalb ihrer Mauern gab es neben den Thermen stets auch zivile Siedlungen. Diese stellten die Versorgung der Legionen sicher, denn die Armee versorgte ihre Soldaten nur mit Sold, nicht mit Nahrung. Die beiden Provinzen »Germania superior« und »Raetia« hatten außerdem drei große Legionsstützpunkte: Regensburg, Mainz und Straßburg.

Der Fall des Limes begann 233 n. Chr., als etliche Grenzlegionen für den Krieg gegen die Perser abgezogen wurden. Die Germanen nutzten die Schwäche sofort aus und fielen nun regelmäßig plündernd in die römischen Provinzen ein. Etwa um 260 n. Chr. wurde die Grenze endgültig überrannt, so dass die Römer das umkämpfte Limesgebiet schließlich aufgaben. Aus den prosperierenden Provinzen wurden nun innerhalb weniger Jahrzehnte verarmte Landstriche, in denen nach und nach Germanen siedelten. Für das Gebiet zwischen Limes, Rhein und Donau ist aus dem Jahre 297 n. Chr. erstmals der Name »Alemannia« überliefert. Heute existieren zahlreiche touristische Angebote entlang des Limes. Da ist zum Beispiel der Deutsche Limes-Radweg oder die Deutsche Limes-Straße, die zu Ausgrabungsstellen und rekonstruierten Anlagen führen. Besonders erwähnenswert sind hier die um 1900 wieder aufgebaute Kastellanlage Saalburg im Taunus und das Limesmuseum im baden-württembergischen Aalen.

Bauzeit:
1.-4. Jahrhundert n. Chr.

Die Porta Nigra (oben; gegenüber) und die wieder aufgebaute Konstantinsbasilika.

Unter den Kaiserthermen verläuft ein Netz aus alten Wasserkanälen und Gängen.

Das Trier der Römer – Weltstadt der Antike

Unter allen deutschen Städten, die je den Ruf einer Metropole für sich beanspruchen konnten, ist Trier zweifellos die älteste. Einst wurde von hier aus der westliche Teil des Römischen Reiches verwaltet, der sich von Britannien bis nach Nordafrika erstreckte.

Die Gründung der römischen Stadtkolonie »Augusta Treverorum« fällt etwa in die Zeitenwende. »Augusta« verweist dabei auf Kaiser Augustus (27 v. Chr. - 14 n. Chr.), »Treverorum« bezieht sich auf den damals wohl schon weitgehend romanisierten Stamm der Treverer, der hier seit vorgeschichtlicher Zeit siedelte. In den folgenden 250 Jahren erlebte die Stadtkolonie einen raschen ökonomischen Aufstieg. Das lag an der verkehrsgünstigen Lage – über Trier führten zahlreiche römische Handelsstraßen – sowie an der Nähe zum nichtrömischen Germanien; denn vor dem Einsetzen der Spannungen, welche bereits als Vorboten der Völkerwanderung gedeutet werden konnten, herrschte zwischen den romanisierten und den germanischen Regionen ein reger Warenverkehr über den Limes.

Das änderte sich erst mit dem Niedergang des Limes, Mitte des 3. Jahrhunderts. Das ganze Imperium Romanum geriet damals in die krisenhafte Defensive. Es wurde noch stärker als bisher unter militärischen Gesichtspunkten organisiert. Trier profitierte von dieser Umstrukturierung. Die Stadt lag strategisch günstig. Einerseits in Reichweite des Rheins, andererseits durch einen gewissen Abstand zu den Germanen vor plötzlichen Überfällen geschützt. Daher wählten einige Kaiser Trier zur zeitweiligen Residenz und als Sitz der wichtigen Verwaltungs- und Steuerbehörden des Westreichs. Man spricht vom Westreich, da es seit Diokletian (284-305) mehrere Reichsteile und meist auch mehrere Kaiser gab. Triers Status als Weltstadt begann mit dieser eher verwaltungstechnisch bedingten Teilung des Imperiums, um 300 n. Chr., und dauerte etwa 100 Jahre.

Zahlreiche Bauwerke zeugen von der spätantiken Blüte. Berühmt ist vor allem die Porta Nigra, das wohl am besten erhaltene Stadttor der Antike. Seinen vom Ruß und Staub der Jahrhunderte geschwärzten Steinen verdankt es seinen Namen. Durch das »Schwarze Tor« verlief einst die Hauptstraße, der »cardo maximus«, der noch heute in der Simeonstraße erkennbar ist. Die um 175 n. Chr. erbaute Porta Nigra war Teil der Wehranlagen der Stadt, welche zunächst nichts mit dem Andrang der Germanen zu tun hatten, sondern eher wegen innerrömischer Zwistigkeiten errichtet wurden. Im Mittelalter diente das Tor als Kirche, was das sonst übliche Abtragen und Wiederverwenden der mächtigen Steine verhinderte.

Neben dem um 100 n. Chr. errichteten Amphitheater, dem ältesten noch sichtbaren Bauwerk in Trier, gehören die Barbara- und die Kaiserthermen zu den antiken Sehenswürdigkeiten der Stadt. Die Reste der Thermen gewähren heute einen einzigartigen Einblick in die römische Bäderkultur; wobei die Kaiserthermen um 364 n. Chr. in ein repräsentatives Gebäude der Kaiserresidenz umfunktioniert wurden.

An Kaiser Konstantin (306 - 337), der mit dem Toleranzedikt von Mailand im Jahr 313 die Christenverfolgung beendete, erinnert die Konstantinsbasilika. In der ursprünglich, etwa zwischen 305 und 311, als Palastaula, einem kaiserlichen Empfangsraum, erbauten Kirche ist allerdings nicht viel römische Bausubstanz erhalten. Alle Geschichtsepochen hinterließen hier ihre Spuren: die Verwüstungen der Völkerwanderungszeit, die Umfunktionierung zu einer Burg des Trierer Erzbischofs im Mittelalter, Umbauten im 19. Jahrhundert zur Kirche und schließlich die weitgehende Zerstörung im Zweiten Weltkrieg. Dennoch gehört auch die wieder aufgebaute Basilika zu den eindrucksvollen Zeugnissen aus Triers großer Zeit als einer der Hauptstädte der spätantiken Welt.

Die Pfalzkapelle in Aachen – Krönungsort der Könige

Architekt:
Odo von Metz, zugeschrieben, um 790 - 805
Kuppelmosaik
Jean de Bethune, 1880 - 1881
Wandmosaiken, Marmorvertäfelung
Hermann Schaper, 1897 - 1913

Die Silberbüste Karls des Großen (768 - 814) ist das Prunkstück der Domschatzkammer.

Umbaut von der gotischen Chorhalle, dem Westturm und kleinen Kapellen ist die Pfalzkapelle heute Teil des Aachener Doms.

Das Reich Karls des Großen gehörte zu den größten Imperien, die je auf europäischem Boden bestanden. Es erstreckte sich von den Pyrenäen bis nach Sachsen und beinhaltete weite Teile der italienischen Halbinsel, des heutigen Frankreichs und Deutschlands. Gleichzeitig sorgte der im Jahr 800 zum Kaiser gesalbte Frankenkönig für eine Verschiebung des Zentrums im Frankenreich: Das neue Kernland bildete die Region um Aachen, verschob sich also in den Osten des Kontinents. Karl der Große war zwar wie alle seine mittelalterlichen Nachfolger ein Reisekaiser, der von Ort zu Ort zog, um jeweils punktuell seine Macht zu demonstrieren; es gab aber bevorzugte Aufenthaltsorte. Aachen nahm dabei eine absolute Spitzenstellung ein. Hier vollbrachte Karl seine größte bauliche Tat, die Gründung der Aachener Pfalz. Die im Jahr 805 geweihte Pfalzkapelle, deren Bau der Kaiser sogar nachweislich persönlich überwachte, ist das einzig erhaltene Bauwerk dieser Anlage. Gemäß den acht Seligpreisungen Christi in der Bergpredigt orientiert sich der Grundriss der Kapelle an dieser Zahl: So entstand das berühmte Oktogon, das in zwei Geschossen von Gängen, getragen wieder von den acht Eckpfeilern, umrundet wird. Zahlensymbolik auch in der Umrundung: Sie misst 144 Fuß, und erinnert so an die Maßzahl des Himmlischen Jerusalem. Als Vorbild wird im Allgemeinen die Kirche San Vitale in Ravenna genannt, die Karl auf dem Weg zu seiner Krönung in Rom selbst besucht haben soll. Über die Vermittlung Ravennas sind byzantinische Einflüsse vorhanden, und da Byzanz bis dahin als die einzig legitime Nachfolgerin Roms galt, verweist die Aachener Pfalzkapelle letztendlich auch auf die alte Kaiserstadt und die durch Karl wiederbelebte Tradition des Römischen Imperiums. Es gab durchaus Zeitgenossen – etwa den Hofintellektuellen Alkuin – die Aachen zu einem neuen Rom verklärten.

Die Pfalzkapelle ist das Juwel des heutigen Doms, der sich im Verlauf einer etwa tausendjährigen Baugeschichte aus der Kapelle entwickelte. Angesichts der historischen Wichtigkeit der Pfalzkapelle ist jedoch nicht nur vom Gründer der Kirche und seiner Ära zu sprechen. Aachens Bedeutung im Reichsgefüge blieb aufgrund seiner Rolle als Krönungsort lange Zeit enorm. Am »rechten Ort« gekrönt zu werden war für die mittelalterlichen deutschen Könige, die dann im Allgemeinen auch Kaiser wurden, von entscheidender Wichtigkeit. Im Jahr 1257 beispielsweise wählten die für die Königswahl verantwortlichen Fürsten zwei Könige. Ein Teil der Fürsten unterstützte Alfons von Kastilien, der andere Teil Richard von Cornwall. Erfreulicher Weise blieb ein Krieg aus; die Gegenkönige verlegten sich aufs Prozessieren in Rom. Und hier brachte Richard das entscheidende Argument zur Geltung: Anders als sein Konkurrent konnte er eine Krönung in Aachen vorweisen. Das war ein stechender Trumpf innerhalb seiner Anstrengung um allgemeine Anerkennung.
Im Jahr 1356 ließ Karl IV. schließlich in der Goldenen Bulle – einer Art Grundgesetz des Spätmittelalters – festlegen, dass sich nur derjenige rechtmäßiger deutscher König nennen dürfe, der in Aachen korrekt gekrönt worden sei.
Die Kaiser hatten ein besonderes Faible für Karl den Großen. Insbesondere seit Barbarossa, der 1165 für dessen Heiligsprechung sorgte und der Pfalzkapelle einen riesigen Leuchter stiftete, stellte sich fast jeder Kaiser bewusst in eine Traditionslinie mit dem Franken; in Frankreich galt dasselbe. Hier sah man in Karl den »imperator gallicus«, und noch Napoleon sprach von ihm als »unserem Vorgänger«. Insofern begann mit Karl dem Großen und seiner Reichsgründung tatsächlich so etwas wie eine gesamteuropäische Geschichte, und Aachen samt seiner Pfalzkapelle hat darin einen bedeutenden Platz.

Die Mosaiken und Marmortafel im Innern
der Pfalzkapelle stammen aus wilhelmini-
scher Zeit. Auf der Galerie ist der schlichte
Krönungsthron aus Marmor zu sehen.

Die Klosterinsel Reichenau im Bodensee
Ein frühmittelalterliches Reichszentrum

Architekten:
St. Peter und Paul
Bischof Egino von Verona zugeschrieben,
und andere, um 799 - um 1100

Münster St. Maria und St. Markus
Abt Heito I. und andere, um 816 - um 1048
Umbau Chor 15. Jahrhundert

St. Georg
um 900

St. Peter und Paul in Niederzell.

Die Wandmalerei in der Apsis von St. Peter und Paul entstand im 12. Jahrhundert.

Die Macht der Reichenauer Mönche war groß. Sie erzogen Prinzen, leiteten Delegationen in hochbrisanten kaiserlichen Missionen und waren Königsmacher. Ebenso bedeutend wie ihr politischer Einfluss war ihr Wirken als Kunstförderer und Kulturschaffende. Unter ihnen waren Musiker, Meister der Buchkunst, vortreffliche Maler und bedeutende Dichter wie Abt Walahfrid Strabo. Alles begann mit dem Heiligen Pirmin, einem Missionar, der das Inselkloster wohl um das Jahr 724 gründete. Die hier ansässigen Alemannen gehörten zwar seit kurzem zum expandierenden Frankenreich, waren daher auch schon getauft, aber noch nicht wirklich christianisiert. Pirmins Gründung sollte helfen, diesen neu erworbenen Teil des Frankenreiches zu missionieren und so – politisch gesehen – dem wachsenden Reich zu innerer Einheit verhelfen. Das Kloster wuchs rasch, dank zahlreicher Schenkungen. Im 9. und 10. Jahrhundert lebten ständig um die hundert, oft auch erheblich mehr Mönche hier. Man sagte zu Reichenaus Blütezeit, dass der Abt, wenn er zum Papst nach Rom reiste, stets auf seinen eigenen Ländern nächtigen könne!

In der Karolingerzeit rückte das Kloster immer wieder ins Zentrum der Politik. So brachte der Frankenkönig Karl der Große (768-814) nach seinem Sieg über die Sachsen seinen Gegner Widukind hierher. Der blieb, freiwillig oder nicht, und wurde Mönch.

Dass Karl Vertrauen in die Reichenauer Benediktiner hatte, zeigte sich Jahre später erneut. Er nannte sich inzwischen Kaiser, was zu erheblichen Spannungen mit Ostrom führte. Karl sandte den Reichenauer Abt Heito I. mit einer Delegation nach Byzanz, um über die Anerkennung des Kaisertums zu verhandeln. Heitos Mission war erfolgreich und Karl konnte seinen Titel behalten.

Im Jahr 891 wurde der Reichenauer Abt Hatto III. wichtigster Kirchenfürst im Reich, der Erzbischof von Mainz.

In dieser Position leitete er 911 in entscheidender Weise die Königswahl Konrads I. Auch in der nach Konrad beginnenden Ottonenzeit spielte die Klosterinsel Reichenau eine wichtige reichspolitische Rolle.

Danach allerdings begann ein stetiger Niedergang. Im ausgehenden Mittelalter sollen gerade noch drei Mönche hier gelebt haben. Während der Säkularisation 1803, als das Kloster, wie viele andere Kirchenbesitztümer auch, zugunsten der Staatskasse enteignet wurde, löste sich die Bruderschaft auf. Erst seit 2004 gibt es wieder benediktinisches Klosterleben auf der Insel.

Drei Kirchen auf der Reichenau zeugen von der ruhmreichen Vergangenheit. Abt Heito I. ließ nach seiner Byzanz-Reise eine dreischiffige Kreuzbasilika weihen, St. Maria und St. Markus. An den heute noch authentisch erhaltenen Bauteilen kann man ablesen, dass Heito die Kirche nach byzantinischen Vorbildern gestalten ließ.

Schon im Jahr 799 wurde in Niederzell die Kirche St. Peter und Paul geweiht. Egino, der Bischof von Verona, leitete, ebenso wie Heito, den Bau seiner Kirche persönlich. Er hatte sogar eigens Steinmetze aus seinem Bistum mitgebracht und sorgte für eine Ausstattung, wie sie in Verona üblich war.

In Oberzell steht die Kirche St. Georg, die ebenfalls zum Klosterkomplex gehörte. Hier zeugen ottonische Wandbilder von der Kulturblüte des Klosters. Der Ursprung der kunstfertigen Wandmalereien, mit denen die Reichenauer Mönche sich einen herausragenden Platz in der frühmittelalterlichen europäischen Kunstgeschichte sicherten, ist in der Buchkunst zu sehen. Ausgestattet mit einer der besten Bibliotheken ihrer Zeit, schufen die Mönche prunkvolle, mit Buchmalereien verzierte Abschriften. Es war wohl naheliegend, dass sie ihre ausgereiften Darstellungstechniken in die Wandmalereien übertrugen, die die Innenräume dieser frühmittelalterlichen Kirchen prägen.

Einige Wandgemälde der Kirche St. Georg
stammen aus dem 10. Jahrhundert.

Das Kloster Lorsch – die Geschichte eines Königsklosters

Bauzeit:
Königshalle
frühes 9. Jahrhundert

Von der Vorkirche des Klosterkomplexes steht nur noch ein Teil des Mittelschiffs.

Die Königshalle gehört zu den wenigen erhaltenen karolingischen Bauten in Deutschland. In ihre Fassade sind römische Kapitelle eingearbeitet.

Der heute noch sichtbare Teil des einst so bedeutenden Klosters Lorsch beschränkt sich auf die Königshalle und die Überreste einer romanischen Kirche nebst einigen Ausgrabungsstätten. Die Königshalle entstand im 9. Jahrhundert und ist mit Zitaten römischer Baukunst geschmückt, wenngleich einige Veränderungen im 14. Jahrhundert erst zu ihrem heutigen Aussehen führten. Ihre eigentliche Funktion ist nicht gesichert, doch lässt ihre Lage im Gesamtkomplex darauf schließen, dass sie dem feierlichen Empfang des Königs diente. Damit wäre die Halle allerdings kein eigentlicher »Profanbau«, denn der Empfang des Königs hatte durchaus liturgischen Charakter.

Das Benediktinerkloster Lorsch wurde erstmals im Jahr 764 urkundlich erwähnt. Als es bald darauf in den Besitz der Reliquien des Märtyrers Nazarius gelangte, war sein ökonomischer Aufstieg gesichert. In der mittelalterlichen Rechtsvorstellung war der Heilige fortan der oberste und eigentliche Besitzer des Klosters. Ihn, also Nazarius, zu beschenken, förderte das Seelenheil. Einen weiteren Bedeutungsgewinn verbuchte das Kloster, als Karl der Große im Jahr 772 in die Rechte des irdischen Sachwalters des Märtyrers eintrat, was bedeutete, dass das Kloster nun ihm gehörte. Fortan förderte, wer Nazarius beschenkte, auch sein Ansehen bei Hof. Dieser Umstand machte das Kloster bald zu einem der reichsten Körperschaften östlich des Rheins.

Die Pflichten eines Königsklosters waren umfangreich. Zu den liturgischen Diensten für den königlichen Eigenherren – das waren Gebetsleistungen für dessen Seelenheil – traten nun auch weltlich-politische Aufgaben, wie etwa die Übernahme von Gesandtschaften durch den Abt, die aufwändige Verpflegung des Hofes und sogar das Stellen eines Soldatenkontingents – allerdings nicht durch die Mönche selbst, sondern durch die Hintersassen des Klosters.

In karolingischer Zeit trat noch ein weiteres wichtiges Aufgabenfeld hinzu: die Mitarbeit am umfangreichen Bildungsprogramm des Kaisers. Karl der Große war ein exzellenter Kulturpolitiker. Seine zahlreichen Mitarbeiter arbeiteten an einer Bestandsaufnahme allen verfügbaren Wissens und dessen Speicherung. Zahlreiche Bibliotheken wurden gegründet und beschäftigten sich mit dem Sammeln, Kopieren und Weitergeben nicht nur christlichen, sondern auch heidnisch-antiken Schrifttums. Der organisatorische und ökonomische Aufwand solcher Bibliotheken war beträchtlich: Allein die Beschaffung des teuren Pergaments erforderte sowohl Beziehungen als auch Mittel. Oft gab es ja nur mehr ein einziges Exemplar eines bestimmten Textes, und es war äußerst schwierig, an dieses heranzukommen. Deshalb waren die Spitzenbibliotheken gut miteinander vernetzt. Die Lorscher Mönche nannten eine sehr bedeutende Bibliothek ihr eigen. Heute, Jahrhunderte nach ihrer Auflösung, sind die Lorscher Prachthandschriften in 17 Länder der Erde verstreut – ein Evangeliar aus Lorsch befindet sich z. B. in Los Angeles. Mit dem Aufstieg des Klosters wuchs seine Macht. Als beispielsweise Heinrich IV. im Jahr 1065 eine Lorsch betreffende Verfügung plante, die Abt Udalrich missfiel, sammelte dieser etwa 1 200 Mann und zog dem König entgegen – der nahm die Verfügung prompt zurück. Man sieht, im Konzert der Mächtigen des Reiches spielten die Lorscher Mönche und insbesondere deren Abt eine vernehmbare Rolle. Das änderte sich erst mit dem Verlust der »Immunität«, also der Königsunmittelbarkeit. Lorsch verlor sie Mitte des 13. Jahrhunderts, als nämlich das Kloster direkt dem Erzbischof von Mainz unterstellt wurde. Fortan war man kein Königskloster mehr, und es begann ein kontinuierlicher Abstieg, bis die Reformation im 16. Jahrhundert das Klosterleben in Lorsch beendete.

> Die Zahl ist es, die alles bestimmt.
>
> Cassiodor

Die Klosterkirche St. Michael in Hildesheim
Ein Idealbau des Mittelalters

Architekten:
Bernward von Hildesheim,
Godehard von Hildesheim,
um 1010 - 1033

Die bemalte Holzdecke ist ein besonderer Kunstschatz der Klosterkirche.

Ein Detail der Bernward-Säule, die heute im Hildesheimer Dom aufgestellt ist.

Über die baugeschichtliche Einordnung der Klosterkirche St. Michael, ob frühromanisch oder nicht, streiten sich die Gelehrten bis heute. Zweifellos ist die Kirche ein Meisterwerk der ottonischen Baukunst – einer nach Kaiser Otto I. benannten Epoche, die im Jahr 919 begann und 1024, mit dem Übergang der Macht auf die Salier, endete. Hier wird im Allgemeinen der Beginn der Romanik angesetzt, verkörpert durch den Dom zu Speyer. Der Begriff »Romanik« bildete sich allerdings erst im 19. Jahrhundert heraus.

Manche Architekturhistoriker sehen in der Kirche St. Michael ein Bauwerk, das die Romanik gewissermaßen vorbereitete. Dafür sprechen einige Indizien, nicht nur die typischen Rundbogen, die es schon in früheren Bauten gab, sondern z. B. die so genannten Würfelkapitelle – die Form dieser Säulenköpfe entspricht der Schnittmenge einer Kugel und eines Würfels. St. Michael hat die ältesten datierbaren Kapitelle dieser Art, jedoch sind hier nur noch einige wenige original erhalten.

Von außen gesehen gibt sich die sechstürmige Kirche des Benediktinerklosters in durchaus wehrhaftem Gepräge, ganz im Sinne einer »Gottesburg«. Neu ist die rhythmische Vollendung im Innenraum, die im Besucher ein einprägsames Gefühl von Harmonie und Innerlichkeit erzeugt. Bischof Bernward und Abt Godehard, der ihm später im Amt nachfolgte, galten als große Kenner antiker Mathematik und Baukunst – Godehard besaß nachweislich eine Kopie der Schriften des antiken Baumeisters Vitruv. Kaum verwunderlich, dass die Kirche als eine Art »Idealbau« geplant war, dessen Proportionen auf Zahlenreihen mit einer tieferen Symbolik beruhen. Die Zahl 9, Sinnbild der himmlischen Heerscharen, zeigt sich z. B. in der Anzahl der Emporen – sie ist auch auf Bernwards Sarkophag erkennbar. Der Grundriss der Kirche ist ebenfalls richtungsweisend für die Romanik. Die Grundeinheit ist hier das Quadrat, welches sich im Grundriss durch die Überschneidung von Lang- und Querhaus – die Vierung – bildet. Das Mittelschiff ist aus drei gleichen Quadraten aufgebaut, auch der Westchor basiert durchgehend auf dieser Einheit – man spricht von »quadratischem Schematismus«. Dieses Schema beeinflusst auch die Gestalt des Innenraums: Die Eckpunkte der Quadrate sind im Mittelschiff durch Pfeiler markiert, zwischen den Pfeilern stehen jeweils zwei Säulen. Der Rhythmus der Säulen und Pfeiler sorgt für jenes Harmoniegefühl, das den Gläubigen daran erinnern soll, wie eng und sinnreich er selbst in die Heilsgeschichte eingebettet ist.

Die Umsetzung der mittelalterlichen Theologie in ganz verschiedene Kunstformen war die große Leistung des Bischofs Bernward. Unter ihm wuchs Hildesheim zu einem Zentrum des Wissens und der Kunst, insbesondere auch der Buchkunst. Seine Architektur und vor allem seine plastischen Schöpfungen sind heute als »bernwardinische Kunst« bekannt. Er stattete St. Michael und auch den Hildesheimer Dom, der nach einem Brand im späten 11. Jahrhundert wieder aufgebaut wurde, mit einzigartigen Kunstwerken aus. Beispielhaft ist die Bronzetüre mit der Darstellung der Heilsgeschichte. Sie ist heute im Dom zu finden, wenngleich vermutet wird, dass man sie, wie die im Dom aufgestellte Christussäule, ursprünglich für St. Michael schuf.

St. Michael beherbergt einen weiteren Schatz: Ein Deckengemälde aus dem 12. Jahrhundert, das eine Art Stammbaum Jesu, die so genannte »Wurzel Jesse« darstellt. Die kostbare Decke wurde während des Zweiten Weltkrieges vorsorglich in Sicherheit gebracht – ein Glücksfall, denn St. Michael wurde im Verlauf des Krieges schwer beschädigt. Der Wiederaufbau der Klosterkirche orientierte sich stark an der ursprünglichen bernwardinischen Raumgestaltung mit ihrer frühmittelalterlichen, kargen Ausstattung.

Der Kaiserdom zu Speyer und die Macht der Salier

Architekten:
Reginbald von Speyer zugeschrieben,
und andere, um 1030-1061
Benno von Osnabrück, und andere,
um 1082-um 1106
Wiederaufbau Langhaus
Franz Ignaz Neumann, 1772-1775
Westwerk und Westtürme
Heinrich Hübsch, 1854-1858

Vom Rhein gesehen wirkt der Dom wie ein mächtiges steinernes Schiff.

Die Krypta unter der Ostapsis (gegenüber) ist der älteste Teil des Doms.

Einst, im 11. Jahrhundert, war der Dom zu Speyer das größte Bauwerk in der christlichen Welt. Hinter der gewaltigen baulichen Größe stand damals – wie so oft in der Geschichte – ein enormer politischer Wille und Machtanspruch. Im Jahr 1024 gab es einen Dynastiewechsel im Reich. Mit Konrad II. gelangte der erste Salier zur Königswürde. Das neue Königshaus war nun bestrebt, sich durch imposante Stiftungen repräsentativ darzustellen. Im Reich war ja nicht, wie andernorts üblich, die Erbfolge die ausschließliche Legitimationsquelle. Der Herrschaftsanspruch musste auf vielerlei Wegen untermauert werden und Stiftungen spielten dabei eine große Rolle. Da die Salier seit je her in dieser Gegend begütert gewesen waren, wählte Konrad II. Speyer als Ort seiner imposantesten Stiftung. Die Errichtung des Doms, der zu den überragenden Werken der Romanik zählt, teilt sich baugeschichtlich in zwei Bauphasen, die gleichzeitig auch die wechselvolle hundertjährige Geschichte des salischen Kaiserhauses widerspiegeln. Die baulichen Zeugnisse der ersten Phase sind vor allem die Krypta und das Querschiff des Domes. Das Langhaus ist heute nicht mehr authentisch. Ursprünglich war es auf 55 Meter angelegt, maß aber nach Vollendung der ersten Bauphase im Jahr 1061 stolze 134 Meter.

Zu dieser Zeit stand der Dom unter dem Patronat des ebenso mächtigen wie frommen Kaisers Heinrich III., der unangefochten Päpste ab- und einsetzte und vor allem der Reformbewegung von Cluny in Rom – und damit in der ganzen Kirche – zum Durchbruch verhalf. Die »hauseigene« Kirche in Speyer demonstrierte vor allem diesen Machtanspruch, sie war aber auch als seine Grablege geplant, monumental, eines Weltenherrschers würdig.

Die Welt hatte sich gewandelt, als um 1082 unter Heinrich IV. die zweite Bauphase begann. Kurz zuvor hatten der König und sein Gegenspieler, Papst Gregor VII., Weltgeschichte geschrieben. Der Papst hatte den König gebannt. Der »ganze Erdkreis erzitterte« daraufhin, wie es ein Zeitgenosse formulierte. Heinrich IV. erlangte zwar 1077 in Canossa die Befreiung vom Bann, aber die Einheit von weltlich-kaiserlicher und päpstlicher Macht war nun für immer zerbrochen.

Durch den Bann war Heinrich IV. in die Defensive geraten, er musste nun unbedingt seine allgemein bezweifelte Gläubigkeit unter Beweis stellen; der prunkvolle Umbau des Doms sollte eben dieser Beweis für seinen Glauben sein. Die Mitwelt sollte keinen Zweifel an der königlichen Frömmigkeit haben – solche Zweifel stellten für einen mittelalterlichen Herrscher eine geradezu tödliche Bedrohung dar.

Mit zahlreichen baulichen Änderungen, unter anderem einer neuer Apsis, den nun vollendeten Türmen und der neuen, typisch romanischen Zwerggalerie wurde der Dom zu einem Bauwerk der Hochromanik. Den vormals eher nüchtern gehaltenen Innenraum schmückte man reich aus. Die Verwendung von römischen Kapitellen wies hier dezent auf die antiken Wurzeln des römisch-kaiserlichen Herrschaftsanspruchs hin. Wenngleich der Dom keine überragende Bedeutung als Grablege der Könige erreichte, so ließen sich doch immer wieder einzelne deutsche Könige hier beisetzen, unter ihnen Rudolf I., der erste König aus dem Hause Habsburg, der 1291 in Speyer verstarb.

In späteren Jahrhunderten wurde der Dom mehrmals teilweise zerstört und wieder aufgebaut. Durch Umbauten im 19. Jahrhundert erhielt er, vor allem mit dem Westwerk nebst Türmen, zusätzliche neo-romanische Elemente. Die Restaurierungen nach dem Zweiten Weltkrieg strebten die Wiederherstellung des ursprünglichen romanischen Gepräges an. So bekommt man heute durchaus einen unverfälschten Eindruck in die welthistorisch bedeutende Epoche des salischen Kaiserhauses.

Dom und Liebfrauenkirche in Trier
Ein gebautes Zeugnis christlicher Geschichte

Bauzeit:
Dom
ab Anfang 11. Jahrhundert

Liebfrauenkirche
um 1233 - um 1283

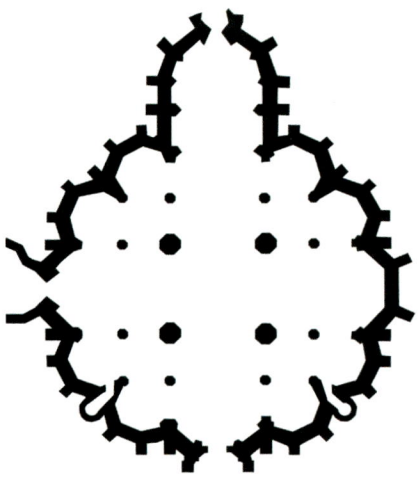

Der Grundriss der Liebfrauenkirche.
Im Bild gegenüber ist links der Dom und
rechts die Liebfrauenkirche zu sehen.

Blick in den Innenraum des Trierer Domes.

Der Sage nach schenkte die heilige Helena, Mutter des ersten christlichen Kaisers Konstantin, den Trierern die kostbare Reliquie, den ungeteilten Rock Jesu. Es war ihr Palast, so vermutet man, auf dessen Ruinen der Trierer Dom errichtet wurde. Archäologen entdeckten die sensationellen Reste einer prunkvollen Deckenmalerei bei Grabungen unter der Vierung.

Der Trierer Dom gilt als älteste Kirche Deutschlands. Im heutigen Dombau finden sich noch spätantike Mauern von bis zu 25 Metern Höhe, die zu dem quadratischen römischen Kernbau gehörten, aus dem unter Bischof Poppo (1016 - 1047) der Trierer Dom entstand. Die Wurzeln des Domes sind also in jener Zeit zu finden, in denen Kaiser Konstantin der Große (306 - 337) das Toleranzedikt von Mailand erließ. Trier galt im Mittelalter als ältestes Bistum des Reiches, und das war gleichbedeutend mit »altehrwürdig«. In einer Epoche, in welcher das Althergebrachte auch immer das Würdigste und Richtige war, galt dies viel. Tatsächlich erlangten die Trierer Erzbischöfe durchaus einen hohen Rang im Verfassungsgefüge. Sie gehörten zu den drei geistlichen Königswählern, standen hier allerdings stets etwas im Schatten ihrer Amtsbrüder aus Mainz und Köln. Für den Trierer Erzbischof blieb die Reichskanzlerwürde des burgundischen Reichsteils und die aus dem Alter des Bistums abgeleitete Amtsautorität im ehrversessenen Mittelalter durchaus ein Potenzial, aus dem sich Einfluss schmieden ließ.

In den Mauern des Domes hat jedes Zeitalter seine Spuren hinterlassen. So ist die Westfassade ein Meisterwerk der frühsalischen Epoche, während sich im Innenraum barocke Elemente zeigen – nach Bränden waren umfangreiche Restaurierungen nötig gewesen. Aus dem 14. Jahrhundert stammt die Vollendung der markanten Osttürme. Das war in der Amtszeit Balduins von Luxemburg, des bedeutendsten und mächtigsten Kurerzbischofs in Triers Geschichte. Er war einer der wenigen Kurherren, die Reichsgeschichte schrieben. Drei Kaiser wählte er, darunter seinen Bruder, Heinrich VII., und Karl IV., dessen Enkel.

Der Trierer Dom ist auch wegen der ungewöhnlichen Doppelkirchen-Anlage bemerkenswert. Zum Dom gehört die Liebfrauenkirche, und das seit den urchristlichen Anfängen. Bereits damals waren die Kirchen nachweislich durch einen Gang verbunden. Die heutige Kirche entstand im 13. Jahrhundert nach dem Totalabriss der vormaligen Marienkirche. Ihr Grundriss basiert auf einem griechischen Kreuz und ähnelt einer Rose, dem mittelalterlichen Sinnbild des Kosmos. Der ganze Bau ist von markanter Einheitlichkeit. Obwohl ihm einige typische Elemente der Gotik, namentlich das System der äußeren Strebepfeiler fehlen, ist es ein durch und durch gotisches Bauwerk. Sehr wahrscheinlich kam der Baumeister aus Frankreich.

Über die antiken Wurzeln der Doppelkirche kann nur spekuliert werden. Es wäre möglich, dass die eine Kirche der Liturgie, die andere der Demonstration und Anbetung der Reliquie, des ungeteilten Rocks, vorbehalten war. Die Bedeutung dieser Reliquie ist hoch, galt doch das Gewand Christi zu allen Zeiten als Symbol für die Unteilbarkeit seiner Kirche. Gewiss diente der Dom eher der Repräsentation des Kurerzbischofs, der ja zum Kreis der drei erhabensten Reichsfürsten zählte. Mit aller gebotenen Vorsicht kann er also einer eher herrschaftlichen Sphäre zugeordnet werden. Die Liebfrauenkirche ihrerseits ist Maria geweiht, deren Verehrung seit jeher die katholische Welt eint und deren Kirche also eher für die Gemeinschaft der Gläubigen steht. Die Trierer Doppelkirche ist nicht zuletzt deshalb so bemerkenswert, weil sie mehr als 1600 Jahre christliche Baugeschichte auf engstem Raum zu einem harmonischen Ganzen vereint.

Die Kaiserpfalz in Goslar
Ein politisches Zentrum des Hochmittelalters

Bauzeit:
Palas Kaiserpfalz
um 1050, Fassade um 1150

Die Vorhalle des ehemaligen Kaiserdoms. Vor dem Palas (gegenüber) erinnert ein Standbild an Kaiser Barbarossa, der Goslar mehrmals besucht hatte.

Der Marktplatz von Goslar zeugt heute noch vom mittelalterlichen Reichtum der Stadt.

Der Ausdruck »Pfalz« leitet sich, ebenso wie »Palast«, vom römischen Hügel Palatin ab. Dort hatten seit Augustus die römischen Kaiser residiert. Der Name dieses Hügels wurde so zum Synonym für eine Kaiserresidenz. Eine mittelalterliche Pfalz war meist der Wohnsitz eines Königs oder Kaisers – es gab allerdings auch Bischofs- oder Herzogspfalzen.

Im Unterschied zu anderen europäischen Regionen existierte in Deutschland keine Hauptresidenz der jeweiligen Herrscher und damit auch keine Hauptstadt. Bestenfalls wählten die Kaiser oder Könige eine bestimmte Stadt oder eine Pfalz als bevorzugtes Reiseziel. Das gilt für Goslar explizit in der Zeit der salischen Herrscher, im 11. Jahrhundert. Das Interesse an dieser Region entsprang nicht zuletzt den nahen Silbergruben, deren Ertrag für die Prägung von Münzen verwendet wurde. Der Reichtum an Bodenschätzen um den Rammelsberg – seit der Römerzeit gewann man hier Silber, Blei, Kupfer und Erz – begründete die enorme wirtschaftliche Bedeutung der Stadt. Kaiser Heinrich III. (1039 - 1056) ließ aus diesem Grund am Rammelsberg eine neue Pfalz anlegen.

Eine typische Pfalz bestand stets aus verschiedenen Bauten, die dem Zweck des Hofes entsprachen. Eine Kirche, ein Stift gehörte ebenso dazu wie Wirtschaftsräume für die oft aufwändige Verpflegung des Hofes. Wohnräume für die Majestäten mussten vorhanden sein, und schließlich ein Palas, ein Saalbau zum Abhalten der »Tage«, also der Versammlungen mit den Großen des Reiches. Genau dies, ein Palas nämlich, ist in Goslar zu sehen. Das »Kaiserhaus« ist, abgesehen von der Vorhalle des Kaiserdomes, das einzige erhaltene Element der hiesigen Pfalz. Es befindet sich am höchsten Punkt des Hügels; das dazugehörige Stift befand sich unterhalb, sicher baulich mit den privaten Königsräumen verbunden – die es allerdings nicht mehr gibt.

Die Fassade des Palas ist im oberen Geschoss von Rundbögen durchsetzt, in salischer Zeit dürfte dies auch für das untere Stockwerk gegolten haben. Eine Rekonstruktion des originalen salischen Gepräges ist nahezu unmöglich, denn diese Elemente vermischen sich mit staufischen sowie mit den Bemühungen der Restauratoren im 19. Jahrhundert um eine möglichst exakte Annäherung; immerhin versichern alle Experten, dass dabei sehr wissenschaftlich vorgegangen wurde, so dass der Palas einen einzigartigen Eindruck eines mittelalterlichen Profanbaus gibt. Ein Jahrhundert nach Heinrich III., in der Stauferzeit, nahm die Bedeutung Goslars jedoch ab. Ein Reiterstandbild vor dem Palas erinnert an den berühmtesten aller Staufer, Kaiser Friedrich I. (1152 - 1190), genannt Barbarossa, der Goslar häufig besuchte, obwohl sein vordringliches Engagement der Weltpolitik fernab von Deutschland galt. In Italien befehdete er die mächtigen Kommunen, allen voran Mailand, und auch Papst Alexander III.

In diese Zeit fällt auch Barbarossas Disput mit seinem mächtigen Vetter Heinrich dem Löwen. Als der Kaiser diesen in brenzliger Lage um Waffenhilfe in Italien bat, wollte der ehrgeizige Herzog diese nur gegen die Überlassung der an Bodenschätzen reichen Stadt Goslar leisten. Damit hatte er allerdings den Bogen überspannt. Heinrich der Löwe bekam einen Prozess, und der Kaiser schickte den mächtigen Herzog ins Exil.

Im Jahr 1177 hatte es der »Rotbart« geschafft: Seine einst erbitterten Feinde erkannten ihn im Frieden von Venedig als ihren Kaiser an. Barbarossa, der erste Fürst der Christenheit, regierte fortan machtvoll und unumstritten – er gilt noch heute als einer der bedeutendsten mittelalterlichen Herrscher. Die Itinerare, die nachkonstruierten Reisewege der Stauferkaiser, zeigen, dass deren Interesse an Goslar bald schwand; der letzte König kam 1253.

Die Burg Trifels bei Annweiler
Ritterliches Gefängnis und Reichsschatzkammer

Bauzeit:
Anlage um 1080
Hauptturm um 1190
diverse Rekonstruktionen ab 1880
Neubau Palas
Rudolf Esterer, 1937 - 1946

Die Burg Trifels am Rande der Haardt ist eine der bekanntesten Burgen in Deutschland. Ihre Geschichte ist ebenso bedeutungsvoll wie romantisch und sagenumwoben. Die enorme reichsgeschichtliche Bedeutung der Burg, die erstmals 1081 urkundlich erwähnt wurde, begann, als die herrschende Salierfamilie Anfang des 12. Jahrhunderts die Verfügungsgewalt über sie erhielt. Damit wurde die Burg Teil des Reichsguts und zu einem der Kernorte der Königspolitik.

Berühmt wurde die Burg Trifels im Jahr 1193, als »Gefängnis« des englischen Königs Richard I. Löwenherz (1189-1199). Nachdem dieser als geradezu klassisches Abbild des mittelalterlichen Ritters »das Kreuz genommen«, will heißen, sich am 3. Kreuzzug beteiligt hatte, kam er auf seiner Heimreise durch Österreich. Das war insofern fatal, als er in Palästina den ebenfalls anwesenden österreichischen Herzog schwer beleidigt hatte. Der rächte sich nun durch die Gefangennahme des Königs und lieferte Löwenherz an Kaiser Heinrich VI. (1190-1197) aus. Dieser erhoffte sich viel Geld durch diesen Coup. Er zwang Richard, 100 000 Mark in Silber als Preis für seine Freilassung zu zahlen, Geld, welches der Kaiser dringend für einen Feldzug benötigte. Um die Gefangenschaft des Königs ranken sich Mythen und Legenden, auch die einer demütigenden Kerkerhaft. Doch deutet nichts darauf hin, dass Richards ritterliche Ehre während der Haftzeit, die er zunächst auf Burg Trifels verbrachte, gekränkt wurde. Im Gegenteil berichten die Quellen von einer gegenseitigen Hochachtung der beiden Herrscher, die viel vereinte. Beide dichteten im ritterlichen Stil Minnelieder – dabei ist von einem Lied überliefert, dass Richard es auf der Burg Trifels verfasste. Die Burg hatte kein Verlies, so dass dem Gefangenen wahrscheinlich die ganze Anlage zur Verfügung stand. Das Lösegeld traf schließlich ein, und Richard kam frei.

In der Stauferzeit, also bis Mitte des 13. Jahrhunderts, verblieb die Burg im Reichs- und Königsbesitz und rückte ins Zentrum der reichspolitischen Aufmerksamkeit. Die Staufer brachten die Reichsinsignien, die Kleinodien, hier unter. Dabei handelte es sich um Schmuckobjekte, deren Besitz nur dem König zustand und diesen gleichzeitig vor den Augen der Zeitgenossen legitimierte. Dazu gehörte vor allem die Krone aus der Zeit Ottos des Großen, aber auch andere Stücke wie das Reichsschwert, der Apfel und das Kreuz. Der Besitz dieser Objekte hatte staatspolitischen Charakter, und so wurde die Burg Trifels unter den Staufern eine Art Reichsschatzkammer. Die kostbaren Originale der Reichsinsignien befinden sich heute in Wien, auf der Burg Trifels sind jedoch einige Nachbildungen zu sehen.

Angesichts der herausragenden historischen Bedeutung der Burg Trifels ist es zu bedauern, dass die erhaltene historische Bausubstanz eher gering ist. Im 17. und 18. Jahrhundert war sie zur Ruine verfallen. Ihr Wiederaufbau erfolgte überwiegend im 20. Jahrhundert unter der Regie der Nationalsozialisten; die Burg Trifels sollte eine Kult- und Weihestätte ihrer »Bewegung« werden. Insbesondere der überdimensionierte, nicht nach historischen Befunden rekonstruierte »Kaisersaal« im Palas ist ideologisch aufgeladen und ebenso unpassend wie unhistorisch monumental geraten.

Die Burg hat dennoch sehenswerte Bauelemente aus staufischer Zeit: Die drei unteren Stockwerke des Hauptturmes mit der Kapelle, erkennbar am blasseren Gestein, sind authentisch – die Rekonstruktion des oberen Stockwerks stammt aus den 1960er Jahren. Wer sich etwas bemüht, wird die Übertreibungen und ideologisierten Geschichtsdeutungen des 20. Jahrhunderts erkennen und die wahrhaft aufwühlenden Ereignisse auf der mittelalterlichen Burg Trifels erahnen können.

Zu den Reichsinsignien gehört die römisch-deutsche Kaiserkrone.

Hoch oben auf einem Felsriff erbaut galt
der Trifels als »besonders feste Burg«.
Der gefangene englische König Richard I.
Löwenherz vor Heinrich VI. (rechts).

Die Wartburg bei Eisenach – Burg der Minnesänger, Luthers Zuflucht und Symbol der Demokratie

Bauzeit:
ab 11. Jahrhundert
Wiederaufbau
Hugo von Ritgen und andere, 1838 - 1890

Die Lutherstube, das Arbeitszimmer des Reformators auf der Wartburg.

Die um 1310 angefertigte Illustration des Codex Manesse zeigt den legendären Sängerwettstreit mit Wolfram von Eschenbach und Walther von der Vogelweide.

Über die Jahrhunderte hinweg war die Wartburg immer wieder Schauplatz bedeutender historischer Ereignisse, und so wurde sie geradezu ein Kulminationspunkt deutscher Geschichte und politischer Sehnsüchte verschiedenster Art. Ihre heutige Gestalt zeigt Baustile aus den unterschiedlichsten Epochen. Der romanische Ursprung des Landgrafensitzes ist sichtbar, später kamen gotische Elemente dazu, gefolgt von der Renaissance, bis schließlich der Historismus im 19. Jahrhundert das heutige Aussehen der Wartburg prägte. Erwähnt wurde die Burg erstmals im 11. Jahrhundert, aber ihre Blütezeit begann mit dem Aufstieg der Thüringer Grafen zu Landgrafen in der beginnenden Stauferzeit. Hierhin gehört auch der Bau des Palas. Man findet dieses Juwel romanischer Profanarchitektur in der eigentlichen Hofburg. Der Palas ist ein Repräsentationsbau, an den sich Wohnräume anschließen. Hier wurden Untergebene empfangen, um die inneren Probleme der Landgrafschaft zu besprechen und in oftmals mühseligen Verhandlungen die Kompetenzen aufzuteilen. Hier wurde aber auch der König oder Kaiser bewirtet und der Reichsadel war ebenfalls willkommen. Vor diesen wurde gerne der eigene Reichtum zur Schau gestellt, Gastfreundschaft und der Wille zu beeindrucken gingen Hand in Hand.
Unter den Landgrafen von Thüringen wurde die Burg Anfang des 13. Jahrhunderts zum Zentrum der höfisch-ritterlichen Dichtkunst. Das war die Zeit, als der Adel sich verstärkt der Literatur zuwandte; Kaiser Heinrich VI. dichtete, sein Sohn Friedrich II. verfasste gar ein gelehrtes Buch, und die Landgrafen versammelten die Sänger um sich. Die berühmtesten Minnesänger der Zeit, allen voran Walther von der Vogelweide, waren hier zu Gast. Es ist allerdings fraglich, ob es den berühmten »Sängerwettstreit auf der Wartburg« jemals gab – Richard Wagner diente die Sage wie auch die Per-

son der Heiligen Elisabeth, die um 1220 tatsächlich auf der Burg lebte, als Rahmen für seine Oper »Tannhäuser«. Den Höhepunkt und zugleich ihr Ende erlebten die Landgrafen, als sie Mitte des 13. Jahrhunderts zur Königswürde gelangten. Mit dem glücklosen König Heinrich, dem die Historiker nicht mal eine Ordnungszahl zuerkennen wollen, starben sie in der Manneslinie aus. Nun wurde es stiller um die Wartburg, wenngleich man im 14. Jahrhundert den Südturm im gotischen Stil errichtete, nicht zu verwechseln mit dem Bergfried, dem höchsten Turm der Burg, der im historisierenden Stil des 19. Jahrhunderts erbaut wurde.
Im Jahr 1521 beherbergte die Wartburg ihren wohl berühmtesten Gast: Martin Luther arbeitete hier als »Junker Jörg« an der Übersetzung des Neuen Testamentes und trieb so die Reformation entscheidend voran – ein großer Schritt auch für die deutsche Sprache, die er mit seiner Übersetzung vereinheitlichte und entscheidend prägte. Die Burg schützte ihn vor kaiserlichem Zugriff, der Reformator befand sich in einer Schutzhaft. Ob er hier wirklich mit dem Tintenfass nach dem Teufel geworfen hat, wie ein sorgsam gehüteter Fleck in der Lutherstube uns glauben machen will? Seinem aufbrausenden Temperament entspräche es.
Fast 300 Jahre später begab sich erneut Bedeutendes: Am 18. Oktober 1817 gedachten etwa 500 Studenten sowohl der 300jährigen Wiederkehr der Reformation als auch des vierten Jahrestages der Völkerschlacht. Sie gaben damit ein Fanal zum Kampf um die Einigung Deutschlands; dieses Streben und die daraus hervorgehenden Wirren sollten Europa nun mehr als 50 Jahre lang in Atem halten. Aber die Studenten demonstrierten nicht nur für die deutsche Einheit, sondern auch für die Freiheit, so dass die Wartburg letztlich zu einem Sinnbild der Demokratie und damit zum Symbol der Bundesrepublik Deutschland wurde.

> Die kaiserliche Burg blickt fest und stolz herab.
>
> Enea Silvio Piccolomini

Bauzeit:
11.-14. Jahrhundert

Der Luginsland, links im Bild, wurde im Zweiten Weltkrieg völlig zerstört und später originalgetreu wieder aufgebaut.

Der markanteste Turm der Nürnberger Burg ist der runde Sinwelturm (gegenüber).

Die Nürnberger Burg – Kaiser, Grafen und Bürger

So manches, was das ungeübte Auge als zur Burg gehörig betrachtet, ist in Wahrheit das genaue Gegenteil: Es handelt sich um Wehranlagen, die sich gegen die Burg richteten. Besonders auffallend ist der Turm Luginsland. Die Nürnberger Bürger hatten ihn 1377 aufgestellt, mit dem erklärten Ziel, »dass man in die Grafenburg möcht sehen.« Die Grafenburg, das war jener Ostteil der Anlage, in welcher die Burggrafen ihren Territorialausbau im Wettstreit mit den Nürnbergern organisierten. Der Name des Burggrafengeschlechts hatte damals noch nicht den Klang späterer Zeiten: Es waren die Hohenzollern. Die Baugeschichte der Burg beginnt freilich früher. Ihre erste urkundliche Erwähnung fällt ins Jahr 1050, also in die Epoche Kaiser Heinrichs III. (1039-1056). Es gibt allerdings kaum bauliche Überreste aus dieser Anfangszeit. Die Quellen fließen hier spärlich. Die Burg wurde von Burggrafen verwaltet, die zunächst im Range königlicher Beamter standen. Die Kaiser selbst ließen sich selten in Nürnberg sehen.

Das änderte sich jedoch schlagartig in der Stauferzeit. Schon der erste Stauferherrscher, Konrad III. (1138-1152), widmete dem Ausbau der Burg viel Aufmerksamkeit. Friedrich I. Barbarossa (1152-1190) prägte die Gestalt der Burg schließlich entscheidend. Er gab den alten, salischen Teil auf. Dies hatte seinen Grund in einer typisch mittelalterlichen Gesellschaftsentwicklung. Die Burggrafen setzten die Erblichkeit ihres Ranges durch. Damit wurde die Burg für den Kaiser mehr oder weniger wertlos, denn ein Graf mit Erbtitel machte seine eigene Politik, und die musste keineswegs mit der kaiserlichen Politik in Einklang stehen. Mit den Bauten Barbarossas wurde die Nürnberger Burg zur Doppelburg. Im Westen stand die Kaiserburg, im Osten die Burggrafenburg, die weder verwaltungs- noch machttechnisch etwas mit der Kaiserburg zu tun hatte. Der heute noch bestehende Kaisersaal geht auf

einen Repräsentativbau Barbarossas zurück. Er entstand um 1180, wurde allerdings im Spätmittelalter stark verändert, so dass sein heutiger Charakter nicht mehr romanisch, sondern spätgotisch ist. Auch die zweigeschossige Kaiserkapelle geht auf Barbarossa zurück und gewährt Einblicke in die höfisch-ritterliche Kultur der hochstaufischen Zeit. Unten befanden sich die Räume für die niedere Gesellschaft. Der Hofstaat zelebrierte die Messe im oberen Geschoss, und von diesem wieder geschieden war die kaiserliche Familie. Sie saß auf der Empore, die direkten Zugang zu den Privatgemächern im Palas bot. Die strikte Hierarchie im staufischen Kaiserzeremoniell spiegelt sich also in der Architektur. Im 13. Jahrhundert entstand ein weiteres Machtzentrum in Nürnberg: eine der reichsten und mächtigsten Bürgerschaften nördlich der Alpen. Damit existierten auf engstem Raum drei konkurrierende Kraftfelder rund um die Burg: die Burggrafen, die kaiserliche Präsenz und schließlich Nürnbergs Bürger. Letztere sorgten in ihrem Wettstreit mit den Hohenzollern für solch skurrile Bauten wie den Wehrturm Luginsland. Für die Hohenzollern endete alles mit einer Schlappe. 1427 verkauften sie die Burg an die Nürnberger und zogen sich müde der Auseinandersetzungen zurück. Damit verbuchte Nürnbergs Bürgerschaft einen historisch seltenen Sieg. Während andernorts meist die adeligen Herren und Ritter Sieger über die Städte blieben, gelang den Nürnbergern die Vertreibung ihrer Territorialkonkurrenten. Diesen allerdings wurde der Rückzug leicht, denn 1415 waren die Hohenzollern zu Kurfürsten von Brandenburg aufgestiegen. Sie hatten damit ein vielversprechenderes Betätigungsfeld, welches sie, wie man weiß, auch zu nutzen verstanden, denn nun begann ihre stetige Karriere über die Titel-Stationen »Herzog von Preußen«, »König in/von Preußen« und schließlich sogar »Deutscher Kaiser«.

Das Kloster Maulbronn – Baukunst und Leben der Zisterzienser

Bauzeit:
Klosterkirche
um 1147 - um 1178
Weiterbau zur Klosteranlage
12. - 15. Jahrhundert

Die Außenmauern des Klosters, rechts im
Bild die Klosterkirche.
Das Brunnenhaus im Innenhof (gegenüber).

Das Herrenrefektorium war der Speisesaal
der Zisterziensermönche.

Der Zustand, in welchem sich die Klosteranlage Maulbronn erhalten hat, ist
einzigartig. Wie fast nirgendwo sonst
wird hier das Leben und Wirken einer
Mönchsklausur anschaulich. Seine Geschichte begann im Jahr 1147 mit der
Übersiedlung eines kurz zuvor von einem kleinen Adligen gegründeten Konvents nach Maulbronn. Es waren Zisterziensermönche. Der Orden, benannt
nach dem Gründungs- und Mutterklos-
ter Cîteaux, war eine innerkirchliche
Reformgruppe. Ihr Hauptanliegen besteht noch heute in einer Vertiefung der
Mönchsregeln des Heiligen Benedikt.
Man will zurück zu den mönchischen
Ursprüngen – ora et labora, bete und
arbeite! Entsprechend strenge Vor-
schriften herrschten also auch in Maulbronn. Der Reigen der Gebete begann
kurz nach Mitternacht. Tagsüber, zwischen Sonnenauf- und Untergang, gab
es sieben Gebetszeiten, mindestens
eine Messe und zwei Abschnitte, die
körperlicher Arbeit vorbehalten waren.
Die Zisterzienser arbeiteten – sie lasen
und kopierten, sie bewirtschafteten
und sie kultivierten Land.
Rasch wuchs die wirtschaftliche und
politische Bedeutung des Ordens. Im
Jahr 1098 gegründet, gab es schon im
folgenden Jahrhundert etwa 90 Klöster
allein im deutschen Raum. Zum enormen Einfluss der Zisterzienser trug
auch ihr prominentestes Mitglied, Abt
Bernhard von Clairvaux (1090 - 1153)
bei. Der Charismatiker war Berater europäischer Könige und Lehrer des Paps-
tes Eugen III. Alle Mächtigen hörten auf
ihn, leider, wie gesagt werden muss,
denn Bernhard stürzte die Christenheit
predigend ins desaströse Abenteuer
des 2. Kreuzzuges (1147 - 1149). Nur
wenige kehrten zurück. Militärisch war
es ein Fehlschlag und Bernhard verfiel
in Resignation.
Bernhards Maulbronner Söhne orientier-
ten sich beim Aufbau des Konvents,
also bei der 1178 geweihten Kirche, an
zisterziensischen Bauvorgaben. Das
bedeutete weniger einen eigenen Stil

als vielmehr die Einhaltung bestimmter
einschränkender Bauprinzipien, das
war das generelle Verbot von Bauluxus,
das sich aus den Regeln des Ordens
ergab. Dazu gehörte etwa der Verzicht
auf überflüssige Ausschmückungen
gemäß der mönchischen Schlichtheit,
der simplicitas. Daher fehlt Zisterzien-
serkirchen stets der Turm, welcher
doch nur die Schaulust, die verpönte
curiositas, befriedigt. Die Kirche sollte
keine geschmückte »Wohnstatt Got-
tes«, sondern ein Ort des verinnerlich-
ten Gebetes sein, ein oratorium.
Der Vorhof der Kirche, das so genannte Paradies, entstand zu Beginn des
13. Jahrhunderts, als die Gotik im
rechtsrheinischen Gebiet an Einfluss
gewann. Das Paradies ist weder der
Romanik noch der Gotik eindeutig zuzuordnen, weshalb man hier vom
»deutschen Übergangsstil« spricht.
Die Profanbauten, also etwa der Schlaf-
raum, das dormitorium, und andere
Zweckeinrichtungen sind um den
Kreuzgang herum angeordnet. Die
schnelle Erreichbarkeit der Kirche direkt vom dormitorium ergab sich aus
der dichten Abfolge von Gebeten, wie
sie die Benediktsregeln verlangten.
1156 hatte Barbarossa das Kloster unter kaiserliche Vogtei genommen. Gewiss bedachte er hierbei, dass ein solcher Schritt lohnend sein würde, denn
Maulbronn gehörte zu den bedeutendsten Klöstern der württembergischen
Region. Im Jahr 1177 zählte das Kloster Maulbronn bereits siebzehn Höfe,
so genannte Grangien, welche es zu
verwalten galt.
Die Zisterzienser bewegten sich stets
im Spannungsfeld zwischen Weltabge-
schiedenheit und Arbeits- sowie Kultur-
leistungen, die sie doch wieder in weltliche Händel zu verstricken drohten. In
der gesamten Klosteranlage spürt man
noch heute das Streben nach Autarkie,
Weltabgewandtheit und Verinnerlich-
ung – das macht die Klosteranlage von
Maulbronn zu einem mittelalterlichen
Denkmal von enormem Reiz.

Bauzeit:
Stadtgründung
Heinrich der Löwe, 1159

Rathaus
um 1226
Umbauten
13. bis 15. Jahrhundert

St. Marien
Meister Hartwich und andere,
um 1200 - um 1350

Holstentor
Hinrich Helmstede, 1464 - 1478

Das Holstentor ist das Wahrzeichen der
Stadt. St. Marien, in direkter Nähe zu Rathaus und Marktplatz (gegenüber), wurde
zum Vorbild zahlreicher Backstein-Kirchen.

Die Altstadt von Lübeck – die Stadt, der Handel und die Hanse

Europa erlebte um das Jahr 1000 einen entscheidenden Wandel: Die Zeit der Städte begann. Von den antiken Städten war nicht viel geblieben, denn mit dem Untergang des Römischen Imperiums war auch die städtische Kultur der Römer verschwunden. Die Not hatte die Menschen wieder aufs Land getrieben, wo sie als Selbstversorger lebten. Erst jetzt erwachte eine neue, eine mittelalterliche Stadtkultur. Die allmähliche Einführung der Geldwirtschaft, der zunehmende Handel und nicht zuletzt das starke Bevölkerungswachstum begünstigten die Arbeitsteilung; die Trennung von handwerklicher Produktion und Landwirtschaft bahnte sich an. Dies war die Voraussetzung für das Entstehen und Heranwachsen der Städte, denn sie waren die Zentren des Handwerks und des Handels.

Lübeck ist eine typisch mittelalterliche Stadtgründung. An Stelle eines mehrfach zerstörten Handelsplatzes gründete der Sachsenherzog Heinrich der Löwe im Jahr 1159 die Kaufmannssiedlung Lübeck. Um ihre wirtschaftliche Entwicklung zu stärken, versah er sie mit Privilegien wie dem Stadtrecht und der Erlaubnis, ein eigenes Rechtssystem einzuführen. Ein Grundsatz des »Lübecker Rechts« war – und das war höchst ungewöhlich in Zeiten der Leibeigenschaft – die persönliche Freiheit der Stadtbewohner.

Ausgehend von Lübeck wurde die Ostsee zu einem bedeutenden Handelsweg und die Handelsschifffahrt entwickelte sich zum lukrativen Geschäft. Entlang der Ostseeküste entstanden bald weitere Handelsniederlassungen, die Keimzellen zukünftiger Städte. Die deutschen Kaufleute unterhielten von hier Geschäftsverbindungen nach Brügge, London, Nowgorod und Stockholm. Gehandelt wurde vor allem mit Tuchwaren aus Flandern, aber auch mit Salz, Seide, Früchten, Wein, Bernstein, mit Hering und so fort.

Schon im Jahr 1161 schlossen sich etliche Kaufleute in der »Genossenschaft der Gotland besuchenden deutschen Kaufleute« zusammen. Gemeinsam bemühte man sich um Handelsprivilegien, um die Sicherung der Verkehrswege, um politischen Einfluss und anderes mehr. In der zweiten Hälfte des 13. Jahrhunderts etablierte sich schließlich die Hanse. Statt einzelner Kaufleute organisierten sich nun, unter Federführung von Lübeck, die Städte.

In der Blütezeit der Hanse gab es etwa 80 Hansestädte und über 100 locker angeschlossene Orte mit Kontoren oder Faktoreien. Zur Hanse gehörten nicht nur zahlreiche Küstenstädte an Nord- und Ostsee, auch Köln, Münster und Erfurt, um nur einige zu nennen, waren Mitglieder dieser »ersten europäischen Wirtschaftsgemeinschaft«, die bis ins 17. Jahrhundert Bestand hatte.

In der Lübecker Altstadt haben die konkurrierenden Mächte des Mittelalters – Kirche, Feudalherr und Bürgertum – ihre Spuren hinterlassen. Das Zentrum der Stadt ist der Marktplatz. Nach dem Erlangen der Reichsunmittelbarkeit unter Kaiser Friedrich II. (1212 - 1250) bauten die Lübecker hier nicht nur das Rathaus als Zeichen der bürgerlichen Selbstbestimmung, sondern in direkter Nähe auch eine eigene Ratskirche St. Marien, die deutlich größer geriet als der um 1233 vollendete Dom, das Symbol der bischöflichen Macht. Man vermutet, dass die Erweiterung des Doms um 1266 gar eine Reaktion auf diesen baulichen Affront war.

Lübecks berühmtestes Bauwerk ist das Holstentor. Der Dänenkönig hatte sich soeben Schleswig und Holstein einverleibt, und das imposante Tor sollte ihm unmissverständlich klarmachen, dass seine Macht an der lübischen Reichsfreiheit endete. »Senatus Populusque Lubiciensis« lautet die Inschrift am Tor – eine Anspielung auf die römische Republik: »Senat und Volk von Rom« bzw. »SPQR«! Diese selbstbewusste städtische Haltung wirkt noch in unseren Tagen weiter, denn das Holstentor ist das Emblem des Deutschen Städtetages.

Die Löwenpfalz in Braunschweig
Heinrich der Löwe – seine Selbstdarstellung und sein Machtwille

Bauzeit:
Palas Dankwarderode
um 1165
Wiederaufbau
Ludwig Winter, 1887-1889
Herrenberger-Miehe-Paris, 1980-1985

St. Blasius
1173-um 1195

Nach einer Pilgerfahrt ins Heilige Land ließ der Herzog St. Blasius errichten.

Die Grabplatte Heinrichs, der mit seiner Frau Mathilde in St. Blasius beigesetzt ist.

Er ist ohne Zweifel eine der schillerndsten Figuren des ganzen Mittelalters: Der Welfe Heinrich, geboren um 1129, Doppelherzog in Bayern und Sachsen, Städtegründer, reicher und prächtiger als sein Cousin Barbarossa, Vor- und Nachfahre von Kaisern, genannt »der Löwe«. Während viele andere Herrscher ihre Beinamen wie etwa »der Große« erst posthum bekamen, führte Heinrich den Löwennamen selbst. Heinrich wählte Braunschweig als Ort seiner Pfalz, die alle bereits bestehenden weit in den Schatten stellen sollte – auch diejenigen der Könige und Kaiser. Das zumindest kann man in Dankwarderode, dem Saalbau im Osten des Burgplatzes, noch sehen: Die enormen Maße der heutigen Anlage entsprechen jenen des Welfenbaus. Ansonsten ist hier Vorsicht geboten. Der Palas wurde Ende des 19. Jahrhunderts nach einem Brand im neu-romanischen Stil rekonstruiert und nach seiner Zerstörung im Zweiten Weltkrieg erneut wiederaufgebaut. Immerhin kann gesagt werden, dass Heinrichs Anlage in etwa so ausgesehen haben mag. Gesichert ist die Warmluftheizung im Erdgeschoss, und dies spricht in seiner Einzigartigkeit wieder für Heinrichs Pomp. Die Fenstergestaltung kommt ebenfalls dem Original nah, wie erhaltene Stichen zeigen. Berühmt ist die prunkvolle Ausgestaltung der Räume mit Malerei, die nach den Vorlagen des 19. Jahrhunderts in den 1990er Jahren wieder hergestellt wurde. Historisch belegbar und typisch für die mittelalterlichen Pfalzen ist der Verbindungsgang zwischen den Wohnräumen und der Stiftskirche, dem heutigen Dom. St. Blasius, so der Name, präsentiert sich nach außen durchaus im ursprünglichen romanischen Gewand. Der Löwe war 1173 von seiner legendären Pilgerfahrt ins Heilige Land heimgekehrt und verfügte im Hochgefühl den Bau des Doms, der um 1195 vollendet war. Die Fassade und das berühmte nördliche Löwenportal überstanden erstaunlich

unbeschadet alle Stürme der Zeit, alle gewaltsamen Geschichtsdeutungen und auch die Bomben des Zweiten Weltkriegs. Seine dunkelsten Stunden erlebte der Dom in der Nazi-Zeit, denn er musste als »Nationale Weihestätte« herhalten. Längst nicht so obszön, wenngleich vielleicht auch nicht ganz frei von Anstößigkeit war schon die Sinngebung der Kirche unter ihrem Erbauer. Der Löwe sorgte für deutliche Anspielungen auf den biblischen Tempel König Salomos, etwa durch den siebenarmigen Leuchter oder den Marienaltar, der auf fünf Füßen steht – genau wie der Tisch in Salomos Tempel gemäß der biblischen Beschreibung. Keine Frage, wer hier die Rolle des idealen Königs Salomo übernehmen sollte. Und dies, obwohl Heinrich der Löwe ja gar kein König war – die Frage ist, inwieweit er sich damit abfand. Seine Selbstdarstellung sprengte gewiss den Rahmen einer rein herzoglichen Repräsentation.

Ein Beispiel ist das um 1165 auf dem Burgplatz aufgestellte Löwendenkmal – es ist heute durch eine Replik ersetzt – das die Macht des Herzogs symbolisierte, insbesondere als Gerichtsherr; der Burgplatz war Ort des Gerichts. Richterliche Macht gehörte im Mittelalter ganz wesentlich zum Herrscher- und speziell zum Königtum, denn der König war die Quelle allen Rechts. Auch der Löwe bekam dies schließlich zu spüren. Sei es, dass der Kaiser, sei es, dass die Reichsfürsten genug von seiner übersteigerten Selbstdarstellung hatten. Als er eine von Kaiser Barbarossa erbetene Waffenhilfe nur gegen Herausgabe der Stadt Goslar leisten wollte, bekam er 1180 einen Prozess, verlor seine Herzogstitel und musste ins Exil nach England. Doch man konnte seinen Machtwillen nur schmälern, nicht brechen. Heinrich kehrte zurück und sorgte für die Restitution seiner Machtbasis, so dass bereits kurz nach seinem Tod 1195 ein Welfe, Otto IV. (1208-1212), Kaiser werden konnte.

Vor dem Palas Dankwarderode erinnert das Löwendenkmal an den Herzog. Der Palas hat einen Verbindungsgang zur Kirche.

Rothenburg ob der Tauber – von der Stauferburg zur Stadt

Bauzeit:
Stadtbefestigung
12. - 14. Jahrhundert
Bastionen
16. Jahrhundert
Spitalbastei
Leonhard Weidmann, um 1586

Der hölzerne Wehrgang ist auf einer Länge von über zwei Kilometern überdacht.

Die mächtigen Mauern der Spitalbastei entstanden, nachdem die Armeen verstärkt Schießpulver und Kanonen einsetzten.

Kaiser Heinrich V. hatte keine Söhne, und es war absehbar, dass seine engsten Mitarbeiter, die Staufer, den Salier beerben würden. Wegen dieser besonderen Vertrauensstellung erhielt der Staufer Konrad im Jahr 1116 die ehemalige Burg des Grafen von Rothenburg von Kaiser Heinrich V. als Lehen. Er ließ die »Vordere Burg« errichten, um die bald viele Handwerker und Kaufleute siedelten. Rothenburg trat also gemeinsam mit der Stauferfamilie ins Rampenlicht der Geschichte. 1125, nach dem Tod Heinrichs V., erbten die Staufer nur das Hausgut, das heißt den salischen Privatbesitz; der aber war vom »Reichsgut«, dem Besitz der Krone, nicht leicht zu trennen. Eine solch umständliche Trennung erübrigte sich jedoch, als besagter Konrad 1138 König wurde. Konrad III. war der erste König aus staufischem Haus. Ein wichtiger Teil des Familiengutes lag in der Gegend von Rothenburg und Nürnberg. Damit wurde diese Region zu einem politischen Zentrum des Staufer- reiches. In Rothenburg selbst arbeite- ten die staufischen Ministerialen, die abhängigen Verwalter des Familien- und auch des Reichsbesitzes. Auf Konrad III. folgte im Jahr 1152 sein Neffe, der berühmteste aller Staufer, Friedrich I., genannt Barbarossa, da Konrads Sohn beim Tod des Vaters minderjährig war und somit regierungs- unfähig. Um ihn zu entschädigen, er- nannte ihn Barbarossa zum »Herzog von Rothenburg«. Als solcher übersah er die staufischen Privatgüter der Re- gion, während Barbarossa fern von sei- nem Stammland Weltpolitik machte. Rothenburg blieb ein Zentrum des stau- fischen Privatbesitzes, das stets jenen Familienmitgliedern übertragen wurde, die nicht selbst an die Spitze des Rei- ches gelangen konnten. Um 1167 wur- de wiederum ein Konrad, er war ein jüngerer Sohn Barbarossas und damit ohne Aussicht auf die Krone, Herzog von Rothenburg. Unterdessen wuchs um die Burg eine beachtliche Stadt.

Um 1200 war Rothenburg von einem ersten Mauerring umgeben, der aller- dings schon bald zu klein wurde. Etwa 80 Jahre später legte man dort, wo es die Topographie erlaubte, einen zwei- ten Mauergürtel an. Vom ersten Mauer- ring sind nur wenige Mauerteile und einige Türme erhalten. Auch die bei- den Burgen existieren nicht mehr. Sie wurden im Jahr 1356 durch ein Erdbeben zerstört. Eine spätere Erweiterung der Stadt- mauer bezog dann die Spitalvorstadt mit ein, die im 16. Jahrhundert zur Spi- talbastei ausgebaut wurde – ein Boll- werk mit Wallgraben, dessen mächtige Mauern auch den neuen Waffen der Zeit, den Kanonen, trotzen konnte. Rothenburgs Entwicklung von der Burg zur Stadt ist typisch für das Wachstum mittelalterlicher Städte, das sich meist in mehreren »Mauerringen« vollzog. Die Befestigung prägte stets den Um- riss einer Stadt. Um mit geringem Auf- wand die größtmögliche Fläche zu um- schließen, war dies in der Regel die Kreisform. Spätestens ab dem 13. Jahr- hundert schützten Stadtmauern, meist mit Wehrgang, Schießscharten und Pechnasen, die Städte vor den anstür- menden Truppen konkurrierender Lo- kalgewalten. Mächtige Mauern und eindrucksvolle Stadttore waren auch ein Zeichen für den Reichtum einer Stadt – Bau und Erhalt einer Stadtbe- festigung waren eine kostspielige An- gelegenheit. Die Stadttore hatten in der Regel eine weitere Funktion: Hier zahl- ten durchreisende Händler die fälligen Abgaben an die Stadt. Über 40 Türme der mittelalterlichen Stadtbefestigung prägen noch heute das Stadtbild Rothenburgs. Die jünge- re, äußere Stadtmauer mit ihrem kilo- meterlangen überdachten Wehrgang wurde nach den Zerstörungen des Zweiten Weltkrieges sorgsam rekonst- ruiert. Die Gelder für den Wiederauf- bau, so kann man an den vielen Mauer- inschriften erkennen, kamen dabei von Rothenburg-Liebhabern aus aller Welt.

Das Burgtor verband einst die Stadt mit der Reichsburg. Der Kupferstich von Merian zeigt Rothenburg um 1648.

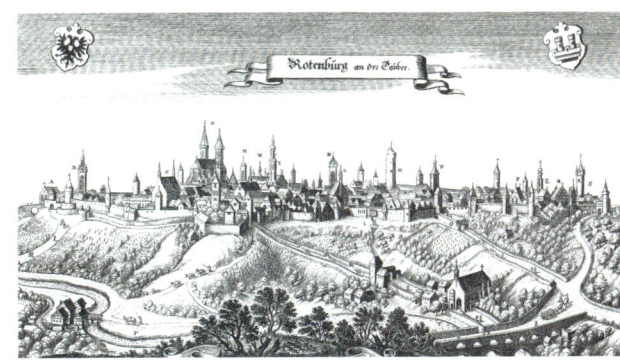

Das Freiburger Münster und die Baukunst der Gotik

Architekten:
Johann Parler und andere, um 1200 - 1380
Hans Niesenberger, Hermann Niederländer,
Meister Leonhard und andere, 1471 - 1519

Das Münster ist berühmt für seinen kühn
konstruierten Turmhelm (gegenüber).

Das gotische Gewölbe im Chorraum.

Mit einer Bauzeit von rund 300 Jahren steht das Freiburger Münster im Vergleich zu anderen Kirchenbauprojekten in Deutschland nicht schlecht da. Begonnen als eintürmige Kirche – zwei Türme standen einer einfachen Pfarrkirche gar nicht zu – entstand mitten auf dem Marktplatz der prosperierenden Handelsstadt Freiburg ein überaus prunkvolles gotisches Gotteshaus. Erst seit Freiburg 1827 Bischofssitz wurde, führt das Münster offiziell auch die Bezeichnung Kathedrale.

Bauherr des Münsters war zunächst der Herzog von Zähringen. Er ließ die frühen Bauabschnitte im romanischen Stil errichten. Doch um 1230, als der Ruhm der gotischen Kathedralen Frankreichs nach Deutschland drang, entschied man, das Münster im gotischen Stil weiterzubauen.

Freiburgs ganzer Stolz ist ein wahres Meisterwerk der Gotik, verwirklicht im Turm, der etwa 1340 vollendet war. Er wurde seither immer wieder mit Superlativen überschüttet, als »absoluter Turm« bezeichnet oder als »schönster der Welt«. Auf einer quadratischen Basis erhebt er sich achteckig und wird von einem offenen, 45 Meter hohen Helm gekrönt. Erstaunlich daran ist der innen hohle Turmhelm. Keine Stützen oder Streben stören den Innenraum, das Maßwerk strebt frei aufgerichtet zur Turmspitze hin, die Steine scheinen von der Schwerkraft befreit. Eine durch und durch gotische Architektur, die auf eindrucksvolle Weise das Streben zu Gott versinnbildlicht.

Möglich wurde die scheinbare Schwerelosigkeit und das Aufstrebende in der gotischen Architektur, vor allem in den Innenräumen, durch neue bautechnische Entwicklungen. Zunächst war da der Spitzbogen, der, im Gewölbebau angewandt, zur Weiterentwicklung des Kreuzrippengewölbes führte. Damit war es möglich, die Lasten des Gewölbes in schlanke Pfeiler abzuleiten und so die Wände »aufzulösen«. An die Stelle der massiven romanischen Stein-

bauten traten nun Kirchen mit großen Fenstern, deren gewaltige Gewölbe allein von hohen, schmalen Pfeilern getragen schienen. Damit diese das Gewicht tatsächlich tragen konnten, mussten sie allerdings von außen mit einer Stützkonstruktion, dem Strebewerk, gestärkt werden. Zugunsten der überwältigenden Wirkung des Innenraums nahm man diese gerüstartigen Konstruktionen an den Längsfassaden in Kauf. Die gotischen Baumeister entdeckten das Strebewerk schon bald als reich dekorierbares Bauteil.

Überhaupt unterschieden sich die gotischen Kirchen durch ihre zahlreichen Fassadenskulpturen und die prachtvollen Kirchenfenster von ihren kargen, gelegentlich mit Wandmalereien ausgestatteten Vorgängerinnen. Die großen farbigen Fenster bescherten den Menschen im Mittelalter ein völlig neues, mystisches Raumerlebnis.

Die radikalen Änderungen in der Baukunst fanden ihre Parallelen in den gesellschaftlichen, wirtschaftlichen und geistigen Umwälzungen des 12. und 13. Jahrhunderts. Es war eine Zeit des Umbruchs und des relativen Wohlstands. Mit der zunehmenden Geldwirtschaft und dem Zugang zu den Fernhandelswegen blühte der Handel, machte die Bürger reich und mächtig; die Landwirtschaft brachte nicht zuletzt durch die neue Dreifelderwirtschaft höhere Erträge hervor und begünstigte so das Wachstum der mittelalterlichen Städte; das Geistesleben wurde durch die Scholastik, die Verbindung von christlicher Theologie und antiker Philosophie, bereichert; die Mathematik trat mit der antiken Geometrie verstärkt ins Blickfeld der Gelehrten und beeinflusste auch die Gotik.

So stimmt etwa die Länge des Freiburger Münsters exakt mit der Turmhöhe überein und die Weite und Höhe des Kirchenraums entspricht den Proportionen eines gleichseitigen Dreiecks; das ist zwar nicht sichtbar, trägt jedoch zur baulichen Harmonie des Münsters bei.

Der Bamberger Dom und die Kunst der Bauhütten

Bauzeit:
um 1215-1237
Erweiterungen
Domkreuzgang Anfang 15. Jahrhundert
Erhöhung Osttürme, Turmhauben
Johann Jakob Michael Küchel, 1765-1768

Die Türme des Bamberger Doms, davor die
»Alte Hofhaltung«.

Zu den Baudenkmälern der Stadt gehört
das barocke Rathaus mit Brückenturm und
Rottmeisterhaus auf der Regnitzinsel.

Der Bamberger Dom ist berühmt für
seine gotischen Steinskulpturen, allen
voran den Bamberger Reiter. Die hohe
Kunst der gotischen Steinmetze entwickelte sich im Mittelalter in den so
genannten Bauhütten, einem Zusam-
menschluss mehrerer Werkstätten. Die
verschiedenen Gewerke, vor allem die
Steinmetze und Glaser, arbeiteten dabei in provisorischen Hütten jeweils
neben den Großbaustellen. Je nach
Bedarf zogen die Bauhütten von Ort zu
Ort, arbeiteten meist in eigener Regie
und unter Leitung eines Hüttenbau-
meisters. Sie blieben, bis ein Bau vollendet oder aber das Geld der Bauherren verbraucht war. Dann zogen sie
weiter. So kam es zu einem regen Austausch von Bauerfahrungen. Jede Bauhütte entwickelte ihren eigenen Stil.
Das ist in Bamberg interessant, denn
der Dombau fällt in die Übergangszeit
von der Romanik zur Gotik. Insgesamt
waren am Bamberger Dom vier verschiedene Bauhütten beteiligt. Während die Erste noch in der Tradition der
Romanik arbeitete, baute die nächste
schon frühgotisch. Die dritte Bauhütte
war ab 1221 am Werk; sie schuf das
Querhaus und den Westchor.
Die letzte Bauhütte arbeitete schließlich
unter Einfluss eines französischen Baumeisters im Stil der Gotik. Da diese
hauptsächlich für die Ausschmückung
des in weiten Teilen fertigen Baus verantwortlich war, sind einige Elemente
des Bamberger Ornaments, Teile der
Außenfassade und die Westtürme go-
tisch. Wer je die lächelnden Engel am
Portal der Kathedrale von Reims gesehen hat, erkennt die enge Verwandtschaft mit dem Bamberger »Lachen-
gel« – im speziellen Fall hatte die Bauhütte wohl auch an der Kathedrale von
Reims mitgearbeitet.
Die berühmteste Figur des Domes, der
Bamberger Reiter, wurde um das Jahr
1230 angefertigt und es ist ungewiss,
ob sie eine reale Person zum Vorbild
hatte. Zahlreiche Interpretationen sind
im Umlauf. Ist es der Gründer des Bis-

tums und Bauherr des ersten Domes
Heinrich II. (1002-1024) oder etwa der
Heilige Stephan? Vermutlich handelt es
sich aber um die Gestalt eines ideal-
typischen Ritters, eines miles Christi,
dessen Antlitz dem Petrusaltar zugewandt ist, als Zeichen dafür, dass er im
Streiten für Gott und dessen irdischen
Stellvertreter in Rom die Erfüllung seines Lebens suchte.
Insgesamt wurde der Bamberger Dom
in atemberaubender Geschwindigkeit
vollendet, innerhalb der Amtszeit des
Bischofs Ekbert von Andechs-Meran.
Später gab es noch vereinzelte Änderungen, wie den Domkreuzgang aus
dem 15. Jahrhundert oder die Erhöhung der Osttürme und die neuen
Turmhauben im 18. Jahrhundert.
Zu den Sehenswürdigkeiten des Doms
zählt die Krypta mit dem Kaisergrab.
Hier ruht das heilige Kaiserpaar Heinrich II. und Kunigunde. Auch der erste
Stauferkönig Konrad III. (1138-1152)
ist hier bestattet und Papst Clemens II.,
der im einzigen Papstgrab nördlich
der Alpen ruht. Der Bamberger Bischof
Suidger wurde im Jahr 1046 Papst und
nannte sich Clemens II.; er starb bereits im folgenden Jahr – mit ziemlicher
Sicherheit wurde er vergiftet.
Die Stadt Bamberg selbst ist ein Denkmal von Weltrang und als solches hoch
offiziell durch die Aufnahme in die Liste
des Weltkulturerbes anerkannt. Die Altstadt ist ein herausragendes Beispiel
für die Entwicklung einer zentraleuro-
päischen Stadt aus frühmittelalterlichen
Grundstrukturen.
Alle Jahrhunderte haben ihre Spuren in
Bamberg hinterlassen. So enthält die
»Alte Hofhaltung«, die ehemalige Bi-
schofsresidenz, trotz stetiger Umbauten bis ins 18. Jahrhundert, noch
Grundelemente eines mittelalterlichen
Palas. Und die vielen barocken Anlagen Bambergs fügen sich anmutig in
das von früheren Zeiten vorgegebene
Stadtraster und rahmen die einzelnen
noch erhaltenen Monumente mittelalterlicher Baukunst.

Von der hohen Kunst der Steimetze zeugen
das Fürstenportal und der Bamberger Reiter.

Der Dom zu Köln – Dombau über die Jahrhunderte

Architekten:
Meister Gerhard, Meister Johannes
und andere, 1248-1560, 1842-1880

In der Steinmetz-Werkstatt der Bauhütte
werden die Figuren des Doms restauriert.

Der Baukran auf dem unfertigen Dom war
lange Jahre ein Wahrzeichen Kölns.

Ob dem ärgsten Pessimisten unter den Festgästen am 15. August 1248, dem Tag der Grundsteinlegung des neuen Kölner Domes, schwante, dass die gesamte Bauzeit schließlich 632 Jahre betragen würde? Anlass zur Skepsis war gegeben, denn man plante nichts geringeres als den vollendeten Dom. Der erste Dombaumeister Gerhard hatte die frühen gotischen Kathedralen in Frankreich gesehen, und gedachte, sie an Kunstfertigkeit und vor allem an Umfang zu übertreffen. Freilich, eine Stadt mit reichen Bürgern, mit einem Erzbischof, der zu den mächtigsten Männern in Mitteleuropa zählte, und nicht zuletzt mit einer bedeutenden Reliquie – den Gebeinen der Heiligen Drei Könige – eine solche Stadt brauchte einen außergewöhnlichen Dom! Der Chor war immerhin Anfang des folgenden Jahrhunderts fertig, doch dann stockte der Bau. Die Finanzsituation war dramatisch schlecht. Nachdem die Bürger im Jahr 1288 ihren Erzbischof dauerhaft aus der Stadt gejagt hatten, bröckelte die erzbischöfliche Macht und damit die Finanzierung. So trennte man den Chor nach Westen einfach durch eine Mauer ab. Das Provisorium blieb bis 1863! Zwar baute man an den Türmen weiter, aber allein das letzte gotische Stockwerk im Südturm, begonnen im Jahr 1350, dauerte ganze 100 Jahre!
Im Jahr 1560 schien das Schicksal des Bauwerks endgültig besiegelt. Einige Erzbischöfe hatten protestantische Neigungen, die Gotik entsprach nicht mehr dem neuen Geist der Renaissance, an Geld fehlte es ohnehin und somit erstarb aller Elan. Der Bau wurde eingestellt und für die nächsten 263 Jahre blieb der Dom eine Bauruine. Der Kran, den man auf dem Südturm hatte stehen lassen – er stand dort bis ins Jahr 1868 – wurde bald zum Wahrzeichen Kölns. Im 19. Jahrhundert kam es schließlich zur Wiederaufnahme der Bauarbeiten. Der Dom fand prominente Förderer: Da war Goethe, der den unfertigen Bau ein »leider nur beabsichtigtes Weltwunder«

nannte und sich mit einer Eingabe für die Wiederaufnahme der Bauarbeiten einsetzte. Da waren die reichen Kölner Bürger, die in der Gotik-Begeisterung ihrer Zeit auf offene Ohren für das Projekt stießen. Da war schließlich der Preußenkönig Friedrich Wilhelm IV., der von einem nationalen Symbol der Versöhnung zwischen den Konfessionen träumte und den 1842 begonnenen Weiterbau finanzkräftig unterstützte. Am 15. Oktober 1880, dem Geburtstag des zwischenzeitlich verstorbenen Königs, konnte das lang ersehnte Ende der Bauarbeiten gefeiert werden.
In seinem heutigen Zustand ist der Kölner Dom zwar nur in sehr geringen Teilen authentische Gotik, doch hielt sich die preußische Bauleitung so penibel wie möglich an den wieder entdeckten Fassadenplan des Dombaumeisters Johannes aus dem frühen 14. Jahrhundert. So betrachtet ist die heutige Domgestalt – ohne die sonst wahrscheinlichen spätmittelalterlichen Einflüsse – so nah wie nur irgend möglich an den Ideen der frühen gotischen Baumeister. Die Arbeiten am Dom sind jedoch längst nicht beendet. Heute machen Umweltschäden am Naturstein eine ständige Restaurierung erforderlich. Bereits im Jahr 1904 musste wegen Bauschäden eine neue Dombauhütte eingerichtet werden. Nach dem Vorbild dieser mittelalterlichen Institution hat der Kölner Dom bis heute seine Bauhütte, die verschiedene Werkstätten, vor allem eine Steinmetz-Werkstatt, umfasst und vom jeweiligen Dombaumeister koordiniert wird. Auch die Schäden des Zweiten Weltkrieges, insbesondere die Verluste im Fassadenschmuck, wurden von der Bauhütte erneuert. Einige Steinmetze bekannten sich damals offen zur karnevalistischen Tradition Kölns. Zwischen steinernen Heiligen und Dämonen tummeln sich hoch oben am Dom Figuren von Fußballern des F.C. Köln, dem Funkenmariechen, aber auch von John F. Kennedy und Nikita Chruschtschow.

Quedlinburg
Mittelalterlicher Königssitz und Stadt der Fachwerkhäuser

Bauzeiten:
St. Servatius
um 1070 - 1129, Chor um 1320

Ständerbau Fachwerkmuseum
um 1310

Der Ständerbau in der Wordgasse ist heute
ein Fachwerkmuseum. Das Haus mit den
Säulen (gegenüber) ist das Geburtshaus
des Dichters Friedrich Gottlieb Klopstock.

Der Schlossberg mit dem Damenstift und
der Stiftskirche St. Servatius.

Quedlinburg trat Anfang des 10. Jahrhunderts aus dem Dunkel der Geschichte. Damals bahnte sich in Europa ein politischer Umbruch an. Das riesige Gebiet, über welches Karl der Große und seine Nachkommen geherrscht hatten, zerfiel langsam in mehrere Teilreiche. Im Osten, also etwa im heutigen Deutschland, ging die Macht von den Franken auf die Sachsen über.
Der Liudolfinger Heinrich, ein sächsischer Herzog, wurde im Jahr 919 zum König erwählt. Sein Krönungsjahr gilt als Beginn der ottonischen Herrscherdynastie und ist eng mit Quedlinburg verwoben. Bei seinem Tod hatte er die deutschen Herzogtümer geeint, und auf diesem Erbe aufbauend nahm sein Sohn Otto I., genannt der Große (936 - 973), die Reichsidee Karls des Großen wieder auf: Er wurde Kaiser.
Sein Vater Heinrich I. hatte Quedlinburg häufig besucht und hier eine Pfalz erbaut. Sie existiert heute nicht mehr, denn seine Nachfolger ließen auf dem Gelände ein Damenstift errichten.
Die ehemalige Pfalzkapelle und Grabstätte Heinrichs I. wurde zur Stiftskirche St. Servatius. Nach Umbauten war sie, mit Ausnahme des Chores, im Jahr 1129 fertig. Sie gehört heute zu den bedeutendsten romanischen Kirchen in Deutschland. Berühmt ist der kostbare Kirchenschatz, angehäuft durch die Schenkungen der Ottonen. Er kam kurz nach der Wiedervereinigung in die Schlagzeilen, denn einige seit 1945 vermisste Teile tauchten plötzlich in Texas wieder auf – die »Kriegsbeute« ist mittlerweile in Quedlinburg zurück. Auch nach dem Ende der Ottonen im 11. Jahrhundert blieb die Stadt ein »königsnaher« Ort. Die Herrscher kamen weiter häufig zu Besuch. Dennoch wurde Quedlinburg, zum Leidwesen der Bürger, keine Reichsstadt. Die Lehenshoheit blieb bei der Äbtissin des Stifts, die diese bisweilen sogar gewaltsam mit Hilfe ihrer Vögte durchsetzte. 1477 verloren die Bürger eine Fehde gegen die energischen Damen.

Die Einzigartigkeit Quedlinburgs liegt im Stadtbild begründet. Hierin sind in seltener Art verschiedene Jahrhunderte konserviert. Die weit über tausend Fachwerkhäuser der Altstadt, die nach der weitgehenden Vernachlässigung der DDR-Ära heute wieder in beeindruckendem Zustand sind, erzählen vom Alltag vergangener Zeiten.
Der Holzbau war im Mittelalter die Bauweise der Bevölkerung. Steinerne Bauwerke waren zu kostspielig, man verwendete daher leicht beschaffbare Materialien wie Holz, Stroh und Lehm und errichtete einfache Fachwerkbauten.
Ihren Namen verdanken die Fachwerkhäuser den Zwischenräumen im Holzgerüst, den »Gefachen«, die meist mit Stroh, Lehm oder auch Backstein ausgefüllt werden. Die frühen Fachwerkkonstruktionen waren die so genannten Ständerhäuser. In der Wordgasse steht ein solches Haus, das zu den ältesten erhaltenen Fachwerkhäusern Deutschlands zählt und heute das Fachwerkmuseum beherbergt. Man datiert die Bauzeit um 1310. Bei der Ständerbauweise verlaufen die vertikalen Hölzer über die ganze Höhe der Fassade, also über alle Geschosse. Später, etwa ab dem 14. Jahrhundert, begannen die Zimmermänner die Konstruktion geschossweise aufzubauen, so wurden mehr als zweigeschossige Bauten und auskragende Stockwerke möglich.
Das mittelalterliche Fachwerkhaus diente sowohl als Lagerraum als auch als Wohnraum. Kleinere Händler legten ihre Waren im Erdgeschoss aus, Großkaufleute lagerten sie im Speicher.
Die überwiegende Zahl der Quedlinburger Fachwerkhäuser stammt jedoch nicht aus dem Mittelalter. Es handelt sich meist um kunstvolle Bauten des 16. und des späten 17. Jahrhunderts. Dem Mittelalter entstammt allerdings das Straßennetz, welches nie verändert wurde, weshalb ein Spaziergang in den Gassen der Stadt tatsächlich einen Eindruck jener Zeit mit ihren engen baulichen Dimensionen vermittelt.

Das Ulmer Münster und das aufstrebende Bürgertum

Architekten:
Heinrich II. Parler, Michael Parler,
Heinrich III. Parler, Ulrich von
Ensingen, Matthäus Ensinger,
und andere, 1377 - 1543
Ferdinand Thrän, Ludwig Scheu,
August von Beyer, 1844 - 1890

Kein Kaiser oder König, kein Bischof oder Reichsabt und auch kein Fürst war es, der da am 30. Juni 1377 den Grundstein zum Ulmer Münster legte. Es war Ulms ehemaliger Bürgermeister Lutz Krafft. Das Bürgertum hatte sich im Spätmittelalter als eigenständige Macht etabliert. Ulm war Freie Reichsstadt und duldete keinen Herren über sich außer dem Kaiser, und der war weit weg. Man verdiente, man machte große Politik, man führte Kriege gegen Fürsten, welche die Eigenständigkeit bedrohten, und man baute – im großen Stil und mit eigenen Mitteln. Natürlich dienten große Kirchen seit jeher der Repräsentation ihrer Bauherren. Das Neue ist hier nicht das »Wie«, sondern das »Wer« – die Ulmer Bürger wollten ihrer Freiheit und ihrem Reichtum ein Denkmal setzen.

Auch architekturgeschichtlich gesehen hatte sich einiges geändert. Baumeister wurden nun, in der etwa 1350 beginnenden Spätgotik, in den Quellen fassbar; man kannte ihre Lebensläufe, ja sogar ihr Antlitz. Die Meister der mittlerweile gut organisierten Bauhütten waren europaweit gesuchte Leute. Ulm verlor beispielsweise einen Bauhüttenmeister an Mailand. Ulrich von Ensingen, Leiter der Ulmer Bauhütte seit 1391, führte gleichzeitig Arbeiten am Straßburger Münster aus.

Die ersten drei Hüttenmeister in Ulm gehörten zur Familie der Parler. Sie hatten ihren Aufstieg mit dem Bau des Prager Veitsdoms begonnen. Bauherr war hier Kaiser Karl IV. und in seiner Nachfolge seine Söhne – das war noch ganz das mittelalterliche, hochadlige Mäzenatentum. Es mag sein, dass sich die drei Parler-Meister daher etwas schwer mit ihren bürgerlichen Auftraggebern in Ulm taten. Sie hatten ein Hallenlanghaus mit einheitlichem Dach und drei recht unscheinbaren Türmen vorgesehen. Von ihren Plänen wurde nebst dem Kirchengrundriss nur der Chor verwirklicht. Im Jahr 1391 übernahm Ulrich von Ensingen die Leitung

der Bauhütte. Er sorgte für einen radikalen Wechsel in den Planungen. Das wichtigste von ihm eingeführte Element war der hoch aufragende Westturm des Münsters. Diese neue Akzentuierung beeinflusste auch das Erscheinungsbild des Kirchenschiffs – heute erkennbar an dem Höhenunterschied von Parler-Chor und Mittelschiff. Um den Turm stützen zu können, aber auch aus ästhetischen Gründen musste das Mittelschiff nun viel höher werden. Damit änderte sich aber auch der ursprünglich vorgesehene Hallencharakter. Aus dem Hallenlanghaus wurde eine mehrschiffige Basilika. Die akzentverschiebende Maßstabsänderung entsprach gewiss den Wünschen der reichen bürgerlichen Bauträger.

Der Ulmer Münsterturm ist ein stolzes Denkmal früher deutscher Bürgerlichkeit, wenngleich die Sache auch einen Haken hatte: Die selbstbewussten Pläne erwiesen sich als sehr, schließlich sogar als zu teuer. Ulrich von Ensingen erlebte kaum den Bau der Hälfte seines Turmes, im 15. Jahrhundert verliefen die Arbeiten nur schleppend, und nachdem sich Ulm per Volksabstimmung im Jahr 1530 zum Protestantismus bekannt hatte, geriet der Bau vollends ins Stocken. 1543 schloss man die Bauhütte und hatte – genau wie in Köln – lange Zeit, bis zum Ausbruch der Gotikbegeisterung um 1830, eine quasi halbfertige Kirche. Auch die Vollendung des Münsters hatte viel mit Köln gemein, man kann im Ulmer Fortführungsprojekt das protestantische Gegenstück sehen.

Die Münsterbauhütte, die heute noch besteht, wurde 1844 wieder eröffnet. Zwischen 1885 und 1890, unter August von Beyer, wurde schließlich der Westturm vollendet. Die Ulmer hatten es sich nicht nehmen lassen, durch eine Änderung der Baupläne den Kölner Dom um einige Meter zu übertrumpfen. Mit seinen 161,5 Metern ist der Ulmer Münsterturm noch heute der höchste Kirchturm der Welt.

768 Stufen führen auf den stolzen Münsterturm, der erst 1890 vollendet wurde.

Das Rathaus von Stralsund und die Backstein-Gotik

Architekten:
Rathaus
Ende 13. Jahrhundert - um 1350
Restaurierung Fassade
Ernst von Hasselberg, 1881 - 1885

St. Nikolai
Heinrich von Barth und andere,
1270 - um 1353

Ursprünglich war es eine Notlösung, dass man in Norddeutschland mit Backstein baute, denn in der Region gab es einfach keine Natursteinvorkommen. Waren andernorts die prächtigen Kirchen und repräsentativen Bauten aus großen Steinquadern gefügt, musste man hier massenhaft kleine Ziegel verbauen. Schwierig wurden die Ziegelkonstruktionen mit dem Aufkommen der Gotik, deren Baudetails, die profilierten Pfeiler, die Rosetten und die spitzbogigen großen Fenster, so stark von kunstvollen Steinmetzarbeiten geprägt waren. Kein Wunder also, dass das die Beschränkung auf das Material Backstein in Norddeutschland zu einer Sonderform der Gotik, der Backstein-Gotik führte.

Auch muss man bedenken, dass ein Backstein damals in Handarbeit entstand. Man stampfte den Lehm mit Füßen, presste ihn in Formkästen und strich die Oberfläche mit einem Holzrakel glatt, bevor man die Lehmstücke zum Brand aufschichtete. Um das Massenprodukt möglichst schnell herstellen zu können, musste man sich auf eine geringe Zahl der von der Quaderform abweichenden Formen beschränken. Eine Möglichkeit, ein Ornament in eine Ziegelwand einzufügen, war die Farbe des Backsteins. Abhängig von Brenntemperatur und Materialmischung konnten die unterschiedlichsten Farben, von rötlich bis violett oder gar schwarz entstehen. Etwa ab Mitte des 13. Jahrhunderts standen den Handwerkern auch Glasuren zur Verfügung, die mit Vorliebe zur Fassadengestaltung eingesetzt wurden.

Stralsund besitzt mit seinem Rathaus ein besonders bemerkenswertes Bauwerk der Backstein-Gotik. Die starke Gliederung der Fassade durch Wandpfeiler und Blendarkaden, d.h. Wandrücksprünge in Form von Bögen, ist typisch für diesen Stil. Wenngleich nicht frei von historisierenden Überformungen, die während der Restaurierungsarbeiten im 19. Jahrhundert hin-

zukamen, vermittelt der Bau doch einen Eindruck von der einstigen Blüte der Stralsunder Bürger- und Handelskultur. Das Rathaus und die angrenzende Kirche St. Nikolai, die offensichtlich in enger baulicher Verwandtschaft zur Lübecker Marienkirche steht, bilden ein repräsentatives Ensemble.

Die Doppeltürmigkeit, die St. Nikolai als Pfarrkirche eigentlich gar nicht zustand, ist ein typisches Beispiel hanseatischen Bürgerstolzes. Die große Bauleistung der Handelsstadt zeigt, dass diese bereits wenige Jahrzehnte nach der Stadtgründung 1234 wirtschaftlich bestens gestellt war. Viele Bauwerke aus dem 13. und 14. Jahrhundert zeugen von Stralsunds Prosperität.

Bereits kurz nach der Stadtgründung stand man in engem Kontakt mit der Hanse, um sich gemeinsam mit den dort verbündeten Städten im Kampf gegen Feudalherren, Zölle und Wegelagerei und für die Handelsinteressen zu engagieren. Der Bedeutungshöhepunkt der Stadt fällt mit dem der Hanse zusammen: Im Jahr 1370 musste der dänische König im Frieden von Stralsund den militärischen Sieg eines Städteverbunds anerkennen, der sich im Wesentlichen aus der Hanse rekrutiert hatte. Nach dem Sieg über den dänischen König begann allerdings eine Zeit des Niedergangs.

Im 17. Jahrhundert wurde Stralsund von schweren Schicksalsschlägen getroffen. Zunächst geriet die Stadt im Dreißigjährigen Krieg ins Zentrum der militärischen Auseinandersetzungen zwischen Wallenstein und dem schwedischen Heer. Nach Ende des Krieges wurde die Stadt zum Zankapfel zwischen den Schweden und dem Großen Kurfürst Friedrich Wilhelm (1640 - 1688), der die Stadt schließlich heftig bombardieren ließ, um ihre Einnahme zu erreichen. Die Hafenstadt war als Zugang zur Ostsee immer noch begehrt, wenngleich an die einstige wirtschaftliche Blüte der Hansezeit nicht mehr angeknüpft werden konnte.

Blick über Stralsund mit St. Nikolai, links daneben das Rathaus (auch gegenüber).

Architekten:
St. Nikolai
Heinrich von Bremen, Hermann von
Münster, Peter Stolps, Hans Martens,
um 1380-1487

Bürgerhaus »Alter Schwede«
um 1380

Wasserkunst
Philipp Brandin mit Heinrich Dammert,
1580-1602

Wismar – Teil der hanseatischen und schwedischen Geschichte

Wismar ist eine typische Hansestadt an der Ostsee. Die Stadtwerdung wird auf das Jahr 1229 datiert. In jener Zeit verdichtete sich das Handelssystem der Hanse. Es etablierten sich erfolgreiche wirtschaftliche Verbindungen zwischen den östlichen Anrainergebieten der Ostsee und Westeuropa einschließlich Englands sowie dem Reichsgebiet. Im Zuge dieser Entwicklung gründeten die Kaufleute Niederlassungen entlang der hansischen Handelswege im Ostseeraum, die dann von den jeweiligen Lokalfürsten mit einem Stadtrecht versehen wurden. So war es auch in Wismar und nach dem Vorbild Lübecks bekam die junge Hansestadt ein fortschrittliches Stadtrecht, das den Handel begünstigte.

Die Stadt hatte allerdings schon bald einen zweiten bedeutenden und sonst eher untypischen Wirtschaftszweig entwickelt, denn Wismar verlegte sich auf die Produktion von Gerstensaft. Wer im Reich auf sich hielt und es sich leisten konnte, der trank Wismarer Bier. An diesem Luxusprodukt endete übrigens die hanseatische Solidarität: In Lübeck wurde die Einfuhr verboten, um die heimischen Bierbrauer zu schützen. Das Beispiel verdeutlicht sehr schön, dass die Hanse ungeachtet ihrer Erfolge keine festgefügte Institution war, sondern ein Zweckbündnis, immer wieder erneuert zu bestimmten Anlässen. Die Entwicklung Wismars wie auch die der anderen Handelsniederlassungen kann man kurz nach der Gründung nur als explosionsartig bezeichnen. In Wismar zum Beispiel ging man schon ganz kurz nach der Stadtgründung an den Bau einer Neustadt. Der Stadtgrundriss gleicht hier einem Schachbrett – das schnelle Wachstum wurde stadtplanerisch organisiert. Um 1300 hatte Wismar annähernd die Ausmaße, die es noch in 600 Jahren haben sollte. Die Stadt hat eine weitere Gemeinsamkeit mit anderen Hansestädten. Ob in Hamburg, Greifswald, Stralsund oder Wismar, überall wacht eine Kirche

St. Nikolai über das Wohl der Seefahrer. Er ist ihr Schutzpatron, so dass man in fast allen Küstenstädten besonders im ehemaligen Hanseraum nach ihm benannte Kirchen findet. Die Wismarer Nikolaikirche ist eine der jüngsten und größten Bauten der Backstein-Gotik. Erst 1487 fertiggestellt, bildet sie in ihrer markanten Einheitlichkeit ein Resümee dieser Stilepoche.

Zum Stadtbild Wismars gehören auch, wie in vielen anderen Hansestädten, die typischen Bürgerhäuser. Mit ihren abgetreppten Giebeln säumen sie den Marktplatz und die Straßen der Altstadt. Die Bürgerhäuser beherbergten nicht nur die Wohnung, sondern stets auch die Geschäftsräume und das Warenlager der Kaufmannsfamilie. Das älteste erhaltene Bürgerhaus Wismars ist der »Alte Schwede«, ein um 1380 erbautes Speicherhaus direkt am Marktplatz. Seinen ungewöhnlichen Namen erhielt das Haus in Erinnerung an die Zeit, in der Wismar unter schwedischer Herrschaft stand.

Die Stadt war nach dem Dreißigjährigen Krieg durch den Friedensschluss von Osnabrück im Oktober 1648 an Schweden gefallen, das blieb so, mit kurzen Unterbrechungen, bis ins Jahr 1803, als es zu einem skurrilen Pachtvertrag mit dem Herzog von Mecklenburg kam. Die Stadt war das Pfand für eine wahre Unsumme, welche der Herzog an Schweden zu überweisen hatte. Nach 100 Jahren hätten die Schweden das Pfand einfordern können, doch verzichteten sie auf die Wiedereinlösung der Hansestadt.

Aus der Renaissancezeit hat Wismar noch ein bemerkenswertes technisches Bauwerk: die »Wasserkunst«. Das kunstvoll gestaltete Sammelbecken auf dem Marktplatz verbesserte die Stadthygiene um 1600 ungemein. Es sorgte für die Wasserverteilung in viele Haushalte und öffentliche Schöpfstellen. Das ausgeklügelte Trinkwassersystem blieb noch bis Ende des 19. Jahrhunderts in Betrieb.

St. Nikolai und die Giebelfronten der Bürgerhäuser prägen das Stadtbild. Zentrum des Marktplatzes ist die »Wasserkunst« – das Backsteinhaus im Hintergrund ist der »Alte Schwede« (gegenüber).

Das Rathaus in Bremen – ein Bauwerk als politische Botschaft

Architekten:
Meister Johannes und andere, 1405-1410
Umbau
Lüder von Bentheim, 1595-1612
Anbau Neues Rathaus
Gabriel von Seidl, 1909-1913

Roland
Claves Zeelslegher, Jacob Olde, 1404

Ein wahrer Bürger demonstriert stets stolz und standhaft seine Freiheit. So kam es, dass Hans Koschnick, langjähriger Regierungschef in Bremen, einst als Staatsgast in Japan in eine knifflige Situation geriet: Er war von den Gastgebern für die Verleihung eines hohen Ordens vorgesehen. Mit viel diplomatischer Mühe musste dies im Vorfeld vereitelt werden. Denn kein Bremer Senator nimmt je einen Orden an. Von Niemandem. Niemals!

Die erste rechtliche Anerkennung als Gemeinschaft erfuhr die Bremer Bürgerschaft durch Kaiser Barbarossa (1152-1190). Bis dahin hatte der Erzbischof das unangefochtene Regiment über die Stadt ausgeübt. Seit Barbarossas Anerkennungsdiplom gab es also in Bremen einen Dualismus, eine Konkurrenz zweier mächtiger »Rechtskörper«. Das war im Reich durchaus nichts Ungewöhnliches. Dieselbe oder eine ähnliche Konstellation fand man eigentlich in jeder mittelalterlichen Stadt von Bedeutung. Der Ausgang dieses Streits war stets ungewiss und vom politischen Geschick der jeweiligen Gegner abhängig. Einige Städte verloren die Unabhängigkeit, während andere den Bischof aus der Stadt vertrieben oder den Einfluss des nahen Landesherren ausschalteten; bei diesen Auseinandersetzungen ging es selten ohne Blutvergießen ab.

In Bremen erfolgte de jure die Anerkennung als Reichsstadt erst sehr spät, gegen Ende des Dreißigjährigen Krieges, im Jahr 1646. De facto war die Sache längst entschieden. Die Bremer huldigten zwar ihrem Bischof, doch wenn es um Entscheidungen ging, ignorierten sie ihn komplett. Sie zeigten ihre Unabhängigkeit nicht zuletzt durch ihr prächtiges Rathaus samt der dazugehörigen Statue, dem Roland. Stolz und standhaft wie die Bürger selbst war es die bauliche Entsprechung ihres Selbstbewusstseins. Das ursprünglich im spätgotischen Stil errichtete Rathaus orientierte sich näm-

lich an der Palas-Architektur des Hochmittelalters. Das schloss den Ausdruck von Herrschaftswillen ebenso ein wie eine gewisse zur Schau getragene Wehrhaftigkeit. Die Fassade ist zudem mit Statuen des Kaisers und der sieben Kurfürsten geschmückt – ein direkter Hinweis auf die reichsstädtische Freiheit: Kaiser und Kurfürsten symbolisieren das Reich, welches das Recht spendete und die Freiheit vor Lokalgewalten garantierte. Als Figuren sieht man auch Petrus, der den spirituellen Bezug herstellt, und Aristoteles, der die monarchisch-demokratische Herrschaft zur idealen erklärt hatte, ganz so, wie die Ratsherren es verstanden.

Die zentralen Räume im Innern sind die beiden übereinander liegenden Hallen. Die untere diente dem »Marktvolk« zumeist als Markthalle, die obere, 13 Meter hohe Halle bot den repräsentativen Rahmen für die Ratsversammlungen. Dazu kam die Aufstellung des Roland. Diese Märtyrergestalt aus den Tagen Karls des Großen war zur Galionsfigur kommunaler Ansprüche avanciert. Viele Städte platzierten einen Roland vor ihrem Rathaus, nicht alle durften ihn und die in ihm symbolisierten Freiheiten behalten, denn der Roland war ein Rechtswahrzeichen: Er überbrachte die vom Kaiser verliehenen Privilegien. Er sollte vor allem den Bewohnern des Dombezirks ins Auge fallen, besonders dem Erzbischof, denn der hatte bereits 1366 einen hölzernen Roland zerstören lassen. Nun verließ er resigniert seine Residenz und verwaltete fortan die Stiftsgüter außerhalb der Stadt.

Kein Krieg zerstörte je das Rathaus, dieses bedeutende politische Bauwerk des späten Mittelalters. In der Renaissance, deren humanistische Gedankenwelt dem Bürgertum entgegenkam, erhielt das Rathaus seine heutige Fassadengestalt: viel weniger wehrhaft, aber umso repräsentativer.

Das kleinste deutsche Bundesland verweist mit seinem Rathaus stolz auf eine eigene, souveräne Geschichte.

Der Roland auf dem Bremer Marktplatz ist ein Symbol für Freiheit und Marktrecht.

Die Fuggerei in Augsburg
Jakob Fugger »der Reiche« und seine Siedlung für die Armen

Architekten:
Thomas Krebs, 1514-1523
Kirche St. Markus
Hans Holl, 1581-1582
Erweiterungen Fuggerei
um 1880, um 1938
Wiederaufbau, Erweiterung
Raimund Freiherr von Doblhoff, 1945-1968

Heute wohnen in der Fuggerei überwiegend Senioren.

Die Buchillustration aus dem Jahr 1518 zeigt Jakob Fugger in seinem Kontor.

Man muss Superlative bemühen, um den Reichtum der Familie Fugger in ihrer Zeit zu beschreiben. Im 14. Jahrhundert begannen sie ihren Aufstieg als Weber und Tuchhändler, dehnten ihren Geschäftskreis immer weiter aus, über den Bergbau und den Orienthandel, bis hin zum Finanzgeschäft. Unter Jakob Fugger dem Reichen (1459-1525) gehörte die Familie schließlich zu den bevorzugten Bankiers der Mächtigen in Europa. Könige, Kaiser und Päpste standen bei Jakob Fugger in der Kreide; der vermehrte auf diese Art Macht und Handelsprivilegien. Da war Karl V., dessen Reich auch neu entdeckte Teile Amerikas umfasste. Wer von seiner Weltmacht spricht, sollte von jener Jakob Fuggers sprechen. Im Jahr 1519 organisierte der Kaufmann die Kaiserwahl ganz im Sinne des Habsburgers. Unsummen flossen, um eine Mehrheit unter den geldversessenen Kurfürsten zu schmieden. Auch die französische Krone, damals viel reicher als die traditionell klammen Habsburger, feilschte mit – aber gegen Jakob Fugger konnte Frankreich nicht gewinnen; der Kaufmann setzte seinen Kandidaten gegen die Interessen einer Großmacht durch.

Hier zeigte sich nun etwas völlig Neues. Nicht etwa, dass materielle Zuwendungen die Kaiserwahl entschieden – das war schon seit dem Mittelalter so; aber dass es einer Familie, noch dazu aus bürgerlichem Stand, gelang, den ehrbarsten Thron der Christenheit zu bestellen, glich einer Revolution. Der aufblühende Handel der frühen Neuzeit, etwa um 1450, hatte die Bürgerschaft nicht nur reich gemacht, sondern ihr auch zu politischer Macht verholfen. Das Sozialgefüge und das Bild der Städte erlebte in dieser Zeit enorme Veränderungen. In Augsburg etwa stieg das Gesamtvermögen der Patrizier zwischen 1450 und 1550 um mehr als das Zehnfache. Dennoch lebten etwa 90 Prozent der rasch wachsenden Stadtbevölkerung in Armut.

Die Fuggerei stellt einen Reflex auf diese Umwälzungen dar. Es ist eine Siedlung für Bedürftige, gewissermaßen die erste Sozialsiedlung Europas. Sie hatte durchaus ihre baulichen Vorbilder, doch ihre städtebauliche Planung und Größe war neu. Die mit Toren abschließbare Fuggerei war eine kleine Stadt in der Stadt, finanziert von Jakob Fugger. Die Fugger hatten längst für soziale Zwecke das »Konto St. Ulrich« eingerichtet. Von diesem Konto kam auch das Geld für die 1514 begonnene Stiftung. Jakob Fugger regelte exakt die Bedingungen, die für die Bewohner seiner Siedlung galten. Wer in den Genuss der billigen Wohnungen kommen wollte, musste unverschuldet in Not geraten sein, durfte nicht betteln und musste neben anderen Verpflichtungen dreimal täglich für das Seelenheil des Stifters beten. Gerade in Letzterem zeigt sich, dass »mittelalterliches« und »neuzeitliches« Denken hier Hand in Hand gingen. Denn die Fuggerei hatte mehr mit Klostergründungen alternder Reichsfürsten des 12. Jahrhunderts zu tun als mit moderner Sozialpolitik. »Got zu lob und danckparkait«, so Jakob Fugger, errichte er die Fuggerei. Es ging hier, genau wie bei den Stiftungen des Mittelalters, auch ums Seelenheil des Stifters und seiner Familie. Als sich Augsburg im Zuge der Reformation vom Katholizismus abwandte, verweigerten die Fugger den Übertritt. Da es in der Stadt nurmehr evangelische Kirchen gab – selbst St. Anna, die Fuggersche Grablege wurde protestantisch – ließen sie 1581 ein katholisches Gotteshaus in der Siedlung errichten. Zudem verfügten sie, dass nur Katholiken das Wohnrecht in ihrer Stiftung haben sollten.

Die Fuggerei existiert noch heute. Nicht mehr als 88 Cent Jahresmiete zahlen die Bewohner. Das entspricht, exakt umgerechnet, einem Rheinischen Gulden im Jahr 1521. Geblieben ist auch die katholische Ausrichtung und die Verpflichtung zum täglichen Gebet.

Am Ende einer typischen Häuserzeile steht die Kapelle St. Markus. Im Stadtplan von 1521 war die Fuggerei bereits verzeichnet.

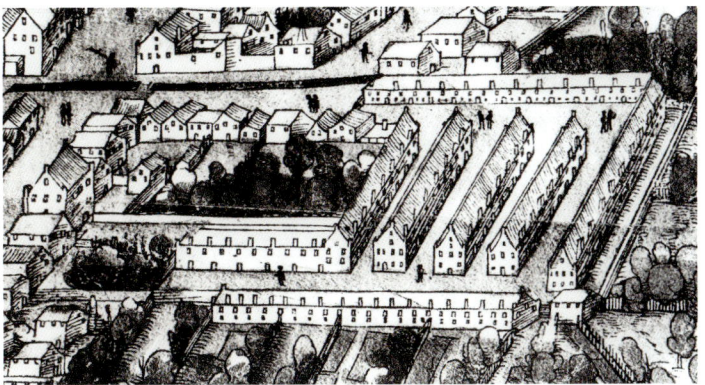

Hier stehe ich, ich kann nicht anders.
Gott helfe mir! Amen!

Martin Luther, zugeschrieben

Die Lutherstätten in Wittenberg
Der Beginn der Reformation in Deutschland

Bauzeit:
Schlosskirche
15. Jahrhundert, diverse Umbauten

St. Marien
13.–15. Jahrhundert

Martin Luther (1483–1546).

Der Turm der Schlosskirche trägt Luthers
Choralvers »Eine feste Burg ist unser Gott,
eine Wehr und seine Waffen« als Inschrift.

Mit der Veröffentlichung seiner 95 Thesen veränderte Martin Luther im Jahr 1517 den Verlauf der Weltgeschichte. Doch worum ging es eigentlich ganz ursprünglich? Zunächst um Kirchenkritik: An einer Papstkirche, die sich immer mehr verweltlicht hatte und ihre eigentlichen Inhalte völlig vergessen zu haben schien. Das System der Sündenvergebung war im Laufe der Jahrhunderte zu einer Einnahmequelle für Rom pervertiert worden, und zu Luthers Zeit, als die Kirche Geld für den Bau des Petersdoms brauchte, nahm das System »Sündenvergebung gegen Geldzahlung«, der Ablasshandel, geradezu groteske Züge an. Da war ferner die in der Bibel nicht vorgesehene Heiligen- und Reliquienverehrung, gefördert wieder aus finanziellem Interesse durch die Kirche.

Luther stellte seine Ideen wortgewaltig dar. Von der Politik, auf die er sich glänzend verstand, einmal abgesehen, bestanden diese aus folgenden Eckpunkten: In den Mittelpunkt der Theologie rückt – wieder – das Leiden Christi als sündenvergebende Tat für alle Christen; das ist die Theologie des Kreuzes. Der Priester ist nicht mehr so stark der sonderbegabte Mittler zwischen Gott und den Menschen, er ist eher eine Art Lehrer; das ist die Priesterschaft aller Christenmenschen; und die als Missbrauch empfundenen Bräuche wie Reliquienverehrung etc., sollten abgeschafft werden.

Die Kirche sah in Martin Luther bald einen Ketzer; sie forderte unter Androhung des Bannes seinen Widerruf. Doch statt zu widerrufen brach Luther nun endgültig mit Rom. Nach seinem Auftritt vor dem Reichstag in Worms, wo er den Widerruf mit den Worten »Hier stehe ich, ich kann nicht anders« abgelehnt haben soll, verhängte man im Jahr 1521 die Reichsacht über ihn. Sein Gönner, Kurfürst Friedrich der Weise, versteckte ihn daraufhin für einige Zeit auf der Wartburg. Das Programm »Freiheit von Rom«, das

nebenbei wohl auch »mehr Freiheit vom Kaiser« bedeutete, gefiel ja manchem deutschen Fürsten ganz ausgezeichnet. In der politischen Konsequenz hieß das allerdings, dass die Reichsgewalt weiter geschwächt wurde, während die Macht der einzelnen Fürsten zunahm.

Für die Kirche selbst brachte die Reformation letztlich nicht die von Luther angestrebte Erneuerung, sondern ihre dauerhafte Spaltung.

Wer etwa die erste Predigtkirche Martin Luthers, St. Marien in Wittenberg, besucht, sollte sich daher klarmachen, dass das hier Gepredigte die damalige Welt erschütterte. Er darf dabei sicher sein, dass sich der Innenraum in etwa so präsentiert, wie ihn einst der Reformator wahrnahm, denn der spätgotische Langbau aus dem 14. Jahrhundert wurde seither kaum verändert. Eine ganze Gruppe von Bauwerken und Denkmälern in Wittenberg und auch in Eisleben, seinem Geburts- und Sterbeort, erinnert an den Reformator und seine Wegbegleiter.

Wie so oft in der deutschen Architekturlandschaft erzählen die Gebäude ihre Geschichte nicht unmittelbar: Seit dem 16. Jahrhundert erfuhr die Reformation viele Deutungen, auch in nationaler und politischer Hinsicht. Die Gebäude geben die Zeit Luthers durch den Filter dieser Geschichtsdeutungen wieder. Historisches und Historisierendes sind dabei nicht immer leicht zu trennen. So erzählt Wittenbergs Schlosskirche eine sehr gedeutete Reformationsgeschichte, denn ihr Innenraum wurde zwischen 1883 und 1892 nach gotischen Vorbildern neu gestaltet.

In der Schlosskirche sind die Gräber Martin Luthers und seines Mitstreiters Philipp Melanchthon zu sehen. Die Hauptattraktion der Kirche ist aber das Thesenportal, an dem Luther seine 95 Thesen angebracht haben soll. Die heutige Tür stammt allerdings aus dem 19. Jahrhundert, lediglich das Portal überlebte die Zeit der Reformation.

St. Marien, mit dem Reformationsaltar von Lucas Cranach d. Ä., war Luthers erste Predigtkirche. Am Portal der Schlosskirche (rechts) soll er seine 95 Thesen angeschlagen haben.

Die Stadtresidenz in Landshut – der Traum von Italien

Architekten:
Deutscher Bau
Bernhard Zwitzel mit Niclas Überreither,
1536 - 1543
Italienischer Bau
Antonino Manovano, Bernardo Manovano,
Sigismondo Manovano zugeschrieben,
1537 - 1543
Umbauten Deutscher Bau
Carl von Lespilliez, 1780
Eck-Fehmi-Zett, 2003
Umgestaltung Italienischer Saal
1896 - 1897

Der »Deutsche Bau« bildet die Fassade der
Stadtresidenz zur Altstadt.
Der Arkadenhof des »Italienischen Baus«
ist typisch für einen Renaissance-Palast
(gegenüber).

Im Tonnengewölbe des Italienischen Saals
finden sich antike Motive.

Kein Wunder, dass Ludwig X. nicht wie vorgesehen den Karriereweg eines geistlichen Würdenträgers beschritt. Herzog Ludwig X. von Bayern (1495 - 1545) war ein ausgeprägt sinnenfroher Mensch. Er liebte üppiges Essen und genussvolles Trinken ebenso wie luxuriöse Kleidung und repräsentatives Wohnen. Der Wittelsbacher setzte sich über den Wunsch seines Vaters hinweg und zog es vor, ab 1516 gemeinsam mit seinem Bruder Wilhelm IV. das Herzogtum Bayern zu regieren.

Es war die Zeit, in der die italienische Renaissance-Kultur, die sich schon Anfang des 15. Jahrhunderts entwickelt hatte, bei etlichen Bürgerschaften und Fürstenhäusern in Deutschland Anklang fand. Die Renaissance prägte nicht nur Kunst, Architektur und Wissenschaft, sie veränderte auch das Bild vom Menschen. An die Stelle der jenseitsbezogenen Lebensweise des Mittelalters trat nun das weltliche Leben, das Leben im Jetzt.

Diese Gedankenwelt gefiel Ludwig X. zweifellos, er schien prädestiniert, ein kunstsinniger Renaissance-Fürst zu werden. Ludwig beschloss alsbald, seinen Wohnsitz von der wehrhaften Burg hinunter in die Stadt zu verlegen, um ganz weltlich, inmitten der Bürger zu leben. Direkt gegenüber des gotischen Rathauses ließ er seine Stadtresidenz erbauen, sehr modern, will heißen: im italienischen Stil. Sein Augsburger Baumeister plante die Residenz, wie in der deutschen Renaissance üblich, in einer Mischung aus traditionellen und italienischen Bauformen. Dieser erste Bauteil der Residenz trägt daher den Namen »Deutscher Bau«.

Zur Zeit der Grundsteinlegung bereiste Ludwig X. gerade Italien, um Kaiser Karl V. zu treffen. Er besuchte auch Mantua, wo ihn die Besichtigung des kürzlich fertig gestellten Palazzo del Te über die Maßen begeisterte. Zurück in Landshut änderten sich dann die Pläne für die Stadtresidenz, nun sollte ein wahrhaft »Italienischer Bau« entstehen.

Inwieweit der Architekt des Palazzo del Te, Giulio Romano, Anregungen oder Entwürfe für die Stadtresidenz beisteuerte, ist unklar. Sicher ist jedoch, dass alsbald einige Maurermeister des einflussreichen Renaissance-Baumeisters mit ihren Gesellen nach Landshut kamen, die um einen Innenhof hinter dem »Deutschen Bau« den »einzig wahren italienischen Palazzo auf deutschem Boden« erbauten.

Durch diese Erweiterung erhielt der Palast auch eine neue Hauptfassade zur Isar hin. Der Fluss war ein viel genutzter Verkehrsweg, und der Palast sollte für die Reisenden gut erkennbar sein. Typisch für einen Renaissance-Palazzo ist der Arkadenhof der Residenz. Das Motiv der umlaufenden Bogengänge stammt wie fast alle Motive der Renaissance aus der antiken Baukunst. An die steinernen Bauten des Altertums erinnert auch die Nachahmung von grobem Natursteinmauerwerk, die Rustika, wie sie an den Bögen im Innenhof zu sehen ist. Die strenge Fassadeneinteilung, die glatten Wandpfeiler und die Fenstergiebel im Obergeschoss sind ebenfalls Zitate der Antike.

Die italienischen Baumeister studierten mit großem Eifer die antiken Ruinen, immer auf der Suche nach den verborgenen Gesetzen der Baukunst. Wissenschaftlich, mit Geometrie und Arithmetik, untersuchten sie die Harmonie der Proportionen. Ein neues Instrument, das den Baumeistern zur Verfügung stand, war die um 1427 entdeckte Zentralperspektive, die ungewohnt realistische Raumdarstellungen ermöglichte. Die Renaissance-Architektur wurde jedoch besonders durch die Wiederentdeckung der umfangreichen Abhandlung »De architectura« des römischen Architekten Vitruv beeinflusst. Sein Bildnis ist auch im Italienischen Saal der Residenz zu finden. Das Gewölbe ist hier mit Portraits antiker Persönlichkeiten geschmückt. In einem der Bogenfelder versinnbildlicht Vitruv, zusammen mit Archimedes, die Baukunst.

Das Heidelberger Schloss – die Renaissance einer Ruine

Bauzeit:
ab 12. Jahrhundert

Architekten der Renaissance-Bauten:
Gläserner Saalbau
Hans Engelhardt zugeschrieben,
1548 - 1556

Ottheinrichsbau
1556 - um 1560
Fassadenfiguren
Meister Antony, Alexander Colin

Friedrichsbau
Johannes Schoch, 1601 - 1607
Fassadenfiguren
Sebastian Götz
Wiederaufbau
Karl Schäfer, 1897 - 1903

Englischer Bau
Inigo Jones, Salomon de Caus
zugeschrieben, 1612 - 1615

Hortus Palatinus
Salomon de Caus, 1616 - 1619

Alle Pläne für einen Wiederaufbau des Ottheinrichsbaus wurden nach einem fatalen Brand im Jahr 1764 aufgegeben.

Es ist der Inbegriff der Romantik, das Sinnbild einer fernen, vergangenen Welt. Eingebettet in den Odenwald thront das verfallene Schloss über der Stadt und dem Neckar, der hier aus seinem Tal in die Rheinebene fließt. Von seiner Terrasse sieht man weit ins Land, bei gutem Wetter bis hin zur Bergkette des Pfälzer Waldes, der die Rheinebene im Westen begrenzt. Soweit reichte einst das Kerngebiet der Kurpfalz, die Heimat der pfälzischen Wittelsbacher. Das Fürstenhaus hatte die »Pfalzgrafschaft bei Rhein« zu Beginn des 13. Jahrhunderts erhalten und seither zielstrebig seine Macht erweitert. So wurde Kurfürst Ruprecht III. im Jahr 1400 als Ruprecht I. deutscher König. Auf ihn geht die Gründung der Universität Heidelberg zurück, der ältesten Universität in Deutschland. Heidelberg wurde Residenzstadt, und nachdem die alte Burg am Königsstuhl 1537 durch eine Pulverexplosion fast völlig zerstört wurde, bauten die folgenden Fürstengenerationen die Anlage zu einem prächtigen Wohnschloss um. Das Heidelberger Schloss ist vor allem bekannt für seine Renaissance-Bauten, insbesondere für den Ottheinrichsbau. Dieser Palast entstand unter Kurfürst Ottheinrich, der zwar nur von 1556 bis 1559 regierte, aber die Kurpfalz durch Einführung der Reformation prägte. Es war die Zeit, in der Hugenotten aus Frankreich und von der Inquisition verfolgte Niederländer in die Kurpfalz flohen. Der Ottheinrichsbau vereint daher nicht nur italienische und deutsche, sondern auch niederländische Stilelemente. Niederländische Künstler schufen die Fassadenfiguren; es sind Sinnbilder humanistischer Werte, wie sie sowohl der Renaissance als auch der Reformation innewohnten. Neben biblischen Gestalten und personifizierten Tugenden sind hier römische Kaiser und planetarische Götter dargestellt. Auch am Friedrichsbau, der unter Friedrich IV. entstand, sind Figuren Bestandteil der Fassade. Allerdings sollten sie hier, in Form einer Ahnenreihe von Karl dem Großen bis zu den pfälzischen Kurfürsten, den Machtanspruch des Fürsten verdeutlichen, immerhin war er ab 1608 Oberhaupt der Protestantischen Union und damit in Opposition zum Kaiser.

Während die politischen und religiösen Konflikte in Deutschland gefährlich schwelten, knüpften die pfälzischen Kurfürsten enge Bande mit den Niederlanden und England. So war Kurfürst Friedrich V. mit der englischen Königstochter Elisabeth Stuart verheiratet. Für sie entstand der »Englische Bau«, ein für seine Zeit sehr modernes Bauwerk mit klaren Formen. Legendär wurde der unvollendete Garten, der »Hortus Palatinus«, den Bewunderer als achtes Weltwunder priesen.

Der Glanz des Fürstenhofes war damit – kurz vor seiner Zerstörung – strahlender als je zuvor. 1619, im Jahr nach dem Prager Fenstersturz, dem Beginn des Dreißigjährigen Krieges, wurde Friedrich V. König von Böhmen. Damit zog er den Zorn des Kaisers auf sich. 1622 wurde Heidelberg mitsamt dem Schloss von den kaiserlichen Truppen verwüstet. Die berühmte Schlossbibliothek, die »Biblioteca Palatina«, ging als Kriegsbeute an den Vatikan.

Die spätere, endgültige Zerstörung des Schlosses ist mit dem Schicksal einer berühmten Pfälzerin verknüpft: Liselotte von der Pfalz, 1652 im Schloss geboren, wurde aus politischen Gründen mit dem Bruder des französischen Königs Ludwig XIV. vermählt. Als ihr Bruder ohne einen Erben verstarb, erhob der Sonnenkönig Anspruch auf die Kurpfalz. Im Pfälzischen Erbfolgekrieg (1688 - 1697) ließ er Stadt und Schloss gleich zweimal verwüsten.

Um 1800 wurde die Schlossruine dann von der Romantik entdeckt. Zahlreiche Dichter kamen, um die idyllische Szenerie aus Landschaft, Ruine und Stadt zu beschreiben. Es waren nicht zuletzt ihre bewegten Verse, die das Heidelberger Schloss weltberühmt machten.

Das Rathaus in Augsburg und die Renaissance in Deutschland

Architekten:
Elias Holl, 1614-1620
Innenausbau bis 1624
mit Johann Matthias Kager
Wiederaufbau
1947-1962
Rekonstruktion Goldener Saal
Alois Machatschek, 1980-1996

Im Giebelfeld des Rathauses (gegenüber) ist der doppelköpfige Reichsadler zu sehen. Der im Zweiten Weltkrieg zerstörte Goldene Saal wurde mit viel Mühe rekonstruiert.

Ende des 15. Jahrhunderts gab es nur eine Handvoll wirklicher Großstädte in Europa. Eine dieser Metropolen war Augsburg. Etwa 45000 Einwohner lebten in dem Handels- und Handwerkszentrum am Lech. Der Donauzufluss und die Handelsroute, die von Oberitalien über die Alpen, an Augsburg vorbei, bis nach Stettin führte, waren die Lebensadern der Händler. Sie brachten italienische Seidenstoffe, Brokate und Damaste sowie Kostbarkeiten aus dem Orient, die in Augsburg gehandelt oder weiterverarbeitet wurden. Der Wirtschaftsaufschwung dieser Zeit fußte vor allem im aufblühenden Fernhandel und dem allmählichen Entstehen von Handwerksbetrieben, die erstmals eine produktivitätssteigernde Spezialisierung der einzelnen Arbeiter möglich machten. Neben den traditionellen Textilbetrieben gab es auch andere Betriebe wie etwa das Bauunternehmen der Familie Holl.

Über die Handelsverbindungen mit Italien kamen die Augsburger nicht nur mit Neuerungen in Handel und Finanzwesen in Kontakt – die mächtigen Kaufmannsfamilien, die Fugger, die Welser und andere, lernten schnell von den Medici. Mit den Waren kam auch ein Stück italienische Kultur und Lebensart nach Augsburg. Als die Fugger im Jahr 1509 ihre Familienkapelle in der Kirche St. Anna im italienischen Stil anlegen ließen, bereiteten sie der Renaissance-Kunst in Deutschland den Boden.

Das Zeitalter der italienischen Renaissance reicht vom Anfang des 15. bis ins 16. Jahrhundert. Es war eine Blütezeit der Wissenschaften, des Geisteslebens und der Künste. Der Name »Renaissance« bedeutet Wiedergeburt. Gemeint ist die Wiedergeburt von Werten, Erkenntnissen und Stilen der Antike, die durch das Studium alter Schriften, antiker Ruinen und Kunstwerken wiederentdeckt wurden. Auch neue Entdeckungen und Überlegungen nährten diese Umbruchzeit zwischen Mittelalter und Neuzeit.

Eine entscheidende Entwicklung der Renaissance war das Erstarken des bürgerlichen Selbstbewusstseins, gefördert durch den Humanismus und die Verbreitung von Wissen. Zu Letzterem trug nicht nur die Erfindung des Buchdrucks mit beweglichen Lettern bei, auch der Handel erforderte eine bessere Bildung der Bevölkerung. Lesen, Schreiben und Rechnen wurden zu wichtigen Fertigkeiten im Alltag. Das städtische Selbstbewusstsein äußerte sich in den Bauaufträgen dieser Epoche: Man baute Zunfthäuser, Spitäler und natürlich Rathäuser.

Elias Holl war ein führender Architekt seiner Zeit. Er hatte Italien bereist und dort Renaissance-Bauwerke studiert. Mit seinen Reiseeindrücken im Kopf schuf er sein bedeutendstes Werk, das Augsburger Rathaus. Ein Rathaus von ungeheuerer Dimension, würdig einer Freien Reichsstadt. Holl legte großen Wert auf Proportionen und verzichtete auf ein üppiges Fassadendekor. Die für die Renaissance typische horizontale Gliederung der Fassade ist erkennbar, doch wird sie durch den vertikal betonten Mittelteil geschwächt. Darin zeigt sich eine Eigenheit der deutschen Renaissance: Sie ist meist auch von traditionellen Stilen durchdrungen.

Die Ursache für die geringe und wenig »stilreine« Verbreitung der Renaissance in Deutschland ist in den politischen Verwerfungen der Zeit zu sehen. Mancherorts verhinderte die Reformation den kulturellen Austausch mit dem katholischen Italien, vor allem jedoch lag es an den Auswirkungen zahlreicher Aufstände, der Bauernkriege und später des Dreißigjährigen Krieges. All diese blutigen Konflikte bescherten dem Land den wirtschaftlichen Niedergang und ihr Ausgang stärkte stets die Macht der Fürsten über Landbevölkerung und Bürgertum. Eine Weiterentwicklung der Städte, der vorindustriellen Gesellschaft und des humanistischen Gedankenguts blieb in Deutschland deshalb weitgehend blockiert.

Die Rathäuser von Münster und Osnabrück
Das Zeitalter der Glaubensspaltung und der Westfälische Friede

Bauzeit:
Rathaus Münster
1335 - 1350
Wiederaufbau
Heinrich Benteler, 1950 - 1958

Rathaus Osnabrück
1487 - 1512, Innenausbau bis 1575
Wiederaufbau
1945 - 1948

Im Rathaus von Osnabrück (oben) tagten die protestantischen Parteien, im Rathaus von Münster (gegenüber) die katholischen.

Der Friedensschwur von Münster in einem Gemälde von Gerard ter Borch, 1648.

Der Dreißigjährige Krieg war eine Jahrhundertkatastrophe, ein religiös motivierter Blutrausch. Zwar lässt er sich nicht ausschließlich mit der Glaubensspaltung erklären, aber sie bildete mindestens seinen Anlass und wohl auch seine wichtigste Ursache.

Eine politische Folge der Reformation war die Schwächung der kaiserlichen Zentralgewalt. Einige Reichsfürsten waren evangelisch geworden und schlossen antikatholische Bündnisse. Kaiser Karl V. (1519 - 1556) war wie alle seine Nachfolger katholisch geblieben und das Kaisertum wurde so zur Stütze der Gegenreformation. In den 1540er Jahren kam es bereits zu Kriegen zwischen den protestantischen und den katholischen Ständen.

Zu einer Atempause verhalf 1555 der Augsburger Friede. Er garantierte den Reichsfürsten das Recht, in ihren Ländern nach Belieben die »Staatskonfession« festzusetzen. Dieses Prinzip nach dem Motto »cuius regio, eius religio« – zu deutsch »wessen Land, dessen Religion« – verbriefte die durch die Reformation eingeleitete politische Spaltung des Reiches, aber es folgten, von kleineren Spannungen abgesehen, über 60 Jahre Frieden. Der Schwebezustand des Augsburger Religionsfriedens hielt bis ins Jahr 1618.

Am 23. Mai dieses Schicksalsjahres drangen die Führer der böhmischen Protestanten ins Prager Schloss ein und warfen die kaiserlichen, selbstredend katholischen Beamten aus dem Fenster. Der »Prager Fenstersturz« richtete sich gegen die vom Kaiser forcierte Gegenreformation und war das Fanal zum Dreißigjährigen Krieg.

Aber das Unglück, das das Reich nun 30 Jahre lang heimsuchen sollte, hatte auch andere Wurzeln: Deutschland wurde schnell zu einem Kriegsschauplatz, auf welchem fast alle europäischen Mächte – Frankreich, Schweden, die Habsburger und viele andere – ihre Interessenskonflikte austrugen. Dabei geriet der konfessionelle Gegensatz, einst Auslöser des Krieges, in den Hintergrund. Der Krieg wurde von Heerführern wie Wallenstein organisiert, deren Loyalität zum jeweiligen Monarchen äußerst fraglich war. Eine Soldateska, einmal ausgehoben, weigerte sich gegen ihre Auflösung, bestand auf weiterer Besoldung und damit auf der Fortsetzung des Mordens, des Plünderns und der Verwüstung weiter Landstriche. Der Krieg nährte sich selbst.

Bereits 1644 begannen in Münster und Osnabrück die Friedensverhandlungen, während der Krieg weiter tobte. Man wählte die nah beieinander liegenden Städte, nachdem sie sich neutral erklärt hatten. Münster war mehrheitlich katholisch, Osnabrück hatte sich 1543 zur Reformation bekannt – hier tagten auch die protestantischen Schweden. Während der Verhandlungen pflegten die Parteien über berittene Boten Kontakt zu halten. Endlich, im Jahr 1648, unterzeichneten Spanien und die Vereinigten Niederlande im Rathaus von Münster einen ersten Separatfrieden.

Im Oktober folgten, an gleicher Stelle, die Deutschland betreffenden Bestimmungen, in welche auch Frankreich einwilligte, und schließlich band das Vertragswerk von Osnabrück auch die Schweden ein. Der Krieg war beendet. Die politischen Verhältnisse im Reich veränderte der Friedensschluss kaum. Die kaiserliche Macht wurde zugunsten der Fürsten noch weiter beschnitten. Konfessionspolitisch einigte man sich im Wesentlichen auf den Status des Augsburger Friedens von 1555.

In den Rathäusern von Osnabrück und Münster, zwei gotisch-bürgerlichen Bauwerken, erinnert der jeweilige Friedenssaal an den segensreichen Friedensschluss. Die Bauten dienten also dem Frieden und wurden doch vom Kriege, dem Zweiten Weltkrieg, fast völlig zerstört. Allein die historische Ausstattung der Säle konnte durch Auslagerung gerettet werden. Die rekonstruierten Rathäuser von Münster und Osnabrück sind heute Mahnmale des Friedens.

Bauzeit:
um 1245
Holzdecke Reichssaal 1408

Das Rathaus von Regensburg mit dem Reichstagssaal (gegenüber). An der Sitzordnung war der politische Stellenwert der einzelnen Delegierten ablesbar.

Das Alte Rathaus in Regensburg
Die Anfänge des Immerwährenden Reichstags 1663

Einige deutsche Redewendungen gehen auf den Immerwährenden Reichstag zurück: Wenn die Delegierten sich in einer Frage nicht schnell einigen konnten, überließen sie die Entscheidung einem Fürstengremium, welches im Rathaus zu Regensburg auf einer langen Bank saß – sie schoben das Problem also einfach »auf die lange Bank«. Und wenn die Kurfürsten in ihrem eigenen Tagungsraum etwas beschlossen, was an der Realität vorbei ging, so taten sie das stets an jenem traditionell grün gedeckten Tisch – sie entschieden also »am grünen Tisch«. Reichstage hatte es im Heiligen Römischen Reich Deutscher Nation schon immer gegeben. Hier besprach sich der Kaiser mit den wichtigsten Ständen. Das waren der Kurfürstenstand, der Fürstenstand und – später – auch die Reichsstädte. Der Kaiser berief den Tag ein, präsentierte sein Anliegen, man verhandelte, entschied oder vertagte sich, schließlich feierte man ein wenig und trennte sich wieder.

Die Reichstagsorte waren stets vermögende Städte, welche dem damit verbundenen großen finanziellen Aufwand gewachsen waren. Eine solche Stadt war Regensburg, als im Jahr 1663 ein Reichstag einberufen wurde.

Der Anlass des Tages war der Türkenkrieg. Die Türken standen bereits kurz vor Wien und Kaiser Leopold wollte Reichshilfe für sein bedrohtes Stammland. Tatsächlich bequemten sich die Stände dann, dem Kaiser zu helfen, aber die vielen territorialen, konfessionellen und anderen Probleme des Reiches blieben ungeklärt.

Dieser Reichstag währte nun bis ins Jahr 1664, und Kaiser Leopold wollte Regensburg endlich verlassen, allein die Stände willigten nicht in eine Auflösung ein. Um die komplizierte Situation diplomatisch zu lösen, beschloss man, die noch anstehenden Probleme einigen bevollmächtigten Delegierten zu übertragen. Dies war die Geburtsstunde des Immerwährenden Reichstages.

Die so entstandene Delegiertenkonferenz wurde nun zur ständigen Einrichtung. Die Regensburger begriffen bald, dass die Konferenz ihr Rathaus in absehbarer Zeit nicht zu räumen gedachte. Sie bauten sich im barocken Stil ein Neues. Das Alte Rathaus, der Tagungsort des Immerwährenden Reichstages, ist ein spätgotisches Patriziergebäude, erbaut Mitte des 13. Jahrhunderts, als die Freiheit und auch die Macht der Städte immer größer wurde. In seinem Reichssaal mit der imposanten Decke hatten schon vor 1663 Reichstage stattgefunden. Hier drückte sich in der Sitzordnung die Hierarchie des Reiches, gemäß der Reichsverfassung, deutlich sichtbar aus. Der Ständige Vertreter des Kaisers nahm den höchsten Platz ein, keiner durfte sich »auf die gleiche Stufe stellen« und hinten im Raum saßen die »Hinterbänkler«, die entsprechend wenig zu melden hatten. Die Zusammenarbeit der Stände war nicht immer gut, aber im Großen und Ganzen kann man vom Funktionieren des Reichstages sprechen.

Die Verhandlungen über Steuern, die Einrichtung eines Reichsheeres, oder was immer eben gerade anstand, waren stets schleppend, und die Entscheidungen wurden allzu oft »am grünen Tisch« gefällt. Doch wollte niemand ernsthaft seine Auflösung. Der Immerwährende Reichstag bestand letztlich bis zum Ende des Reiches im Jahr 1806, als Napoleon die Reste des Heiligen Reiches zertrümmerte.

Mit einer Volksvertretung im modernen Sinn hatte der Immerwährende Reichstag so gut wie nichts gemein. Dennoch ist man heute von der negativen Sichtweise sowohl des Heiligen Reiches – nach dem Westfälischen Frieden des Jahres 1648 – wie auch der Reichsverfassung abgekommen. Viele Staatenbünde unserer Tage wie etwa die Europäische Union oder auch die Vereinten Nationen haben durchaus eine Funktionsweise, welche der des Regensburger Reichstages nicht allzu fern ist.

Der Schlosspark Wilhelmshöhe in Kassel
Die Macht über die Natur und die Natur als Macht

Architekten:
Barocker Karlsberg
Giovanni Francesco Guerniero, 1701-1717
Herkulesfigur
Johann Jacob Anthoni, 1714-1717
Umgestaltung, Erweiterung zum
Landschaftspark Wilhelmshöhe
Daniel August Schwarzkopf, Simon Louis
du Ry, Heinrich Christoph Jussow, Karl
Friedrich Steinhöfer, 1763-1798
Aquädukt
Heinrich Christoph Jussow, 1792
Erweiterung Landschaftspark Wilhelmshöhe
Johann Conrad Bromeis, Wilhelm Hentze,
Heinrich Christoph Jussow, 1813-1831
Apollotempel
Heinrich Christoph Jussow, 1817

Schloss Wilhelmshöhe
Simon Louis du Ry, Heinrich Christoph
Jussow, 1786-1801
Erweiterungen
1810, 1817, 1829
Umbauten Museum
Paulfriedrich Posenenske, 1968-1974
Stephan Braunfels, 1994-2000

Vor dem Herkules-Oktogon erstreckt sich
die »Wasserkunst« ins Tal (gegenüber).
Der Apollotempel am Fuße des Bergparks,
rechts davon ist das Aquädukt zu erkennen.

Ein Schloss und seine Parkanlage ist nicht nur das Zuhause eines Fürsten. Es ist auch ein Ort, an welchem das Herrschaftsverständnis und das Weltbild des Souveräns vor aller Augen inszeniert wird. Im Schlosspark Wilhelmshöhe verewigten sich die Fürstengenerationen des Landes Hessen-Kassel zwischen dem barocken Zeitalter und dem 19. Jahrhundert. So spiegelt die Anlage auch ein sich allmählich wandelndes Herrschaftsverständnis. Die Herren von Hessen-Kassel machten nicht eben Weltgeschichte, sind aber ein schönes Beispiel für jenen Typ des deutschen Kleinfürsten, der ein eng begrenztes Gebiet souverän beherrschte. Das galt insbesondere nach dem Dreißigjährigen Krieg, als eine neue Fürstengeneration auf den Plan trat, um die eigenen Territorien konsequent im Sinne des Absolutismus umzuformen. Auch in Hessen-Kassel wuchsen in dieser Zeit die Steuereinnahmen, der Staat griff immer mehr in die Lebensbereiche der Einzelnen ein und schuf sich ein stehendes Heer, das Sinnbild der Souveränität. In dieser Zeit ließ Landgraf Karl von Hessen-Kassel (1677-1730) einen Schlosspark anlegen. Weithin sichtbar auf dem Karlsberg, am Endpunkt einer Blickachse, die sich bis in die Stadt erstreckte, entstand hier das Sinnbild seines Herrschaftsanspruchs, der Herkules. Mit einer Gesamthöhe von mehr als 30 Metern inklusive des mächtigen Sockels, des Oktogons, ist der Herkules das heutige Wahrzeichen der Stadt.

Der antike Herkules hatte durch seine Kraft und seine Macht die Menschen vor den Gefahren der Natur beschützt. Man denke an die Tötung des Löwen. Herkules ist aber nicht nur kraftvoll, sondern – gerade im Kasseler Standbild, das auf antike Vorbilder zurückgeht – sehr nachdenklich, denn er hat den Freuden des Lebens entsagt, um seine Kraft in sinnvolle Dienste zu stellen. So sah sich der barocke souveräne Fürst von Hessen-Kassel: machtvoll, maßvoll und konzentriert seinen Aufgaben hingegeben. Die ganze Anlage des Bergparks demonstrierte die Beherrschung der Natur. Die Wasserspiele am Herkules symbolisieren die Bannung des Elements Wasser, das durch den Gestaltungswillen des Herrschers gebändigt und geleitet schließlich dem menschlichen Ergötzen dient.

Die hinter den Wasserspielen stehende Technik funktioniert seit 300 Jahren. Ein Becken oben auf der Anhöhe sammelt Regen- und Schmelzwasser und speist so die Kaskaden – bei großer Trockenheit versiegen die Wasserspiele, denn Pumpen gibt es nicht.

Es war die Wasserkunst, die im Zentrum der ursprünglichen Parkanlage stand, doch das barocke Konzept wurde im Laufe der Zeit von einer völlig konträren Gestaltung und Naturauffassung verdrängt. So legte man in späteren Zeiten auch tosende Gewässer, etwa den Wasserfall bei der Teufelsbrücke, an. Als er entstand, knapp 100 Jahre nach dem barocken Bergpark, wollten die Landschaftsgestalter das Element in seiner ungebändigten Wildheit inszenieren. Es sollte der Eindruck des Natürlichen entstehen – das fügt sich ins zeitgemäße, der Gedankenwelt der Aufklärung entsprechende Konzept des Landschaftsgartens, der Natur – also auch dem Menschen – möglichst keine Fesseln anzulegen. Die Ideen der Aufklärung fanden nicht zuletzt über die Gartenkunst nach und nach Eingang in die Herrschaftshäuser, auch wenn sie die Politik der meisten Fürsten kaum beeinflussten. Der Absolutismus war zwar durch die Französische Revolution von 1789 auch in Deutschland erschüttert worden, doch blieb der unbestrittene Herrschaftsanspruch der Fürsten hier weiter bestehen. Auf der Wilhelmshöhe erbaute das Fürstenhaus schließlich ein neues, klassizistisches Schloss. Es gilt als Paradebeispiel des Schlossbaus an der Wende vom 18. zum 19. Jahrhundert.

Der Zwinger in Dresden – Orangerie, Festplatz und Museum

Architekten:
Matthäus Daniel Pöppelmann, 1709 - 1728
Bildhauer
Balthasar Permoser
Wiederaufbau
Johann Daniel Schade, 1783 - 1795
Karl Moritz Haenel, 1857 - 1863
Hubert Ermisch, 1924 - 1936
Hubert Ermisch, Arthur Frenzel,
Max Zimmermann, 1945 - 1963

Gemäldegalerie
Gottfried Semper, 1846 - 1855
Wiederaufbau 1945 - 1956

Mit der Gemäldegalerie wurde der Zwinger
im 19. Jahrhundert baulich abgeschlossen.
Vor dem Wallpavillon (gegenüber) finden im
Sommer Konzerte statt.

August der Starke nutzte den Zwinger auch
für Karnevalsfeste. Alexander Thiele malte
ein »Carrousel Comique« im Jahr 1722.

Ein Zwinger ist eigentlich ein Teil einer mittelalterlichen Stadt- oder Burgbefestigung. Zwischen Haupt- und Vormauer gelegen, hielt man hier mancherorts Tiere, mit Vorliebe Bären. In Dresden legte man in einem solchen Zwinger einen Garten an. Die Verteidigungsanlagen hatten um 1700, zumindest kurzfristig, ihre eigentliche Bedeutung verloren, so dass das Gelände für vergnügliche Zwecke geeignet schien. Zunächst wünschte August II., Kurfürst von Sachsen und König von Polen (1670 - 1733) in diesem Garten eine Orangerie. Das Bauwerk sollte die vielen hundert Orangenbäume aufnehmen, die er mit großer Leidenschaft gesammelt hatte. Doch seine Planungsvorgaben änderten sich bald.

Im Jahr 1711, nach dem Tod Kaiser Josephs I., erhielt August II. das Reichsvikariat, das hieß bis zur Krönung des neuen Kaisers war er der Vertreter der kaiserlichen Macht. So viel Macht wollte repräsentiert sein. Der Plan für die bogenförmige Orangerie wurde nun um zusätzliche Pavillons mit Prunkräumen erweitert. Als einige Zeit später absehbar war, dass Augusts Sohn sich mit der ältesten Tochter des verstorbenen Kaisers vermählen würde, änderte dies wiederum die Planungen. Der Zwinger sollte nun den prunkvollen Rahmen für die Hochzeitsfeierlichkeiten bilden: ein »Festsaal unter freiem Himmel«, eine glanzvolle Kulisse nicht nur für die offiziellen Feierlichkeiten, sondern auch für ein Volksfest.

Ein solcher Festplatz stand durchaus in höfischer Tradition, insbesondere seit der Sonnenkönig seine Untertanen mit jenen spektakulären Hoffesten, den »Carrousels«, in den Gärten seines Stadtschlosses, den Tuilerien, erstmals erfreut hatte. Ähnlich glanzvoll sah August wohl seinen eigenen Hof und ließ den Zwinger nun in diesem Sinne, als barocken Festplatz gestalten.

Die Hochzeit des Kurprinzen Friedrich August und Maria Josepha fand im September 1719 statt. Zwar war der Zwinger noch unvollendet, doch Architekt Matthäus Daniel Pöppelmann behalf sich mit Holzkonstruktionen, die entsprechend geschmückt die unfertigen Teile ersetzten. Eine Holztribüne an der Stelle, wo heute die Gemäldegalerie steht, schloss den Festplatz ab. So feierte der Hof am 15. September ein rauschendes Kostümfest im Zwinger, einige Tage später wurde dann dem Volk ein bunter Jahrmarkt mit Komödianten, Bänkelsängern, Akrobaten und »Cram-Läden« geboten. Anders als heute waren alle Fassaden hell gestrichen. Zeitgenossen berichteten von der eindrucksvollen Wirkung der vergoldeten Wappen an den leuchtend weißen Pavillons, der auf dem Kronentor glänzenden polnischen Krone, dem intensiven Blau der Dächer und den teils prachtvoll bemalten Innenräumen. Wie alle Barock-Architekturen war der Zwinger eine Synthese aus Baukunst, Malerei und Skulpturenschmuck. Die Skulpturen sind dabei ein Hauptbestandteil der schwungvoll geformten Fassaden; der Innenraum ist geprägt von Stuck und Illusionsmalerei. Gerade die Malerei hat sich jedoch im Zwinger über die Jahrhunderte nicht erhalten. Schuld waren Vernachlässigungen, Brände oder Kriege, angefangen von den Kanonenschlägen des Siebenjährigen Krieges bis zu den Luftangriffen des Zweiten Weltkrieges. In diesem letzten Krieg wurde die Anlage, wie ganz Dresden, schwer zerstört.

Heute lebt im Zwinger eine weitere von August II. gewünschte Nutzungsänderung fort. 1728 mussten die Orangenbäume weichen, denn der König ließ seine Kunstkammern, gefüllt mit Kuriositäten, Kostbarkeiten, wissenschaftlichen Instrumenten und natürlich mit Porzellan, hier unterbringen. Teile seiner Sammlungen sind heute noch im Zwinger zu sehen. Eine der bedeutendsten Sammlungen »Alter Meister« bietet die Gemäldegalerie, die das barocke Ensemble seit Mitte des 19. Jahrhunderts baulich abschließt.

Das Kloster Ettal – des Sünders Gründung im barocken Gewand

Architekten:
um 1330 - um 1370
Umbau
Henrico Zuccalli, 1710 - 1742
Joseph Schmuzer, 1742 - 1752
Stuck
Johann Georg Übelher,
Franz Xaver Schmuzer
Fresken
Johann Jakob Zeiller, Martin Knoller

Die Gründungsgeschichte des Klosters Ettal hat einen höchst brisanten politischen Hintergrund, nämlich den letzten großen Kampf zwischen einem Kaiser und dem Papsttum. Der Streit zwischen geistlicher und weltlicher Macht zieht sich wie ein roter Faden durch das deutsche Mittelalter. Seit Papst Gregor VII. im Jahr 1077 Heinrich IV. gebannt hatte, waren mehr als 250 Jahre vergangen. Die Päpste residierten im 14. Jahrhundert in Avignon. Im Reich war 1314 der Wittelsbacher Ludwig zum König gewählt worden, dem Papst Johannes XXII. die Anerkennung verweigerte. Doch Ludwig, genannt »der Bayer«, war ungehorsam, übte die Reichsregierung gegen das päpstliche Verbot aus und wurde zur Strafe exkommuniziert.

Im Jahr 1328 dann eine erneute Provokation: Ludwig zog nach Rom, um die Rechte des Reiches in Italien zu reaktivieren, was eigentlich nur einem vom Papst gekrönten Kaiser zustand. Er installierte einen ihm genehmen Gegenpapst und empfing die Kaiserkrone von einem römischen Lokalpolitiker. Die Anmaßung dieses alten päpstlichen Rechtes war ein unerhörter Affront. Ludwigs Zug nach Rom endete schließlich in einem ziemlichen Desaster. Er kehrte Italien 1330 den Rücken.

Bei dieser Gelegenheit, unmittelbar nach dem Betreten seiner bayerischen Stammlande, gründete Ludwig das Kloster Ettal – seine erste nennenswerte Tat nach der Heimkehr. Noch heute rätselt man über das Motiv der Stiftung. Ettal liegt auf dem Weg zu einem wichtigen Alpenübergang. Hier galt es, mit Hilfe der Mönche politische Kontrolle auszuüben. Auch eine Danksagung kommt in Frage – gewiss hatte der König vor seiner Abreise ein entsprechendes Gelübde für den Fall seiner Heimkehr geleistet. Ein weiteres mögliches Motiv: Die Reue des Ketzers, das »Leiden eines gleichzeitig gerechten und doch auch sündhaften Menschen in wirrer Zeit«, wie es Josef Kardinal

Ratzinger 1981 mutmaßte. Wir wissen es nicht; Ludwig starb 1347, nicht versöhnt mit der Kirche.

Den Schatten der Gründung durch einen Exkommunizierten legte das Kloster erst mit der päpstlichen Anerkennung 1368 ab. Zwei Jahre später weihte man die Kirche, ein zwölfeckiges, spätgotisches Bauwerk.

Heute ist Ettal vor allem ein Juwel des Barock. Das liegt an den Umbaumaßnahmen, die 1710 begannen und nach einem Brand im Jahr 1744 noch umfangreicher als geplant ausfielen. Die ursprüngliche Grundform der Klosterkirche als Zentralbau blieb durch die Barockisierung zwar erhalten, jedoch gestaltete man das strenge Zwölfeck zu einem Rundbau um, die ehemals spitzbogigen Fenster wurden abgerundet, ein neuer Dachstuhl und die beiden Türme kamen hinzu. Die neue, schwungvoll geformte Fassade stand damit ganz im Zeichen des Barock.

Bei der Ausgestaltung des Kirchenraumes machte sich im Rokoko der Einfluss der nahen Residenzstadt München bemerkbar. Der Rokoko des fortgeschrittenen 18. Jahrhunderts war ja zunächst eng der höfischen Sphäre zuzuordnen, er stand im Dienst der Repräsentation des Absolutismus und machte von hieraus seinen Einfluss im Kirchenbau geltend. Da sich der Umbau bis Ende des Jahrhunderts hinzog, kommen in einigen Bauabschnitten, etwa der ehemaligen Chorkapelle, schon frühklassizistische Elemente zum Vorschein.

Seine dunkelste Stunde erlebte das Kloster 1803. Die Säkularisation führte zur Auflösung des Konvents. Am 6. August 1900 erfolgte jedoch eine Neugründung, so dass der Klosterbetrieb in unseren Tagen fortbesteht. Am belassenen gotischen Portal grüßt eine Plastik des Stiftsgründers, des alten Sünders Ludwig, dem die Kirche bis heute kein Pardon gegeben hat, obwohl die Bayern sich an ihn als einen ihrer größten Politiker erinnern.

Die Glorie des Heiligen Benedikt von Johann Jakob Zeiller.

Die Residenz in Würzburg – der barocke Glanz der Macht

Architekten:
Johann Balthasar Neumann
mit Johann Lucas von Hildebrandt, Robert
de Cotte, Germain Boffrand, Maximilian von
Welsch, Johann Dientzenhofer, 1720 - 1744
Innenausstattung bis um 1776
Stuck
Johann Wolfgang van der Auvera,
Antonio Bossi
Fresken Treppenhaus und Kaisersaal
Giovanni Battista Tiepolo, 1751 - 1753
Wiederaufbau 1945 - 1987

Die Residenzfassade zum Schlosspark.
Giovanni Battista Tiepolo schuf das Deckengemälde im Treppenraum (gegenüber).

Die Residenz Würzburg mit dem Ehrenhof
in einem zeitgenössischen Kupferstich.

Ein Treppenhaus ist ein nicht zu unter-
schätzender Gebäudeteil. Es ist das
erste, was ein Besucher sieht, wenn er
ein Gebäude betritt, hier gewinnt er einen Eindruck vom Hausherren, lange
bevor er diesem, viele Stufen weiter
oben, persönlich gegenüber steht.
Die Treppenhalle der Residenz in Würzburg ist in diesem Sinne Repräsentation
pur, sie ist ein Höhepunkt barocker
Raumkunst. Wer von dem eher niedrigen Eingangsbereich in die Halle, vor
die prachtvolle Treppe tritt und die
breiten Stufen nach oben in das lichte
Hauptgeschoss aufsteigt, kann die
Macht und den Reichtum des Bauherren sogleich ermessen.
Bauherren hatte die Residenz im Laufe
der Jahrzehnte mehrere, es waren die
Fürstbischöfe von Würzburg, mächtige
Landesherren, die ihre weltliche Macht
mit der kirchlichen Autorität als Bischof
in einer Person verbanden. Angefangen mit dem Fürstbischof Johann Philipp Franz von Schönborn (1720 - 1724)
prägten seine mit ihm verwandten Nachfolger, insbesondere Fürstbischof Carl
Philipp von Greiffenklau (1749 - 1755),
die Würzburger Residenz als Spiegelbild ihrer Macht.
So holte von Greiffenklau den berühmten Maler Giovanni Battista Tiepolo eigens aus Venedig, um die Gewölbe
der beiden wichtigsten Räume zu gestalten. Zum einen war dies der Kaisersaal, das Herzstück der Residenz und
des Hofzeremoniells, in dem der Fürstbischof festliche Empfänge und Ban-
kette abhielt, zum anderen war es die
Treppenhalle. Hier schuf Tiepolo das
größte Deckenfresko der Welt, das den
Fürstbischof – in allegorischer Weise –
als Mäzen der Künste verherrlicht.
In diesem Raum zeigt sich überdeutlich
das Hauptmotiv der Barockarchitektur,
die glanzvolle Selbstdarstellung des
Bauherren bzw. Herrschers. Die Architektur der Schlösser und Residenzen
kreiste im Zeitalter des Absolutismus
um die Person des Herrschers, sie in-
szenierte und überhöhte ihn.

Das Schloss von Versailles war dabei
das stete Vorbild. Der barocke Raum
wurde bis in die kleinsten Details der
Ausstattung durchgeplant. Jedes Fres-
ko, jedes Ornament und jede Säule
sollte von der Größe des Herrschers
künden. Besonders der Bildkunst fiel
die Aufgabe zu, den Ruhm des Bauherren erzählerisch zu vermitteln. Die
Architektur beeinflusste dies insofern,
als dass man die Gewölbe hinsichtlich
ihrer Eignung als Bildträger plante.
Das Muldengewölbe der Treppenhalle,
auf das Tiepolo sein Meisterwerk auf-
trug, war eine kühne Konstruktion des
Architekten Balthasar Neumann. Wegen der großen Spannweite, 19 auf
32,6 Meter, wurde es teilweise aus
leichtem Tuffstein gemauert, damit das
flache Gewölbe nicht durch sein Eigen-
gewicht einstürzte. Im Gegensatz zu
manchem Kollegen zweifelte Balthasar
Neumann nie an der Stabilität seiner
Konstruktion.
Wie stabil das Gewölbe tatsächlich ist,
zeigte sich im Zweiten Weltkrieg, als es
der Wucht des einstürzenden Dach-
stuhls standhielt. Der Mittelteil der Residenz mit dem Treppenhaus und dem
Kaisersaal ist die einzig authentisch erhaltene Bausubstanz der Residenz.
Die beiden Seitenflügel brannten während der Bombardierung Würzburgs im
März 1945 komplett aus. Auch das
Spiegelkabinett, das der Kunstwelt als
vollkommenstes Rokoko-Kunstwerk
galt, wurde zerstört. Durch umfangreiche Restaurierungen und Rekonstruktionen, die bis 1987 andauerten, stellte
man die verlorenen Räume, darunter
auch das Spiegelkabinett, wieder her.
In ihrer Gesamtheit verkörpert die Residenz in Würzburg eine einzigartige
»Synthese des europäischen Barock«.
Balthasar Neumann war wohl der leiten-
de Architekt und Schöpfer der Treppenhalle sowie des Kaisersaals, doch in
den Gesamtentwurf der Residenz flossen Entwürfe und Arbeiten der bedeutendsten europäischen Architekten und
Künstler dieser Zeit ein.

Die Frauenkirche in Dresden – Architektur und Sinnstiftung

Architekten:
George Bähr mit Johann Gottfried Fehre,
1722-1743
Wiederaufbau
Eberhard Burger und andere, 1992-2005

Nach dem Krieg blieb die Frauenkirche
über Jahrzehnte eine Ruine. Nach der
Enttrümmerung sortierte man die noch
verwertbaren Steine in einem Regallager.

Die aus den Trümmern geborgenen Steine
sind an ihrer dunklen Färbung zu erkennen.

Die wieder aufgebaute Frauenkirche gehört zu jenen Bauwerken, deren Symbolgehalt weit über ihre eigentliche Zweckbestimmung hinausweist. Im Wechsel der Zeit hatte sie die unterschiedlichsten Sinnstiftungen zu repräsentieren. Schon in ihrem Ursprung war sie mehr als ein Kirchenbau. Als August der Starke, Kurfürst von Sachsen, zur polnischen Krone gelangte, musste er konvertieren, denn ein protestantischer polnischer König war undenkbar. Seine sächsischen Untertanen jedoch hielten am Protestantismus fest, und mehr noch: Sie nötigten ihrem Landesherren die Finanzierung der Frauenkirche ab. Der barocke Kirchenbau war also zuallererst ein sichtbares Bollwerk des Protestantismus – man rühmte ihn sogar als protestantischen Petersdom.

Die mächtige Steinkuppel, das Wahrzeichen Dresdens, war eine kühne technische Schöpfung nach italienischen Vorbildern, die nicht zuletzt aus der Geldnot ihres Architekten geboren wurde. Schon früh liefen George Bähr die Kosten aus dem Ruder, so sehr, dass sich August der Starke weigerte, auch noch die Kosten für ein kupfergedecktes Holzdach zu übernehmen. Bähr rettete die Fertigstellung der Kirche mit einem Geniestreich, der kostengünstigeren steinernen Kuppel. Diese Lösung gefiel dem Architekten ohnehin besser, denn nun würde das Bauwerk wie »aus einem Guss« erscheinen. Zwar zweifelten andere Baumeister an der Stabilität der Kuppel, doch sollte sie mehr als 200 Jahre überdauern.

Das Ende der Dresdner Frauenkirche kam in der letzten Phase des Zweiten Weltkrieges. Am 13. Februar 1945 begannen die mehrtägigen alliierten Luftangriffe auf Dresden mit dem Einsatz des britischen »Bomber Command«. Dresden brannte und zahllose Menschen starben. Die Frauenkirche wurde zwar nicht direkt getroffen, doch nach den Häusern ringsum ging schließlich auch der Kirchenraum in Flammen auf.

Die Konstruktion hielt dem Wechsel von Brandhitze und folgender Abkühlung nicht stand. Am Vormittag des 15. Februar stürzte die Frauenkirche ein. Nach dem Krieg erklärte das SED-Regime die Ruine zum Mahnmal gegen Krieg und den »anglo-amerikanischen Bombenterror«. Letzteres war eine eher fragwürdige Sinnstiftung im Rahmen der anti-westlichen Stimmungsmache, denn sie verdrängte letztlich die deutschen Bombenangriffe auf englische Städte, allen voran Coventry, und die Niederwerfung des Faschismus durch die Alliierten.

Kurz nach dem Fall der Mauer, im Dezember 1989, war die Ruine die symbolträchtige Kulisse für die erste Rede des Bundeskanzlers Helmut Kohl in der DDR, in der er offen sein Eintreten für die Wiedervereinigung verkündete. Die Dresdner wiederum änderten hier die Parole »Wir sind das Volk« in »Wir sind ein Volk«. Keine zwei Monate später zeigte sich der Wunsch nach dem Wiederaufbau der Kirche im »Ruf aus Dresden«. Der Appell einer privaten Dresdner Initiative erhielt bald schon Unterstützung aus aller Welt, so dass die Rekonstruktion möglich wurde. Im Jahr 1992 begann man, den Schuttberg abzutragen und die verwendbaren Elemente zu sichern. Das gigantische Puzzlespiel diente dem anvisierten Zweck, keinen Neubau, sondern eine archäologische Rekonstruktion zu schaffen. Das bedeutete nicht nur, den ursprünglichen Zustand anhand der alten Pläne wieder herzustellen, sondern auch, das Bauwerk in weitgehend authentischer Bauweise, mit alten Handwerkstechniken, wieder zu errichten. Ein besonderes Element der Frauenkirche ist das Turmkreuz. Finanziert vom britischen »Dresden Trust« und geschmiedet von Alan Smith, dessen Vater als Pilot an den Angriffen auf Dresden beteiligt war, ist es ein augenfälliges Symbol der Versöhnung, in dem sich die neue Sinnstiftung der Dresdner Frauenkirche spiegelt.

Schloss Augustusburg in Brühl
Ein Zentrum barocker Lebenslust

Architekten:
Schloss Augustusburg
Johann Conrad Schlaun, 1725-1728
François de Cuvilliés
mit Michael Leveilly, 1728-1768
Treppenhaus
Johann Balthasar Neumann, 1740-um 1761
Landschaftsarchitekt
Dominique Girard

Schloss Falkenlust
François de Cuvilliés
mit Michael Leveilly, 1729-1737

Das Jagdschloss Falkenlust liegt am Rande des Parks an der Flugroute der Fischreiher. Die Fassade des Schlosses Augustusburg (gegenüber) am Ziergarten.

Der Treppenraum im Schloss Augustusburg von Johann Balthasar Neumann.

Um den Kurfürsten günstig zu stimmen, verriet ein Zeitgenosse, solle man mit Komplimenten nicht sparen. Auf keinen Fall dürften diese jedoch auf die Person des Landesherren abzielen, denn das könne durchaus eine gegenteilige Wirkung hervorrufen. Clemens August, Kurfürst und Bischof von Köln (1700-1761), liebte es, wenn man wortreich und voller Bewunderung von seinen Schlössern sprach.

Mit knapp 23 Jahren wurde er Kurfürst von Köln und damit zu einem der mächtigsten Männer in der Reichshierarchie. Sein Hang zum süßen Leben war bekannt. »Er liebet die Pracht und die Lustbarkeiten« hieß es von ihm, dessen besondere Leidenschaft der Falkenjagd galt. Eigens für dieses Vergnügen ließ Clemens August, kaum dass er Kurfürst war, ein Jagdschloss planen. Auf der Ruine einer Wasserburg errichtete sein Hofbaumeister den Rohbau des Schlosses, das dem Vorgängerbau nicht unähnlich war. Der Bruder des Kurfürsten, der bayerische Kurfürst Karl Albrecht, fand diesen Entwurf jedoch gar zu altmodisch. Er überredete Clemens August, seinen eigenen Hofbaumeister, François de Cuvilliés, hinzuzuziehen und ein repräsentatives Lustschloss nebst Garten zu bauen – ein Pavillon für die Falkenjagd könne zusätzlich ganz in der Nähe entstehen. Cuvilliés verlieh Schloss Augustusburg nun eine leichtere, verspieltere Gestalt. Um der U-förmigen Anlage äußerlich die Schwere zu nehmen, ließ er einen bereits erbauten Turm am Rohbau abreißen. Die Gartenfassade wurde dadurch zwar asymmetrisch, aber insgesamt viel weniger wuchtig.

Die Innenräume gerieten unter seiner Leitung zu Meisterwerken des Rokoko. Cuvilliés war einer der Architekten, die diese späte Phase des Barock ab etwa 1730 prägten. Der Rokoko zeichnete sich durch ein Mehr an Dekoration aus – ein Kunsthistoriker nannte ihn daher »die Übertreibung der Übertreibung« – und bediente sich lichterer Farben als

die eigentliche Barockkunst. Das neue Schloss Augustusburg, ebenso das Jagdschloss Falkenlust, entsprachen so gesehen der neuesten Mode.

Für die Ausführung des Treppenhauses engagierte man eigens einen Star-Architekten: Es war Balthasar Neumann aus Würzburg. Genau wie in der Würzburger Residenz zählt die prunkvolle Treppenhalle in Brühl zu den schönsten Räumen des Schlosses.

Mit Cuvilliés kam auch der Gartenarchitekt Dominique Girard nach Brühl. Er hatte schon bei der Anlage des Schlossgartens von Versailles, dem Idealbild eines barocken Gartens, mitgewirkt. Durch ihn erhielt Augustusburg einen klassischen französischen Garten, in dessen zierlichen Buchsornamenten sich die Formensprache des Barock spiegelt. Typisch für die barocke Gartengestaltung sind auch die langgestreckten Wegachsen, die das Gelände durchkreuzen und deren Endpunkte oft durch Pavillons markiert sind.

Eine Allee des Brühler Parks führt zu dem von Clemens August heiß ersehnten Jagdschlösschen, das Cuvilliés unweit von Augustusburg plante.

Die Lage war strategisch günstig für die Falkenjagd, denn die Beute, die Fischreiher, überquerte Schloss Falkenlust stets auf dem Weg zu ihren Jagdgründen am Rhein. Eine Falkenjagd war ein besonderes gesellschaftliches Ereignis, bei dem sich die Hofgesellschaft auf dem Vorplatz des Schlösschens versammelte, um den jagenden Raubvogel zu beobachten. Die Jäger folgten dem Flug des Falken währenddessen zu Pferde. Schloss Falkenlust diente aber auch als Rahmen für andere Vergnügungen, etwa für die intimen Soupers des Herrschers, der es durchaus verstand, sein privilegiertes Leben als Landesherr zu genießen.

Bemerkenswerter Weise zeigte sich in seinem »barocken« Lebensstil der gleiche kapriziöse Überschwang und die gewisse Realitätsferne, die auch die Architektur seiner Zeit auszeichnet.

Die Wieskirche bei Steingaden – Kirchenkunst im Rokoko

Architekten:
Dominikus Zimmermann, 1743 - 1754
Deckenfresken, Stuck
Johann Baptist Zimmermann

Der Architekt wohnte bis an sein Lebensende in seinem Haus neben der »Wies«.

Der Blick in den überaus prunkvollen Chorraum (auch gegenüber).

War es ein Wunder? Die Wiesbäuerin hatte keinen Zweifel, dass ihr »Gegeißelter Heiland« – jene ausgemusterte Prozessionsfigur aus dem nahen Prämonstratenserstift – echte Tränen vergossen hatte. Geschehen war es am 14. Juni 1738, und obwohl die Kirchenoberen die aufgeregte Bäuerin um Verschwiegenheit baten, verbreitete sich die Nachricht wie ein Lauffeuer. Die Menschen kamen in Scharen, um die wundersame Figur zu sehen und das abgelegene Anwesen der Wiesbäuerin wurde über Nacht zum Wallfahrtsort. Angesichts solch ungestümer Begeisterung im Volke schmolz die anfänglich kritische Zurückhaltung der Kirchenoberen und des Prämonstratenserklosters, die wohl versucht hatten, die übermäßige Sehnsucht der Gläubigen nach Wundern etwas im Zaume zu halten. Man errichtete zunächst eine kleine Kapelle auf der »Wies«, doch der stetig wachsenden Strom der Wallfahrer ließ die Prämonstratenser bald eine größere Kirche planen.

Im Pfaffenwinkel, der südwestlichen Ecke Oberbayerns, waren die Klöster von je her die bedeutendsten Bauherren. Das Voralpenland war daher auch bekannt für seine Baumeister und Handwerker, die in ganz Süddeutschland an zahlreichen Kirchen- und Klosterbauten mitwirkten. Berühmt waren die »Wessobrunner«, allen voran die Gebrüder Zimmermann, die man nun mit dem Bau der Wieskirche beauftragte. Ihre »Wies« geriet zu einem wahren Wunderwerk, dessen üppige und zugleich heitere Prachtentfaltung ein einzigartiges Beispiel für die Baukunst des Rokoko, aber auch für die Selbstdarstellung der katholischen Kirche in dieser Zeit ist.

Nach dem Schock der Reformation hatte bereits das Konzil von Trient (1545 - 1563) die künftige Richtung der Kirchenarchitektur vorgegeben. Im Gegensatz zu den karg ausgestatteten protestantischen Kirchen sollte ein katholischer Kirchenbau auf keinen Fall nüchtern

wirken oder gar ans Profane erinnern. Die Gläubigen sollten den Gottesdienst in einem erhabenen Raum erleben, der »so prächtig wie möglich und der Heiligkeit des Ortes angepasst« war. Die Gegenreformation fand im Barock und in dessen später Ausprägung, dem Rokoko, einen adäquaten Baustil.

Die Inszenierung des Raumes erreicht hier durch die Verschmelzung der Architektur mit der Malerei und der plastischen Kunst einen stilistischen Höhepunkt. Der Innenraum ist mehr als nur Architektur, er ist ein großes Bildwerk, ein dynamisches Ornament, ein Gesamtkunstwerk.

Den Besuchern der Wieskirche stellt sich der lichte, ovale Kirchenraum als Medium dar, das die Botschaft des Glaubens anschaulich und mit Sinnen erfassbar vermittelt. Wie ein Bühnenraum wirkt der tiefe Chor. Die Heiligenfiguren, die prunkvollen Säulen und die Deckenmalerei rahmen den zentralen Punkt, an dem die Figur des »Gegeißelten Heilands« ihren Platz hat. Die illusionistischen Deckenfresken über Chor und Hauptraum bieten weitere, wohl geplante Szenerien, in die sich der Betrachter versenken kann.

Die Architektur hüllt den Besucher in einen amorphen Innenraum, der nicht durch trennende konstruktive Linien, wie etwa zwischen Wand und Decke, in einzelnen Bauteilen wahrnehmbar ist. Malerei, Stuck und Ornament lösen diese baulichen Übergänge auf und verleihen dem Raum eine besondere Leichtigkeit. Verstärkt wird dieser Eindruck durch die langgestreckte flache Kuppel über dem Hauptraum der Wies, die nicht wie sonst üblich aus Stein errichtet ist. Es handelt sich um eine Konstruktion aus Holzlatten, die am Dachstuhl der Kirche hängt. Diese ungewöhnliche Lösung, die den Gesetzen der Statik zumindest optisch zuwiderläuft, verstärkt zusammen mit der Himmelsdarstellung im Deckenfresko den Eindruck einer von irdischer Schwere befreiten Architektur.

Schloss Sanssouci in Potsdam und der Philosophenkönig

Architekten:
Schloss Sanssouci
König Friedrich II. von Preußen, Georg
Wenzeslaus von Knobelsdorff, 1745-1747

Neues Palais
Johann Gottfried Büring, Heinrich Ludwig
Manger, Karl von Gontard, 1763-1769

Das Reiterstandbild Friedrichs des Großen
(1740-1786) im Park von Sanssouci.

Im Gegensatz zu Schloss Sanssouci war
das Neue Palais (unten) ganz auf staatliche
Repräsentation ausgerichtet.

Friedrich II. von Preußen ließ sich über jedes Detail informieren – das galt für so ziemlich alles im Staat, aber ganz besonders für sein neues Schloss. Von Knobelsdorff wird zwar gemeinhin als Architekt von Sanssouci genannt, aber es gibt keinen Zweifel, dass Friedrich der Große intensiv in die Planung eingriff und sogar Skizzen anfertigte. Am Anfang der Anlage stand ein Weinberg. Er bildet heute den Terrassenhang mit der imposanten Freitreppe vor dem Schloss. Kein Repräsentativbau sollte es werden, sondern ein persönlicher Ort für den kunstsinnigen König. Sanssouci entstand im Geist des Rokoko. Das prägt vor allem das Innere des Gebäudes, denn dieser üppige, hier durchaus mit Disziplin ausgeführte Stil – man spricht von »Friderizianischem Rokoko« – entfaltet seine eigentliche Wirkung im Innenraum. Das ganze Anwesen ist hingegen derart originell, dass man es kaum einer Stilrichtung zuordnen möchte. Dem Entschluss, den Weinberg oben mit dem Privatschloss »Sans Souci« – ohne Sorge – abzurunden, folgte der Ausbau der gesamten Parkanlage zu einem Obstgarten. Friedrich II. war ein begeisterter Obstbauer, er kaufte die exotischsten Früchte ein, um sie – meist erfolglos – in Potsdam zu kultivieren.

Das Schloss Sanssouci symbolisiert wie wenige andere Bauten in Preußen die zwei Gesichter des berühmten Königs und seines Staates. Der Bau begann mitten im Krieg. Preußen, das war der Macht- und Militärstaat schlechthin, aggressiv bis zur Brutalität. Friedrich II. war erst seit 1740 König, doch es war bereits der zweite Krieg, den er um die Eroberung Schlesiens führte, mit dem unbedingten Ziel, Preußen unter die europäischen Großmächte einzureihen. Das gelang immerhin; unter erheblichen Opfern. Aber da ist das andere Preußen: Sanssouci und sein Park geben sich unprätentiös, heiter und gelassen. Ohne Imponiergehabe ist hier alles aufs Wohlfühlen ausgerichtet.

Preußen, als Königreich noch keine 45 Jahre alt, war eine Vernunftgeburt, eher Idee als historisch Gewachsenes, solide tolerant, der Aufklärung zugewandt und nicht zuletzt der Kunst. Friedrich II., der Schlachtenlenker, schrieb 120 Flötensonaten und vier Sinfonien und regierte nach dem Siebenjährigen Krieg 23 friedliche Jahre lang, fleißig, knorrig und mitunter sogar gütig. Als Experten ihm vorrechneten, dass die damals völlig unbekannte Kartoffel alle anderen Feldfrüchte im Kalorienertrag pro Ackerquadratmeter überflügelte, stellte er Preußen auf die Kartoffel um; das Volk nörgelte über seinen »Kartoffelkönig«, aber es wurde satt.

Das Schloss Sanssouci war als Privatschloss angelegt worden, als Refugium und Zufluchtsstätte, und dementsprechend sind die Wohnräume Friedrichs II. heute ein interessantes Zeitzeugnis. So wollte er selbst gesehen werden: Als Philosoph mit einer Bibliothek, deren Raum ganz auf Konzentration und Studium ausgerichtet ist; als Künstler in seinem Musikzimmer; als erster Diener des Staates im nüchternen, ja kargen Arbeitszimmer.

Am anderen Ende des Parks steht ein ebenfalls friderizianisches Schloss, an welchem man den Unterschied zwischen dem Privatschloss Sanssouci und einem staatlichen Repräsentativbau – eher im Stile Versailles' – deutlich erkennt: das Neue Palais. Es entstand nach dem letzten der Kriege, als Preußen seine Anerkennung als neue europäische Großmacht endlich erreicht hatte. Man sieht dem Neuen Palais deutlich den Willen der Erbauer an, diesen machtpolitischen Anspruch durchzusetzen. Alles ist dort auf Repräsentation und Eindruck ausgerichtet. Der König nannte das ganze eine Prahlerei und ging nur selten hin. Er verbrachte statt dessen die meiste Zeit in Schloss Sanssouci und starb auch dort 1786; sein Sterbestuhl ist noch heute in seinem Wohn- und Arbeitszimmer zu sehen.

Die Wörlitzer Anlagen im Gartenreich Dessau-Wörlitz
Aufklärung und Toleranz im Paradies des Fürsten

Architekt:
Friedrich Wilhelm von Erdmannsdorff
Wörlitzer Anlage 1764 - um 1800
Wörlitzer Schloss 1769 - 1773
Gotisches Haus 1773 - 1813
Pantheon 1795 - 1797

Der »Stein«, eine Nachbildung des Vesuv,
speit Feuer. Karl Kuntz hielt das Spektakel
im Jahr 1797 in einem Gemälde fest.

Eine Miniatur-Nachbildung des Pantheon
ziert als Gartenpavillon den Wörlitzer Park.

Ein Garten verrät viel über seinen Besitzer. Zur Zeit des Fürsten Leopold III. Friedrich Franz von Anhalt-Dessau (1740 - 1817) konnte ein Garten, ganz zu schweigen von einem Gartenreich, sogar eine politische Haltung enthüllen. Der Fürst war ganz offensichtlich ein Anhänger der Aufklärung. Deren Väter, allen voran der englische Philosoph John Locke, sahen den Ursprung der Freiheit im Wesen des Menschen, also in der Natur begründet. Damit wurde die freie Entfaltung der Natur zum Symbol der Aufklärung. Die kritischen Denker erkannten in den barocken, streng geometrischen Parkanlagen das Wesen des Absolutismus, der die Natur, wie alle Untertanen, in eine dem Herrscher gefällige Form zwang. Im Gegensatz dazu entwickelte die englische Gartenbaukunst Anfang des 18. Jahrhunderts den Landschaftsgarten. Der »Englische Garten« mit seinen Wiesen, Baumgruppen und Bächen verkörperte nicht nur die ursprüngliche, paradiesische Natur, sondern auch eine ideale Gesellschaftsordnung, in der sich jeder Mensch frei entfalten kann.

Die Fortschrittlichkeit der Aufklärer gefiel dem Fürsten von Anhalt-Dessau so sehr, dass er sein Land eben nach diesem Ideal formte und sein Fürstentum zum leuchtenden Beispiel der Aufklärung in Deutschland machte. Er förderte Reformbewegungen, wie die des Pädagogen Johann Bernhard Basedow, der in Dessau mit dem »Philanthropin« eine richtungsweisende Erziehungsanstalt eröffnete.

Des Fürsten liebstes Projekt war sein Gartenreich, das neben den Wörlitzer Anlagen zahlreiche Parkanlagen in der Region umfasst. Hinter der großräumigen Umgestaltung der Landschaft stand durchaus auch eine pädagogische Absicht. Der Fürst wollte seinen Untertanen durch die Förderung des Natur- und Kunstgenusses auch eine ästhetische Bildung zukommen lassen. Die Anlagen standen, abgesehen von gelegentlichen Einschränkungen, allen

Ständen offen und wurden bald zum Symbol einer aufgeklärten Herrschaftsform und zum Vorbild zahlreicher öffentlicher Parkanlagen.

Die Inspirationen für sein Gartenreich fand der Fürst auf Reisen, insbesondere auf der »Grand Tour«, die er zusammen mit seinem Vertrauten, dem Architekten von Erdmannsdorff um 1764 unternommen hatte und die ihn über Italien und Frankreich nach England führte. Die Architektur im Park – das Schloss, die Pavillons und die künstlichen Landschaftsszenerien – entstammen seinen Reiseerinnerungen. So entstand das Schloss, das zu den frühesten Bauten des Klassizismus in Deutschland zählt, nach dem Vorbild zeitgenössischer englischer Landsitze, die ihre baulichen Vorbilder wiederum in Andrea Palladios Renaissance-Bauwerken fanden. Die zahlreichen Pavillons wurden hingegen in den unterschiedlichsten Stilen erbaut. Miniatur-Nachbildungen von antiken Monumenten, wie dem Pantheon, finden sich hier ebenso wie das mittelalterliche Gotische Haus.

Ein Reiseerlebnis, das den Fürsten besonders beeindruckt hatte, war ein Ausbruch des Vesuv just in dem Moment als er sich auf den Weg zum Krater machte. Er ließ deshalb im Park den Blick auf die Bucht von Neapel nachempfinden, überragt von einem kegelförmigen Schlot, dem Vesuv – schlicht »der Stein« genannt. Bei hohem Besuch zündete man hier ein Feuerwerk und simulierte den Vulkanausbruch. Das funkensprühende Spektakel wird auch heute wieder zu besonderen Anlässen aufgeführt.

Entlang des gewundenen Rundwegs durch die Reiselandschaft des Fürsten öffnen sich dem Besucher zahlreiche, wohl komponierte Blickachsen, in denen sich Architektur und Natur zu ebenso idyllischen wie besinnlichen Bildern fügen. So trägt ein Aussichtspunkt, von dem aus der Wörlitzer Kirchturm neben der Nachbildung einer Synagoge zu sehen ist, den Namen »Toleranzblick«.

Das Wörlitzer Schloss ist einem englischen Landhaus nachempfunden. Das Gotische Haus (rechts) beherbergte die fürstliche Kunstsammlung.

Weimar, Stadt der Klassik – auf Goethes und Schillers Spuren

Architekten:
Goethes Gartenhaus
um 1600
Umbau 1695-1699

Goethehaus am Frauenplan
Johann Mützel, zugeschrieben, 1707-1709
Umbau
Johann Wolfgang von Goethe mit
Christian Friedrich Schuricht, 1792-1795

Schillers Wohnhaus
Anton Georg Hauptmann, um 1777

Park an der Ilm
Johann Wolfgang von Goethe, Friedrich
Jusin Bertuch und andere, 1778-um 1831

Römisches Haus
Johann August Arens mit
Johann Wolfgang von Goethe, 1791-1798
Innengestaltung
Christian Friedrich Schuricht

Goethes Haus am Frauenplan und das
Wohnhaus Schillers (unten).

Goethe und Schiller, die beiden großen Dichter der Klassik, begründeten den Ruf Weimars als europäische Kulturstadt ersten Ranges. Gefördert von Herzog Karl August und seiner Mutter, der Herzogin Anna Amalia, schufen sie hier Meisterwerke der Weltliteratur. Zuerst traf Goethe in dem Provinzstädtchen ein. Es war im November 1775 und der Dichter war noch keine 30 Jahre alt, aber schon eine Berühmtheit. »Die Leiden des jungen Werthers« war in den Tagen des Sturm und Drang ein Kultroman, leider, denn der Selbstmord des Titelhelden wurde nicht selten nachgeahmt. Sein Roman von Sehnsucht und Weltschmerz hatte den Nerv der Zeit getroffen und Goethe war ein Star. Rund zwölf Jahre später traf ein anderer bekannter Dichter, der ständig von Krankheiten und Gläubigern gehetzte Friedrich Schiller, erstmals in Weimar ein. Der mächtige Goethe – seit 1776 Geheimrat, 1782 geadelt, später sogar Minister – war zunächst nicht erfreut, ein weiteres Genie hier zu sehen. Doch trotz anfänglicher Eifersüchteleien entwickelte sich eine enge Freundschaft zwischen beiden, getragen auch von gemeinsamer Arbeit.

Der stets kranke Schiller wusste wohl um die knappe Zeit, die ihm gegeben war, und schrieb unermüdlich, unter anderem seine großen Dramen »Maria Stuart« und »Wilhelm Tell«. Goethe arbeitete derweil am »Faust«, vollendete ihn jedoch erst Jahrzehnte später. Schiller bezog sein Haus an der Esplanade 1802 und lebte dort die drei Jahre bis zu seinem Tod. Man sieht seinem Arbeitszimmer das Bedürfnis nach Abgeschiedenheit und Ruhe an. Obwohl in seinen letzten Jahren von Armut keine Rede mehr war, ist alles schlicht. Ganz anders bei Goethes Haus am Frauenplan. Es diente der Repräsentation. Der Hausherr hatte es nach seinen eigenen Plänen und Bedürfnissen umbauen lassen. Diese beinhalteten die standesgemäße Bewirtung all derer, die kamen, das weltbekannte Genie zu

sehen, so, wie es einst auch Napoleon getan hatte. Die Gestaltung der Räume orientierte sich an der von Goethe selbst entwickelten Farbenlehre: Der Empfangssaal ist blau. Dies sollte für Respekt und Distanz gegenüber dem Dichterfürsten sorgen. Der Speisesaal dagegen gelb – gemäß Goethe die Farbe der Geselligkeit.
»Über Landschaft und Architektur habe ich diese Zeit ernstlich nachgedacht, auch einiges versucht« schrieb Goethe 1787. In der Tat tragen Teile des Parks an der Ilm seine Handschrift. Sein Interesse an der Landschaftsgärtnerei hing nicht zuletzt mit dem Freitod des Hoffräuleins Christel von Laßberg zusammen. 1778 hatte sich die Unglückliche, angeblich mit dem »Werther« in der Hand, in die Ilm gestürzt. Zu ihrem Andenken legte der Dichter einen Gedenkplatz an. Goethe beschäftigte sich bald intensiv mit der Gestaltung des Parks. Er plante dessen Ausläufer bis weit in die Stadt hinein, suchte die passenden Pflanzen aus, ließ verwunschene Wege und eine künstliche Grotte anlegen. Der Landschaftspark in Wörlitz, den Goethe gemeinsam mit dem Herzog mehrfach besucht hatte, war dabei das unverkennbare Vorbild des Ilmparks. Eine Gedenktafel im Park erinnert an Goethes innige Beziehung zu Charlotte von Stein, die ihn, als Teil der kultivierten, aufgeklärten Hofgesellschaft und nicht zuletzt als Angebetete, in seinem Denken prägte.
Später, nach seiner Italienreise, betätigte sich Goethe sogar als Bauleiter. Er wachte, seine Reiseimpressionen vor Augen, über den Bau des »Römischen Hauses«, dem klassizistischen Sommerwohnsitz des Fürsten im Park. Der Ilmpark bot auch den idealen Rahmen für ein Dichterleben. Seit 1776 wohnte und arbeitete Goethe in seinem Gartenhaus, einem Geschenk des Fürsten. Die einsame Lage, die Naturnähe und Einfachheit des Hauses verkörperte gewissermaßen das ideale Wohnidyll eines klassischen Dichters.

Goethes Gartenhaus im Park an der Ilm war ursprünglich ein Weinberghäuschen. Das Doppelstandbild Goethe und Schiller auf dem Weimarer Theaterplatz.

Das Brandenburger Tor in Berlin – Symbol der deutschen Einheit

Architekten:
Carl Gotthard Langhans, 1788 - 1791
Erweiterung
Johann Heinrich Strack, 1868
Reliefs
Johann Gottfried Schadow,
Christian Bernhard Rode
Quadriga
Johann Gottfried Schadow, 1793
Ergänzung Quadriga
Karl Friedrich Schinkel, 1814

Alles begann mit einer Mauer. Denn das Brandenburger Tor ist das letzte erhaltene von ursprünglich 18 Stadttoren der alten Berliner Stadtmauer. Um 1780, just in der Zeit, da diese ihre Bedeutung als – horribile dictu – Schutzwall sowie Zollgrenze verlor, beschloss man das Brandenburger Tor zu einem Repräsentativbau, als Endpunkt der allmählich entstehenden Prachtstraße Unter den Linden, umzubauen.
Der Architekt Carl Gotthard Langhans schuf an Stelle des ursprünglichen eher unscheinbaren barocken Stadttores das heutige Tor, ein bedeutendes Bauwerk des Berliner Klassizismus. Ganz eindeutig, wenngleich doch sehr spielerisch und frei in der Gestaltung, lehnt sich das Gebäude an sein griechisches Vorbild, die Propyläen auf der Akropolis in Athen, an.
Die Quadriga des Bildhauers Johann Gottfried Schadow zeigt die Siegesgöttin. Sie ist auch auf dem wichtigsten Relief unterhalb des Monuments zu sehen, und zwar als Friedensbringerin. In ihrem Gefolge und unter ihrem Schutz befinden sich personifiziert die Freude, die Künste und der Überfluss. Andere Reliefs zeigen den kämpferischen Sieg der Zivilisation über die Barbarei – »Friede durch Sieg«, so lautet das ganze ikonographische Programm des Brandenburger Tores. Ursprünglich sollte es »Friedenstor« heißen und auch so beschriftet werden.
Die legendäre Symbolkraft des Bauwerks hängt eng mit der Quadriga zusammen und begann mit einem Diebstahl im Jahre 1806. Napoleon ließ die Quadriga in 12 Kisten verpacken und nach Paris schaffen. Dort verbrachte sie die nächsten acht Jahre in unmittelbarer Nähe zu einem weltberühmten Pendant: Der Kaiser hatte auch die »venezianische« Quadriga in seine Hauptstadt gebracht – quasi als Dieb unter Dieben, denn die Venezianer hatten das Werk ihrerseits einst in Konstantinopel gestohlen. Die Rückkehr der Berliner Quadriga im Jahr 1814 geriet

zum nationalen Triumphzug. Auf ihrem Heimreiseweg gibt es noch heute Gedenktafeln, die an ihren Durchzug erinnern. Nun ergänzte kein geringerer als Karl Friedrich Schinkel das Monument, nämlich durch den preußischen Adler und das Eiserne Kreuz; beide sollten an den Sieg über Napoleon erinnern. 1945 traf eine Bombe die Quadriga und zerstörte sie völlig. Nur durch einen authentischen Gipsabguss konnte eine Kopie – jene, die wir heute sehen – erstellt werden. Das Problem war, dass sich das Tor auf östlichem Territorium und der Gipsabdruck im Westen befand. Die katastrophal schlechte Ost-West-Kommunikation verzögerte die Wiederaufstellung bis 1958!
Der Magistrat Ostberlins reduzierte die Kopie um die Schinkel'schen Bestandteile Eisernes Kreuz und Preußenadler – die galten als »Symbole des Militarismus« und sind erst seit der letzten Restaurierung im Jahr 1991 wieder auf dem Tor zu sehen.
Das Brandenburger Tor stand immer wieder im Brennpunkt deutscher Geschichte. Zwei Daten sind dennoch herausragend: der 13. August 1961 und der 9. November 1989. Der Bau der Mauer rückte das Tor ins Weltbewusstsein. Der ursprüngliche Mauerplan hatte vorgesehen, direkt am Tor einen Grenzübergang zu schaffen, aber nach den dramatischen Szenen in den ersten 24 Stunden nach der Abriegelung schloss man das Brandenburger Tor für die nächsten 28 Jahre. Der von der Volkspolizei an der Mauerbaustelle vor dem Brandenburger Tor verhöhnte Kanzler Adenauer grub sich als bitterste politische Stunde der Nachkriegszeit in das nationale Gedächtnis ein.
Ganz anders dagegen die Bilder vom November 1989, als Menschen aus Ost und West hier das Ende der Teilung auf der Mauer vorwegnahmen. Die endgültige Öffnung des Brandenburger Tores erfolgte am 22. Dezember durch DDR-Regierungschef Hans Modrow und Bundeskanzler Helmut Kohl.

Die Neue Wache in Berlin
Vom preußischen Staatstempel zur nationalen Gedenkstätte

Architekten:
Karl Friedrich Schinkel, 1816-1818
Innengestaltung
Heinrich Tessenow, 1930-1931
Wiederaufbau
Heinz Mehlan, 1957-1960
Lothar Kwasnitza, 1969
Innengestaltung, Rekonstruktion
Hilmer + Sattler, 1993
Skulptur
Käthe Kollwitz, 1937-1938
ausgeführt von Harald Haake, 1993

Im Innern der Neuen Wache versinnbildlicht die Skulptur »Mutter mit totem Sohn« die Trauer um die Opfer von Krieg und Gewaltherrschaft (gegenüber).

Heutzutage würde man Karl Friedrich Schinkel einen Star-Architekten nennen. Wie kein Zweiter formte er mit seiner klassizistischen Architektur das Erscheinungsbild Preußens. Zu den Werken, die seinen Ruhm begründeten und den Aufstieg des einfachen preußischen Beamten zum Lieblingsarchitekten des Königshauses endgültig sicherten, zählt die Neue Wache. Es ist ein eher kleines Bauwerk, das sich König Friedrich Wilhelm III. in dem Kastanienwäldchen an der Prachtstraße Unter den Linden für seine Wachen wünschte. So galt es, ein militärisches Gebäude in den repräsentativen Straßenzug, zwischen Universität und Zeughaus, heute Deutsches Historisches Museum, einzupassen. Schinkel entwarf, etwas zurückgesetzt von den mächtigen Nachbarbauten, eine Art Miniatur-Monumentalbau, der mit einem steinernen, dorischen Tempelmotiv als Schaufassade die preußische Prachtstraße vervollständigte. Zum Kastanienwäldchen zeigt das Wachhaus hingegen seine schlichten Ziegelfassaden. Damit erfüllte Schinkel des Königs Wunsch nach einer Wache, die »einem römischen Castrum ungefähr nachgebildet« sein sollte. Er beließ, und das ist recht neu in dieser Zeit, das einfache Baumaterial Ziegel ohne die übliche »Verkleidung« aus Naturstein. So nahm er jene ungeschönte, »ehrliche« Gestaltungsweise vorweg, welche später in der Moderne propagiert werden sollte. Die Wache war jedoch mehr als ein militärischer Funktionsbau, sie war auch ein Monument der Befreiungskriege, die 1815 letztlich mit der Schlacht von Waterloo dem Kaiserreich Napoleons I. ein Ende bereitet hatten. In diesem Sinne stellte man 1822 rechts und links der Wache die von Christian Daniel Rauch geschaffenen Standbilder des Feldherrn Bülow und des Militärreformers von Scharnhorst auf. Die Skulpturen waren auch ein Teil von Schinkels Plan einer »Via Triumphalis«, die von hier zum königlichen Schloss führte.

Im Jahr 1918, nach dem Weltkrieg und dem damit verbundenen Ende der Monarchie, stand die Neue Wache leer. Nach anfänglichen Überlegungen in der Wache eine Bankfiliale oder gar ein Café unterzubringen, entschied man, den repräsentativen Bau zu einer Gedächtnisstätte für die Gefallenen des Weltkrieges umzubauen. Das Innere wurde neu und geradezu mystisch gestaltet: Durch eine Deckenöffnung fiel nun Tageslicht ein, darunter stand ein schlichter schwarzer Granitstein mit einem vergoldeten Eichenkranz.
So gedachte man den Gefallenen ohne zu ahnen, dass die Schrecken des Ersten Weltkrieges schon bald überboten werden würden. Mit der Machtergreifung der Nationalsozialisten 1933 steuerte Deutschland direkt auf den Zweiten Weltkrieg zu. Keine Frage, dass die Nationalsozialisten die Gedenkstätte mit dem ihnen eigenen militärischen Pomp für ihre zerstörerische Ideologie vereinnahmten.
Nach Ende der Nazi-Herrschaft lag die Neue Wache, wie fast die ganze Stadt, in Trümmern und Schinkels Werk blieb in den ersten Nachkriegsjahren eine Ruine. Heinrich Tessenow schlug sogar vor, sie als solche zu erhalten. In der DDR wurden Stimmen laut, die den Abriss forderten. Für viele Berliner blieb es jedoch eine Gedenkstätte: Sie steckten Blumen an die verschlossenen Türen. Schließlich wurde die Neue Wache wiederaufgebaut, doch erst 1969 wurde sie offizielles Mahnmal für die Opfer des Faschismus und Militarismus.
Nach der Wiedervereinigung entstand neuerlich eine Diskussion um die Gestalt und die Widmung des Bauwerks, in dem sich die deutsche Geschichte in all ihrer Widersprüchlichkeit spiegelt. Nach der teilweisen Rekonstruktion von Tessenows Innenraumgestaltung und der Aufstellung von Käthe Kollwitz' Pietà wurde die Neue Wache schließlich 1993 zur »Zentralen Gedenkstätte der Bundesrepublik Deutschland für die Opfer von Krieg und Gewaltherrschaft«.

Architekten:
Altes Museum
Karl Friedrich Schinkel, 1822-1830
Wiederaufbau
Kollektiv Theodor Voissem, 1958-1966

Neues Museum
Friedrich August Stüler, 1841-1855

Alte Nationalgalerie
Friedrich August Stüler,
Johann Heinrich Strack, 1866-1876

Bode-Museum
Ernst von Ihne, 1896-1904

Pergamon-Museum
Alfred Messel, Ludwig Hoffmann,
1907-1930

Masterplan von 1999 und Sanierungen
David Chipperfield (Wiederaufbau Neues
Museum, Archäologische Passage),
Heinz Tesar (Bode-Museum), Oswald
Mathias Ungers (Pergamon-Museum),
HG Merz (Alte Nationalgalerie), Hilmer &
Sattler und Albrecht (Altes Museum)

Das Luftbild zeigt vorne das Bode-Museum,
dahinter das Pergamon-Museum, gleich dahinter links die Alte Nationalgalerie, rechts
davon das Neue Museum, und wiederum
dahinter das Alte Museum.

Die Museumsinsel in Berlin
Ein Spiegelbild preußischer und deutscher Kulturgeschichte

Die Geschichte der Berliner Museumsinsel begann mit dem heute so genannten Alten Museum, einem klassizistischen Meisterwerk von Karl Friedrich
Schinkel. Schon die Lage verrät die
hohe pädagogische Programmatik; auf
einem freien Platz gegenüber dem
Schloss, in direkter Nachbarschaft von
Dom und Zeughaus, meldete hier das
Bildungsbürgertum seinen Anspruch
an, als vierte staatstragende Säule neben König, Kirche und Militär zu treten.
Die preußische idealistische Staats-
utopie, zeitgleich von Hegel an der
kaum 200 Meter entfernten Universität
verkündet, bezog nun den Bürger mit
ein und gewährte ihm Raum zur eigenen Inszenierung.
In einen solchen architektonischen
Raum verwandelte Schinkel auch den
ehemaligen Exerzierplatz, der als bür-
gerlicher Promenadeplatz das Alte
Museum rahmt. Das Museum selbst,
geplant für Gemälde und antike Skulpturen, ist nichts geringeres als ein Tempel der Kunst. Ein Band von 18 ioni-
schen Säulen bildet seine imposante
Fassade. Im Innern entwarf Schinkel
mit der zentralen Rotunde gar eine Art
Kultraum, das »Allerheiligste«, ganz
nach dem Vorbild des Pantheon.
»Bau'n Se billig, Schinkel!« – so die
stete Mahnung Friedrich Wilhelms III.
an seinen Baumeister. Nicht so sein
Sohn: Der entzückte seine Architekten
durch schwärmerische Hingabe an
hochfliegende Ideen – so konnte die
Museumsinsel Gestalt gewinnen, denn
nun flossen die Mittel. Als das Neue
Museum vollendet war, begann nur wenig später der Bau der Nationalgalerie,
die heutige Alte Nationalgalerie. Wie ihr
Name schon sagt: Die bürgerlichen
Ideale hatten sich etwas verschoben,
der Nationalismus bildete seit den
1860er Jahren den Kern der bürgerlichen Ideologie. Berlin sollte anderen
europäischen Metropolen in nichts
nachstehen; das Streben nach einer
preußischen Vormachtstellung zielte
auch auf Kultur und Wissenschaft. Im

Zentrum eben dieser Anstrengungen
stand die Museumsinsel.
Friedrich August Stüler entwickelte einen ersten, nie ganz verwirklichten
Masterplan zur Verbindung der einzelnen Museen. Statt dessen entstanden
das Kaiser-Friedrich-Museum – heute
Bode-Museum – und das Pergamon-
Museum, mit dem die Museumsinsel
schließlich vollendet war. Letzteres beherbergt zahlreiche architektonische
Sensationen, wie den Pergamon-Altar
und das babylonische Ischtartor.
Die Museumsinsel spiegelt in einzigartiger Weise die Entwicklung des Bau-
typs Museum in ihrer Zeit. Doch auch
die Sammlungen selbst, ihre Geschichte und ihre systematische Ordnung,
stehen für eine grundlegende Epoche
preußischer bzw. deutscher Kultur-
und Wissenschaftsgeschichte.
Nach der Wende stellte sich die Aufgabe der Wiederherstellung des Kultur-
zentrums Museumsinsel, denn seit dem
Zweiten Weltkrieg waren die Sammlungen über ganz Berlin, Ost und West,
verstreut. Die Neuorganisation der Ausstellungen und die baulichen Erneue-
rungen dauern an. Derzeit wird das
Neue Museum von David Chipperfield
rekonstruiert. Nach seiner Fertigstellung 2009 wird es die Büste der Nofre-
tete aufnehmen, die bis dahin das
Glanzstück des Alten Museums bleibt.
Chipperfield hat auch maßgeblich am
Masterplan für die Spreeinsel mitgearbeitet. In Zukunft sollen die Museen
durch eine »Archäologische Passage«
verbunden sein. Auch ein weiterer,
grob umrissener Plan existiert. Ist erst
das Stadtschloss wieder errichtet – in
welcher Form auch immer – gäbe es
dort Platz genug für die bisher in Dah-
lem befindliche Sammlung übersee-
ischer Kulturgüter. Führte man diese
nahe an die fünf Museen mit ihrem
abendländisch-orientalen Schwerpunkt
heran, wäre jeder Weltteil durch die
Spitzenleistungen seiner Kulturepo-
chen in der einzigartigen Museenland-
schaft an der Spree vertreten.

Das Alte Museum zählt zu den ersten eigens für die Öffentlichkeit erbauten Museen in Deutschland. Der Bildhauer Albert Wolff schuf das Standbild des Löwenkämpfers (oben).

Hinauf, Patrioten,
zum Schloss, zum Schloss!

Philipp Jacob Siebenpfeiffer

Das Hambacher Schloss
Feste feiern für die Freiheit – das Hambacher Fest 1832

Bauzeit:
Anfang 11. Jahrhundert
Wiederaufbau
August von Voit, 1844-1846
Helmut Augeneder mit Horst Römer,
1980-1982

Durch das Hambacher Fest gelangte das Schloss zu seinem stolzen Titel »Wiege der deutschen Demokratie«. Um was ging es eigentlich an jenem 27. Mai 1832, dem ersten und wichtigsten Tag des Festes? Der »Preß- und Vaterlandsverein« hatte zur Unterstützung seines Hauptzieles, der Pressefreiheit, zu einer Feier gebeten. Die Möglichkeit zur politischen Versammlung als Protestform bestand damals nicht – so etwas war in seltener Einhelligkeit in allen deutschen Ländern strengstens verboten. Was man tun konnte und auch immer wieder tat, war die Organisation von Festen, denen man beiläufig ein politisches Gepräge unterschob. Genau das geschah beim Hambacher Fest.

Das Volksfest geriet zur machtvollen politischen Demonstration gegen Repression, gegen Pressezensur und für die deutsche Einheit in Freiheit. Die Resonanz auf das Hambacher Fest war überraschend groß – die Veranstalter sprachen von 30000, die Behörden von 20000 Teilnehmern. Um acht Uhr morgens formierte sich die erste deutsche Großdemonstration als »Festzug« hinauf zur Schlossruine, geschmückt vor allem mit schwarz-rot-goldenen Fahnen, die den Schriftzug »Deutschlands Wiedergeburt« trugen. Nach Erreichen des Schlosses und dem Hissen der Fahnen auf den höchsten Zinnen begann man mit den meist patriotischen Reden. Ein heftiges Gewitter verhinderte das geplante Festmahl am Mittag. Der Tag endete schließlich mit einem »Umtrunk«, der sich in den umliegenden Gasthäusern noch bis in die Morgenstunden hinzog.

In den folgenden Tagen verblieb der harte Kern der Liberalen in Neustadt. Das Fest endete dann offiziell mit dem Einholen der Fahnen am 1. Juni.

Das Hambacher Schloss, das seither ein Symbol der demokratischen Entwicklung in Deutschland ist, geht zurück auf eine salische Burggründung. Nachdem die »Kästenburg« in den

Kriegen des 16. und 17. Jahrhunderts zerstört wurde, blieb sie lange Zeit eine Ruine. In diesem Zustand kam sie im 19. Jahrhundert an und traf auf den romantischen Zeitgeist. Der schwärmte, wie es heute noch in Gemälden zu sehen ist, von jener ländlichen Ideallandschaft Arkadien, voller verfallener Burgen und verwitterter Gotik.

Der bayerische Kronprinz Maximilian, dem die sodann nach ihm benannte »Maxburg« 1842 zufiel, wollte sie dementsprechend zu einem idyllischen Schloss umbauen lassen; seine Pläne blieben jedoch unvollendet.

Die allgemeine Sehnsucht nach dem Mittelalter hing wohl damit zusammen, dass man mit dieser Epoche Begriffe wie »religiöse Einheit« und auch »heiliges Reich« assoziierte. Die geistige Flucht in die Vergangenheit ergab sich aus der Gegenwart: Reformation, Gegenreformation und die Kleinstaaterei der Fürstentümer hatten tiefe Gräben in Deutschland aufgerissen. Die Mächtigen igelten sich durch Repression vor ihren Völkern ein.

Der Wiener Kongress von 1814/15 beschloss unter anderem, alle revolutionären und nationalen Kräfte zu bekämpfen. Dies geschah durch Zensur und das Verbot politischer Vereinigungen, insbesondere der Burschenschaften. Doch gerade in der Pfalz hatte eine langjährige französische Herrschaft die Bürger mit dem code napoleon an eine gewisse Rechtsstaatlichkeit gewöhnt. Als das Land nach dem Wiener Kongress an Bayern fiel, sahen sich die freiheitsgewohnten Pfälzer mit Pressezensur und Steuerdruck konfrontiert. Inspiriert von der französischen Juli-Revolution 1830 organisierte man dann das Hambacher Fest. Es war das bedeutendste Ereignis des »Vormärz«, der jene politische Spannung bezeichnet, die sich im März 1848 in der ersten deutschen Revolution entlud und letztlich zur Bildung der ersten deutschen Nationalversammlung in der Frankfurter Paulskirche führte.

Der Festzug zum Hambacher Schloss mit den schwarz-rot-goldenen Fahnen.

> Ganz Deutschland muss die
> Paulskirche wieder aufbauen,
> von außen und von innen,
> im Stein wie im Geiste!
>
> Oberbürgermeister Walter Kolb

Die Paulskirche in Frankfurt am Main – Symbol der Demokratie
Ort der ersten deutschen Nationalversammlung 1848

Architekten:
Johann Andreas Liebhardt,
Johann Georg Christian Hess, 1786 - 1802
Johann Friedrich Christian Hess, 1829 - 1833
Wiederaufbau
Rudolf Schwarz mit Eugen Blanck,
Johannes Kran, Gottlob Schaupp,
1946 - 1948

Das Innere der Paulskirche ist im schlichten
Stil der Nachkriegszeit gestaltet.

Die Eröffnung der deutschen Nationalversammlung in der Paulskirche am 18. Mai
1848 mit Heinrich von Gagern als Präsident.

Die Paulskirche hat sich ins nationale Gedächtnis eingeprägt, weil hier am 18. Mai 1848 das erste deutsche frei gewählte Parlament tagte. Wer von »der Paulskirche« spricht, meint daher meist nicht das Bauwerk, sondern das Parlament von 1848.

Gerade wegen ihres Symbolcharakters war der Wiederaufbau der Kirche, die im Zweiten Weltkrieg bis auf die Außenmauern ausgebrannt war, ein besonderes nationales Anliegen. Nach den Vorgaben von Rudolf Schwarz wurde die Ruine unter Verzicht auf eine völlige Rekonstruktion, z.B. des kegelförmigen Daches und der Empore, im Stil der »Nachkriegsbescheidenheit« wieder aufgebaut. Rechtzeitig zum 100. Jahrestag der ersten Parlamentsversammlung war die Paulskirche vollendet. Seither wird der Kirchenbau ausschließlich für weltliche Zwecke genutzt.

Die ehemals klassizistische Paulskirche schien den Parlamentariern von 1848 für ihren Anlass besonders geeignet: Sie hatte einen lichten Innenraum, eine hervorragende Akustik und bot 2000 Menschen Platz. Die Sitzanordnung war an sich ein Symbol. Die Architekten hatten, um den Prediger in den Mittelpunkt zu stellen, eine ovale Grundform gewählt und die Sitze in einem Kreissegment angeordnet. Mit den steilen Sitzreihen der Emporen glich der Innenraum einem antiken Theater und damit auch den Bauten der griechischen Bürgerversammlungen. Deren Sitzanordnung galt seit der französischen Revolution als Sinnbild der Demokratie. Frankfurt, die alte Kaiserwahl- und Krönungsstadt, Sitz des Deutschen Bundes, war wie selbstverständlich auch die Stadt des ersten deutschen Parlaments, dessen Mitglieder aus den verschiedenen deutschen Ländern kamen. Wie war es dazu gekommen? Im März 1848 sprang der Funke der Pariser Februar-Revolution über den Rhein; in Berlin und Wien tobten Straßenkämpfe. Es ging um Einheit und Freiheit im Sinne politischer Mitbestimmungsrechte.

Nicht alle deutschen Regierungen waren dem Nationalgedanken abgeneigt. König Friedrich Wilhelm IV. von Preußen reagierte mit einer Mischung aus Panik und Sympathie. Seine Soldaten schossen auf die Demonstranten, aber kurz darauf verneigte sich der Monarch vor den aufgebahrten Toten. Die einzelnen Regierungen willigten schließlich in den Ruf nach Parlamentswahlen ein.

Und wahrhaftig: Allzu bedrohlich nahm sich das gewählte Parlament nicht aus. Professoren waren es, Bildungsbürger, keine klassischen Revolutionäre, keine Demagogen à la Danton oder Moralbonzen vom Schlage Robespierres. Parteien gab es nicht. Die ersten Fraktionen benannten sich frei nach ihren Stammkneipen, z.B. »Deutscher Hof« oder auch »Casino«.

Ihre wichtigste positive Leistung schuf die Paulskirche 1848 durch einen Verfassungsvorschlag und den Grundrechtskatalog. Damit setzte sie Maßstäbe, die weit über ihre Zeit hinaus, bis in unser Grundgesetz reichen.

An der Einheit dagegen scheiterte das erste deutsche Parlament. Dazu waren die Eigeninteressen der einzelnen Regierungen zu stark. Die Paulskirche wählte 1849 Preußens König zum deutschen Erbkaiser. Man hatte allerdings versäumt, den Spitzenkandidaten vorher zu fragen, ob ihm dies genehm sei. Eine Delegation reiste nach Berlin, um Friedrich Wilhelm IV. die Krone anzutragen. Der König empfing die Parlamentarier, dankte für die Ehre und lehnte ab! Kaiser wollte er zwar durchaus werden, jedoch gekürt von seinen Fürstenkollegen. Eine Krone aus den Händen der Volksvertretung anzunehmen, schien ihm würdelos.

Diese Schmach konnte die Paulskirche nicht überleben. Die Durchsetzung der Verfassung misslang und die deutschen Regierungen erzwangen die Auflösung des Parlaments. So war das erste deutsche Parlament zwar in historischer Stunde gescheitert, doch der demokratische Grundstein war gelegt.

Die Semperoper in Dresden
Von Theatern und Barrikaden – ein Architekt in bewegten Zeiten

Architekt:
Gottfried Semper, 1870-1878
Wiederaufbau
1977-1985

Die Gewölbe über den Treppenhäusern
sind nach Renaissance-Vorbildern bemalt.

Der Zuschauerraum des zweiten Dresdner
Hoftheaters im Jahr 1878.

Der preußische Kommandeur war durchaus beeindruckt von der Festigkeit der geschosshohen Barrikade, die seine Truppe mehrmals erfolglos zu überrennen suchte. Gottfried Semper war dem Rat Richard Wagners gefolgt, er hatte sein »artistisches Gewissen als Ingenieur« für die Verteidigungsanlage eingesetzt, mehr noch, er hatte seine »Semper-Barrikade« höchst selbst über mehrere Tage verteidigt.

Es war Anfang März 1849, kurz zuvor war die Verfassung und damit auch die Reichseinigung und die Nationalversammlung gescheitert. Allerorts kam es zu Massenprotesten. In Dresden eskalierte die Situation: Nach bewaffneten Auseinandersetzungen war der König aus der Stadt geflohen. Nun gingen das sächsische Heer und die eilig angeforderten preußischen Truppen an die Niederschlagung des Aufstands. Die Stadt wurde zurückerobert und die Aufständischen erwartete – im besten Falle – eine lange Gefängnisstrafe.

Also floh Semper kurz bevor die Barrikaden fielen. Zurück ließ er seine Frau, sechs Kinder und eine glänzende Architektenkarriere. Seit sein – erstes – Dresdner Hoftheater 1841 eröffnet hatte, war er ein Architekt von Rang. Sein anderes großes Werk, die Gemäldegalerie, war gerade in Bau.

Der steckbrieflich gesuchte Semper fand zunächst Zuflucht in Paris, der Stadt seiner Studienjahre. Hier hatte er 1830 die Juli-Revolution miterlebt, begeistert von der Bereitschaft der Franzosen, für ihre Freiheit bis zum Tod zu kämpfen. Semper wünschte sich eine solche Freiheitsliebe auch von den Deutschen und sympathisierte mit der Nationalbewegung, die im Wesentlichen freiheitliche Ziele verfolgte. Doch die vergleichsweise zahme deutsche Revolution scheiterte.

Im Exil erwog Semper, wie viele seiner Landsleute nach 1849, nach Amerika auszuwandern. Aber er blieb in Europa und später gelang es ihm, in Zürich eine neue Karriere aufzubauen.

Die Rückkehr nach Dresden blieb ihm verwehrt, der König hätte ihn am liebsten »in seinem eigenen Theater aufknüpfen« lassen. Erst 1863 wurde der Haftbefehl gegen ihn aufgehoben. Die politischen Verhältnisse hatten sich geändert: Otto von Bismarck, seit 1862 preußischer Ministerpräsident, strebte nun selbst die Einigung der deutschen Kleinstaaten unter preußischer Führung an, was ihm 1871, nach dem Deutsch-Französischen Krieg, auch gelang. Derweil lebte Semper in Zürich, wo ihn im September 1869 die Nachricht vom Brand des Dresdner Hoftheaters erreichte. Die Dresdner waren ebenso erschüttert vom Verlust des Bauwerks wie der Architekt selbst. Gegen alle Widerstände bei Hofe setzten sie durch, dass nur der ehemals Verstoßene als Architekt eines Neubaus in Frage kam. So kam es, dass Semper 1870 nach Dresden reiste. Bleiben wollte er allerdings nicht, sein Sohn Manfred sollte die Bauleitung vor Ort übernehmen. Im Hinblick auf die Gemäldegalerie, die ja nach dem alten Hoftheater entstanden war, setzte der Architekt das neue Theater weiter nach hinten. So schuf er eine stimmige Einfassung des Platzes, der auf den anderen Seiten von der barocken Hofkirche, Schinkels klassizistischer Wache und im Osten von der Elbe begrenzt wird.

In das neue Hoftheater flossen all seine Erfahrung, auch aus der langjährigen architekturtheoretischen Arbeit, ein. Im 19. Jahrhundert, der Zeit des Historismus und der Stilvielfalt, wählte Semper die Neo-Renaissance als Ausdrucksmittel. Typisch ist hier die raue Steinfassade im Erdgeschoss, die Rustika, mit den im Gegensatz dazu glatten Halbsäulen und Wandflächen der oberen Stockwerke. Auch in der Innenausstattung, vor allem in der Ausmalung, finden sich zahllose Zitate der Renaissance-Kunst. Ganz offensichtlich stand Semper die humanistisch orientierte Renaissance näher als jede andere im Historismus zitierte Epoche.

> Ein ewig Rätsel bleiben will ich –
> mir und anderen.
>
> König Ludwig II. von Bayern

Die Schlösser des Märchenkönigs – König Ludwig II. als Bauherr

Architekten:
Schloss Linderhof
Georg Dollmann, 1869-1886
Landschaftsarchitekt
Carl von Effner

Schloss Neuschwanstein
Eduard Riedel und andere, 1869-1891

Schloss Herrenchiemsee
Georg Dollmann, Julius von Hofmann,
1878-1886

König Ludwig II. von Bayern.

Das Märchenschloss Neuschwanstein bei
Schwangau blieb unvollendet.

Es heißt, der König war bausüchtig. Eine wahrhaft ungewöhnliche Sucht, doch in ihren Auswirkungen ähnelt sie allen fatalen Abhängigkeiten: Sie ermöglicht dem Süchtigen zunächst die wohltuende Flucht in die Fantasie, doch über kurz oder lang isoliert sie ihn, ruiniert ihn und im schlimmsten Fall bringt sie ihn ins Grab.

Zunächst zu den äußeren Umständen, die König Ludwig II. von Bayern zur Weltflucht drängten. Als der junge Wittelsbacher 1864 König wurde, war Bayern ein Beamtenstaat, der seinem Monarchen wenig Handlungsspielraum ließ; es sei denn, er arbeitete sich akribisch in die Akten ein, Tag für Tag von früh bis spät. Das war die Sache des schwärmerisch Veranlagten nicht. Die Ministerialbeamten brauchten ihn als Staatssymbol, als Marionette – einen Handelnden wollten sie nicht. Sie blockierten ihn und Ludwig II. kapitulierte bereits im ersten Jahr.

In den folgenden zwei Jahren traten die beiden Ereignisse ein, die Ludwig endgültig mit der Politik entzweiten. Da war zunächst die Trennung von dem von ihm verehrten Richard Wagner, erzwungen von den eifersüchtigen Regierungsbeamten in Koalition mit der zutiefst kunstfeindlichen Münchner Tagespresse. Dieselbe Ministerialbürokratie zeichnet ein Jahr darauf für den Krieg mit Preußen verantwortlich – gegen den erklärten Willen des Königs. Ludwig II. resignierte nun endgültig. Zwischen dem Gottesgnadentum, an das er glaubte, und dem Konstitutionalismus, in dem er lebte, tat sich eine unüberwindbare Kluft auf.

Genau vor diesem Hintergrund hat man die drei Schlösser, ihren Anachronismus und in ihre Unwirklichkeit zu interpretieren. Was längst keine Realität mehr hatte – das gottgewollte, absolute Königtum – sollte in der Architektur nochmals gefeiert werden. Die baulich zitierte Vergangenheit diente dem überflüssig gewordenen König als Schlupfloch aus der Gegenwart.

Da ist Herrenchiemsee, dessen Vorbild aus der Hochblüte des Absolutismus stammt: Versailles. Da ist Neuschwanstein, jene verzweifelte Suche nach dem Mittelalter; über und über dekoriert mit Motiven aus Wagner-Opern. Da ist schließlich Linderhof, das ehemalige Jagdhaus. Alles hier ist Kulisse, besonders die fantastisch-kitschige Venusgrotte, ein Motiv aus Wagners Tannhäuser. Hinter den künstlichen Höhlenwänden arbeitet jedoch modernste Technik: Wasserleitungen, eine regulierbare Warmluftheizung und der soeben erst erfundene Dynamo.

Ludwigs Bausucht blieb nicht ohne Folgen. Der König hatte enorme Schulden – Privatschulden, denn er kam für die Baukosten selbst auf. Der Süchtige brauchte Geld. Zu Hilfe kam ihm – nach dem 1867 geschlossenen Bündnis mit Preußen – Otto von Bismarck. Der entwarf ein Schreiben, das Ludwig II. sodann offiziell an die deutschen Fürsten schickte. Es war der entscheidende Anstoß zur Kaiserproklamation von 1871 und das Ende der bayerischen Souveränität. Ludwig erhielt im Gegenzug die dringend benötigte finanzielle Unterstützung. Doch die Finanznöte blieben. Seinen Drang nach immer neuen Bauten konnte der drohende Bankrott nicht stoppen. Ab 1884 plante er sein viertes Schloss, Burg Falkenstein. Der Monarch führte Bayern nun in eine Staatskrise, indem er forderte, der Staat hätte seine Schulden zu begleichen. Er drohte dabei ganz offen mit Suizid.

All dies führte zu seiner Entmachtung. Mehrere Gutachten bestätigten die Geisteskrankheit des Königs. Alle Bauarbeiten an den Schlössern wurden kurz darauf eingestellt.

Drei Tage nach der Entmachtung, am 13. Juni 1886, ertrank Ludwig II. im Starnberger See, mit ihm starb sein Arzt. Nach Aktenlage hatte Ludwig ihn ertränkt, bevor er Selbstmord beging. Trotz aller Eindeutigkeit bewegen noch heute Spekulationen um die »wahre« Todesursache die Gemüter.

Der orientalische Pavillon im Park von Schloss Linderhof. Eine Szene aus Wagners Tannhäuser war das Vorbild der Venusgrotte in Linderhof.

Die Völklinger Hütte – ein Monument der Montanindustrie

Bauzeit:
1873 - um 1980

Die winkelförmigen Gichtgasrohre über den Hochöfen prägen die Silhouette der Stadt.

Der stählerne rostige Koloss von Völklingen ist kein gewöhnliches Bauwerk, es ist ein gigantischer Apparat, ein Dinosaurier der längst vergangenen Maschinenzeit. Uralt und fremdartig wirkt die Völklinger Hütte heute, denn seit ihrer Schließung im Jahr 1986 erobert die Natur das Gelände zurück: Pflanzen wuchern wild, Vögel nisten in den Stahlträgern und die Witterung nagt an dem erkalteten Riesen, der sich mehr und mehr rostrot verfärbt. Einem relativ neuen Wissenschaftszweig ist es zu verdanken, dass die alte Hütte heute eine Attraktion ist. Die Industriearchäologie widmet sich handwerklichen und industriellen Techniken der jüngeren Vergangenheit, die in unserer schnelllebigen Zeit in Vergessenheit zu geraten drohen. So kam es, dass die UNESCO die Völklinger Hütte 1994 als einzigartiges Zeugnis der Eisen- und Stahlindustrie und als erste Industrieanlage überhaupt in die Liste des Weltkulturerbes aufnahm. Eine Besonderheit der Hütte ist ihr Aussehen, es ist teilweise noch identisch mit dem des späten 19. Jahrhunderts. In dieser Zeit, nach dem Deutsch-Französischen Krieg von 1870/71, begann in Deutschland die »Gründerzeit«. Besonders die Montanindustrie profitierte von dem einheitlichen Wirtschaftsraum, der mit der Gründung des Deutschen Reiches nun endgültig bestand. Ferner brachten französische Reparationszahlungen viel Geld ins Land. Auch das Aufkommen der Eisenbahn trieb den beispiellosen Wirtschaftsboom an. Doch just im Jahr 1873, als Julius Buch seine Völklinger Eisenhütte gründete, wurde der Boom jäh gebremst. Die New Yorker Börse krachte und riss die Weltwirtschaft in eine jahrelange Krise. Zudem kam, dass englische Ingenieure 1855 das Bessemer-Verfahren zur Stahlherstellung entwickelt hatten. Der neue Stahl löste nun gar zu schnell das einfache Eisen als Baumaterial ab. Buch musste deshalb Ende der 1870er Jahre seine Eisenhütte schließen.

Der wirtschaftliche Aufstieg der Völklinger Hütte begann schließlich im Jahr 1881 mit den neuen Besitzern, den Gebrüdern Röchling, die die Hütte modernisierten und die Stahlproduktion einrichteten. Zwischen 1882 und 1916 entstand die markante Gruppe der Hochöfen, die seither zwar regelmäßig erneuert wurde, aber aus funktionalen Gründen stets ihre alte Form behielt. Bis in die späten 1920er Jahre wurde die Anlage, inzwischen das modernste Hüttenwerk der Welt, stetig erweitert. Die politischen Ereignisse brachten das Saarland währenddessen zwischen die Fronten. Nach dem Weltkrieg war das Saargebiet dem Völkerbund unterstellt, erst im Jahr 1935 – die Nationalsozialisten waren längst an der Macht – konnte die Bevölkerung abstimmen und wählte die Rückkehr ins Deutsche Reich. Nach dem Zweiten Weltkrieg schließlich kam das Saargebiet unter französische Verwaltung und nach einer erneuten Abstimmung wurde die Rückgliederung des Saarlandes in die Bundesrepublik Deutschland zum 1. Januar 1957 beschlossen. Die Montanindustrie boomte nun noch einmal mit dem Wirtschaftswunder, und im Jahr 1965 erreichte die Völklinger Hütte mit über 17 000 Beschäftigten ihre größte Kapazität. Doch mit der Liberalisierung der Weltmärkte kam zunehmend billigerer Importstahl auf den Markt. Die Stahlkrise der 1970er Jahre läutete den unvermeidlichen Strukturwandel nicht nur im Saarland ein, sondern auch im Ruhrgebiet. Letztendlich wurde der mutige Umbau im Ruhrgebiet, wo man in den 1990er Jahren mit großem Aufwand Industriebrachen in Kulturlandschaften verwandelte, zum Vorbild für das Saarland. Das erfolgreichste Beispiel ist zweifellos die »Völklinger Hütte – Europäisches Zentrum für Kunst und Industriekultur«, die sich heute mit dem Eisenmuseum Ferrodrom®, zahlreichen Konzerten und Ausstellungen als »Schmelztiegel der Kreativität« präsentiert.

Heute verwandelt die Lichtinstallation des Künstlers Hans Peter Kuhn die Völklinger Hütte in ein nächtliches Farbspektakel.

Die Speicherstadt in Hamburg
Wirtschaft und Politik zu Bismarcks Zeiten

Architekten:
Franz Andreas Meyer, und andere,
1883 - 1927
Wiederaufbau
Werner Kallmorgen, 1949 - 1967

Das »Wasserschlösschen« zwischen Wandrahms- und Holländischbrookfleet. Block V (gegenüber) wurde im Jahr 1907 von Hanssen & Meerwein erbaut.

Der Blick in den Kehrwiederfleet auf den ältesten Teil der Speicherstadt.

Menschen, die miteinander Handel treiben, bekriegen sich nicht, so argumentierte schon Adam Smith, Moralphilosoph, Wirtschaftstheoretiker und Verfechter des freien Marktes im 18. Jahrhundert. Der Handel war auch die treibende Kraft, welche die deutschen, von zahlreichen Kriegen geplagten Kleinstaaten einte, noch bevor sich die politische Einigung in der Gründung des Deutschen Reiches im Jahr 1871 manifestierte. Zunächst gab es nur vereinzelt Zollverträge zwischen den Staaten, bis im Jahr 1834 der Deutsche Zollverein gegründet wurde. Er schloss etliche Kleinstaaten zu einer wirtschaftlichen Einheit zusammen und erleichterte den Handel nicht nur durch ein einheitliches Zollgebiet, sondern auch durch die Einführung einheitlicher Münz- und Maßsysteme.

Der nächste Schritt war der vom preußischen Ministerpräsidenten Otto von Bismarck ins Leben gerufene Norddeutsche Bund, der die Klein- und Stadtstaaten nördlich des Mains nach dem Krieg von 1866 politisch und wirtschaftlich verband. Hamburg, die Freie Stadt, hatte sich wie andere Hansestädte im Norddeutschen Bund ein Privileg bewahrt: Den Freihafen, in dem Waren aus Übersee zollfrei gelagert und verarbeitet werden konnten.

Mit der Gründung des Deutschen Reiches 1871 war jedoch absehbar, dass die Regierung dieses Privileg zugunsten ihrer Zollhoheit aufheben wollte. Durch geschicktes politisches Taktieren gelang es den Hamburgern jedoch, dem Zollverband beizutreten und einen Teil des Stadtgebiets als Freihafen zu erhalten. Die neuen Zollvereinbarungen wurden 1881 beschlossen und sollten im Jahr 1888 in Kraft treten. Damit der Handel und die Lagerhaltung zu diesem Zeitpunkt reibungslos vonstatten gehen konnten, musste umgehend ein neuer Lagerbezirk im Freihafen entstehen. So wurde, unter erheblichem Zeitdruck, auf den Kehrwieder-Wandrahm-Inseln die Speicherstadt geplant.

Zunächst räumte man das dort bestehende Wohngebiet radikal und legte neue Wasserwege, die Fleeten, an. Da die Verteilung der Waren über Lastkähne, so genannte Schuten, erfolgte, waren hier keine Hafenbecken nötig. Die Hamburger Freihafen-Lagerhaus-Gesellschaft übernahm unter der Leitung des Oberingenieurs Franz Meyer die Errichtung der Speicherstadt. Die ersten Speicher wurden mit damals modernstem Material, mit Eisenstützen, errichtet, das eine bessere Standfestigkeit gerade bei den häufig auftretenden Bränden versprach. Doch die ersten Brände in der Speicherstadt waren verheerend. Bei anhaltendem Feuer verbog sich das Eisen wie Gummi und die betroffenen Gebäude stürzten ein. Deshalb ging man wieder dazu über, die Lagerhäuser mit dicken, im Brandfall stabileren Eichenstützen zu errichten. Die roten Fassaden der Speicher mit ihrem Ziegelschmuck, den Zinnen und Giebeln sind sehenswerte Beispiele der historisierenden wilhelminischen Backstein-Gotik. Zwar wurde etwa die Hälfte der Bauten im Zweiten Weltkrieg zerstört, doch auch mit den modernen, von Werner Kallmorgen geplanten Ergänzungsbauten hat sich der Charakter des Stadtteils bis heute erhalten. Die nostalgisch anmutende Arbeitswelt und die »Schatzkammern« der Händler, in denen kostbare Gewürze, Kaffee, Tee oder Orientteppiche lagern, ziehen heute zahlreiche Touristen an. Doch die typischen Quartiersleute, die hier von je her die Lagerhaltung erledigen und für die Händler Qualität und Menge der Waren überprüfen, gibt es kaum noch. Seit die Speicherstadt im Jahr 2003 aus dem Freihafen ausgegliedert wurde, verändern sich auch die Nutzungen in den Speichern. Heute findet man neben den Lagern auch Büros und Wohnungen. Mit der rasch wachsenden HafenCity in der Nachbarschaft, wird sich die Speicherstadt wahrscheinlich bald in ein schickes Wohn- und Büroviertel verwandeln.

Das Völkerschlachtdenkmal in Leipzig
Fragwürdige Identitätsstiftung in wilhelminischer Zeit

Architekt:
Bruno Schmitz, 1898-1913
Bildhauer
Christian Behrens, Franz Metzner
und andere

Die Völkerschlacht gegen Napoleon fand 1913 bei Leipzig statt.

Im Jahr nach der Einweihung des Denkmals begann der Erste Weltkrieg. Viele Freiwillige meldeten sich begeistert zum Fronteinsatz.

Das Völkerschlachtdenkmal bei Leipzig verweist auf drei unterschiedliche Zeitebenen: auf die hundert Jahre alte Vergangenheit, auf seine Gegenwart, die wilhelminische Ära, und auf die unmittelbare Zukunft, den Weltkrieg.

Hundert Jahre vor seiner Einweihung, am 18. Oktober 1813, hatten die vereinigten Armeen Österreichs, Preußens, Schwedens und Russlands dem Kaiser Napoleon hier eine entscheidende Niederlage zugefügt. Hunderttausende waren in Waffen und viele Tausende starben in Leipzig. Napoleon war bei seinem Versuch, ganz Europa an Frankreich auszurichten, ein Jahr zuvor in Russland eingefallen und dort militärisch gescheitert. Diese Schwächesituation bot seinen Gegnern nun die Gelegenheit, sich seiner zu entledigen. Schließlich wurde die französische Hegemonie gebrochen; aber der Sieg bescherte den Deutschen nicht die erhoffte Einheit im Rahmen des Verfassungsstaates. Der Wiener Kongress 1814/15 brachte die Restauration und die Fortsetzung der Kleinstaaterei.

Die zweite Zeitebene, auf die das Denkmal verweist, ist seine eigene Gegenwart, die Zeit seiner Entstehung und Einweihung. Deutschland 1913, am Vorabend des Weltkrieges: Bismarcks Reichseinigung, der Gründung des deutschen Nationalstaates 1871, war keine innere Einigung gefolgt. Arbeiterschaft und Katholiken standen weitgehend außen vor. Der Militarismus und der Nationalismus sollten nun jene Einheit und Identifikation schaffen, die man gesellschaftlich nicht erreicht hatte. Das Reich Kaiser Wilhelms II. (1888-1918) hatte zwar durchaus auch moderne Züge, wie etwa den hohen Grad der Industrialisierung oder die parlamentarischen Elemente der Reichsverfassung. Aber über allem wehte oder besser stand die »Luft des Imperialismus«, wie es Heinrich Mann formulierte. Alles war bestimmt vom Nationalismus. Das Reich befand sich geradezu hysterisch auf der Suche nach Identifikation, um die mangelnde gesellschaftliche Integration zu übertünchen. Zur Identitätsstiftung wurden in endloser Folge siegreiche »deutsche« Schlachten zitiert, angefangen von der Varusschlacht, über die Kriege Friedrichs II., bis zu den jüngsten Schlachten des 19. Jahrhunderts. Die Idealisierung des Militärischen war allgegenwärtig. Der Chauvinismus der wilhelminischen Ära fand sich in den monumentalen Denkmälern dieser Zeit wieder.

Mit dem Völkerschlachtdenkmal, das in seiner Form an Relikte früher Hochkulturen erinnert, wird die geschichtliche und gegenwärtige Bedeutung Deutschlands ins Monumentale gesteigert. Gerahmt von einer streng symmetrischen Anlage mit Aufmarschstraße, Kampfbahn und einer großen Wasserfläche, ragt die größte Betonkonstruktion ihrer Zeit wie ein Fels über Leipzig auf. Das damals moderne Material Beton wurde sorgsam mit Stein bekleidet, um die Illusion des Archaischen, historisch Gewachsenen zu erzeugen.

Im Innern des Turmes liegt der gewaltige, höhlenhafte Kuppelraum. Auf der Ebene der Krypta tragen Figuren von trauernden Kriegern die Last der darüber liegenden Ruhmeshalle. Darin versinnbildlichen vier Kolossalfiguren die »deutschen Tugenden«: die Tapferkeit, die Glaubensstärke, die Volkskraft und die Opferfreudigkeit.

Aus heutiger Sicht deutet alles darauf hin, dass solche Ideale in die Katastrophe des Weltkrieges führen mussten – damit sind wir bei der dritten Zeitebene des Denkmals. Gewiss hat die patriotische Agitation und die Idealisierung des Militärischen die Kriegsbegeisterung der Deutschen massiv gefördert. Die Kriegsschuldfrage wird bis in unsere Tage heftig diskutiert; aber dass deutscher Chauvinismus und Nationalismus einen entscheidenden Anteil am Ausbruch des Weltkrieges hatten, steht außer Frage. Es war die bis dato größte Katastrophe der Menschheit mit weltweit etwa zehn Millionen Toten.

Im Innern des Denkmals erinnern kolossale Figuren an die Befreiungskriege.

Die Künstlerkolonie auf der Mathildenhöhe in Darmstadt
Jugendstil – ein neuer Weg in Handwerk, Kunst und Architektur

Architekten:
Ernst-Ludwig-Haus, Haus Olbrich, Haus
Glückert I, Haus Glückert II, Haus Habich,
Haus Beaulieu, Haus Deiters, 1901
Hochzeitsturm, Oberhessisches Haus,
Ausstellungsgebäude, 1906 - 1908
Joseph Maria Olbrich

Haus Behrens
Peter Behrens, 1901

Das Haus Behrens am Alexandraweg.
Der Mittelpunkt der Anlage ist der Platanen-
hain mit dem Hochzeitsturm (gegenüber).

Zwei Figuren von Ludwig Habich flankieren
das Portal des Ernst-Ludwig-Hauses.

Anfangs nannte man den neuen Stil eher abfällig den »Jugendstil«. Zu ungewohnt war das neue florale Dekor, zu billig schienen die Vasen, Kerzenständer, all die Gebrauchsgegenstände, die von Handwerkern nun in größeren Mengen und damit günstig hergestellt wurden – etwas für die Jugend eben, nichts für gesetzte Bürger. Die hielten um 1890, als die ersten kunsthandwerklichen Produkte des Jugendstil auf den Markt kamen, weiter an der althergebrachten Stilvielfalt des Historismus fest. In der Architektur hieß das: Es wurde neu-gotisch, neu-romanisch oder im burgähnlichen Stil gebaut und dekoriert. Die Architektur des 19. Jahrhunderts schien sich im Kreis zu drehen und schier endlos vergangene Epochen zu zitieren.

Um die Jahrhundertwende war die Zeit schließlich reif für neue Entwicklungen. Das ausgehende Jahrhundert hatte mit zahlreichen technischen Erfindungen und der zunehmenden Industrialisierung das Fundament für die Moderne gelegt. Mit dem Jugendstil begann nun die Loslösung von den alten Bau- und Gestaltungsweisen. Vor allem Künstler und Architekten sahen im Jugendstil einen Ausweg aus den überkommenen Stilvorgaben. Ihr Ideal war die Verschmelzung von Handwerk und Kunst. Der Alltag der Menschen sollte durch kunstvoll gestaltete, handwerklich hergestellte Gegenstände verschönt werden. Die ästhetische Gestaltung – angefangen beim Wohnhaus bis hin zu den kleinsten Alltagsgegenständen – sollte nicht nur das Geschmacksempfinden der Bürger, sondern auch die Bildung des Geistes fördern. Ein hoch pädagogisches Anliegen, das sich nicht nur die Künstler und Architekten zu eigen machten, sondern auch der kunstliebende Großherzog Ernst Ludwig von Hessen.

Der Großherzog war ein Förderer der Künste, der sich aber ebenso um das wirtschaftliche Wohl der hessischen Handwerker sorgte. Die Förderung

des Kunsthandwerks nahm schließlich durch eine Anregung des Verlegers und Jugendstil-Anhängers Alexander Koch Gestalt an. Im Jahr 1899 berief der Großherzog etliche Architekten, Künstler und Kunsthandwerker nach Darmstadt, die hier unter seinem Schutz frei arbeiten und so dem Handwerk neue Impulse geben sollten. Zwei Architekten dieser Gruppe sind in die Architekturgeschichte eingegangen: Der Architekt der Wiener Secession, J. M. Olbrich, und Peter Behrens, der einige Jahre später als Architekt und Designer der Firma AEG der Moderne den Weg bereitete.

Die Künstlerkolonie sollte sich erstmals 1901 mit der Ausstellung »Ein Dokument deutscher Kunst« der Öffentlichkeit vorstellen. Auf der Mathildenhöhe wurden hierfür ein Atelier-Haus, diverse Ausstellungspavillons und acht komplett ausgestattete Künstlerhäuser errichtet, von denen noch sieben erhalten sind. Olbrich und Behrens hatten nicht nur ihre Künstlerhäuser, sondern auch die Einrichtung, vom Mobiliar bis zum Geschirr, selbst entworfen.

Die Ausstellung wurde zwar ein finanzieller Reinfall, aber Darmstadt und seine Künstlerkolonie waren mit einem Schlag berühmt. In den folgenden Jahren wurden unter Olbrichs Leitung weitere Ausstellungen veranstaltet.

Im Jahr 1908 errichtete man hierfür ein großes neues Ausstellungsgebäude und den Hochzeitsturm – zu Ehren der Hochzeit von Großherzog Ernst Ludwig und der Großherzogin Eleonore, die 1905 stattgefunden hatte. Der Hochzeitsturm wurde bald schon zum Wahrzeichen Darmstadts.

Der Turm ist in sichtbar strengerem Stil als die anderen Jugendstil-Bauten der Mathildenhöhe erbaut, was auf das nahe Ende der Jugendstil-Ära um 1910 hinweist. Letztendlich blieb der Jugendstil, zumindest für die Kunsthistoriker, eine kurzlebige, fast modische Erscheinung, die den Übergang von Historismus zur radikalen Moderne markierte.

Die Anfänge der Moderne in Weimar
Von Henry van der Velde zum Bauhaus

Architekten:
Kunstschule
Henry van der Velde, 1904 - 1911

Kunstgewerbeschule
Henry van der Velde, 1905 - 1906

Versuchshaus
Georg Muche, Adolf Meyer, 1923

Die ehemalige Kunstgewerbeschule (oben)
und die frühere Kunstschule (gegenüber)
gehören heute zur Hochschule für Architektur und Bauwesen.

In den Zeiten der Wirtschaftskrise sollte das
Versuchsprojekt »Haus Am Horn« günstiges
Bauen ermöglichen.

Kaiser Wilhelm II. konnte den Jugendstil nicht ausstehen: Die Wellenlinien machten ihn »seekrank«. Die abstrakten, geschwungenen Linien, die der Kunsthandwerker Henry van der Velde zum neuen Stil erhob, waren konservativen Kräften suspekt – sie waren ohne historische Vorbilder und damit geradezu gefährlich revolutionär. Aufgeschlossene Zeitgenossen, wie der junge Großherzog Wilhelm Ernst von Sachsen-Weimar-Eisenach, begrüßten jedoch die Erneuerung in der Kunst. Der moderne Stil schien auch ein geeigneter Rahmen für den ehrgeizigen Plan des Großherzogs: Weimar sollte wieder ein bedeutendes kulturelles Zentrum werden. Mitstreiter für seinen Plan fand er in dem weltoffenen Kunstsammler Harry Graf Kessler, den er zum Leiter seiner Museen machte, und dem Belgier Henry van der Velde, den er im Jahr 1902 als künstlerischen Berater nach Weimar rief. Van der Velde wurde bald Direktor der neuen Kunstschule, wo er in seinem »Laboratorium« an dem neuen Stil arbeitete. Die bessere Gesellschaft schätzte ihn derweil als begehrten Innenarchitekten. Van der Velde und Graf Kessler waren jedoch auch manchem Weimarer ein Dorn im Auge. 1906, als Graf Kessler Aktskizzen des Bildhauers Auguste Rodin ausstellte, kam es zum »Rodin-Skandal«. Er wurde mit Schmähungen überschüttet, was letztlich dazu führte, dass er die Stadt verließ. Auch van der Velde wurde harsch kritisiert und erwog die Abreise, doch allen Feindseligkeiten zum Trotz beschloss er, weiter in Weimar zu arbeiten. Er begründete und erbaute die Großherzogliche Kunstgewerbeschule, plante sein eigenes Wohnhaus und den Neubau der Kunstschule. Am Vorabend des Weltkrieges wurde die Stimmung jedoch derart ausländerfeindlich, dass der Belgier 1914 um seine Entlassung bat – seine endgültige Ausreise sollte sich aber wegen zahlloser Schikanen noch bis ins Jahr 1917 verzögern.

Ein Jahr nach Kriegsende, 1919, trat der Architekt Walter Gropius die Nachfolge van der Veldes an. Es war die Zeit des Umbruchs und des Neuanfangs, und Gropius setzte ein neues Unterrichtskonzept durch, das Kunst und Handwerk vereinen sollte: Noch im selben Jahr wurde das »Staatliche Bauhaus in Weimar« gegründet; den Namen wählte Gropius in Anlehnung an die mittelalterlichen Bauhütten. Im Mittelpunkt des Bauhaus-Unterrichts standen die Werkstätten. Es gab z. B. eine Metallwerkstatt, eine Weberei und eine Tischlerei, in denen »Lehrlinge« von einem Handwerksmeister und von einem Künstler, dem Formmeister, ausgebildet wurden. Gropius holte zahlreiche berühmte Künstler als »Meister« nach Weimar, unter ihnen Paul Klee, Oskar Schlemmer, Lyonel Feininger und Wassily Kandinsky.
Alle Künste, so schrieb er im Bauhaus-Manifest, dienen nur einem Zweck: »Das Endziel aller bildnerischen Tätigkeit ist der Bau«. Obwohl das Bauhaus zunächst keine Architektur-Abteilung hatte, stand das Bauen im Mittelpunkt – es galt eine »Neue Baukunst« für den »Neuen Menschen« zu entwickeln. Man experimentierte, plante, aber baute – wegen der Wirtschaftskrise – nur wenig. Das 1923, auf dem Höhepunkt der Inflation, errichtete Versuchshaus ist daher ein seltenes Zeugnis der frühen Bauhaus-Architektur.
Neben der wirtschaftlichen Krise waren die Zwanziger Jahre auch durch politische Kämpfe geprägt. Obwohl Gropius um die politische Neutralität der Schule bemüht war, geriet das Bauhaus zum Streitpunkt zwischen linken und rechten Parteien. Nahezu von Anfang an sah sich Gropius mit »Feindseligkeiten auf lokaler und nationaler Ebene« konfrontiert. Als im Februar 1924 die nationalistischen Parteien die Mehrheit im Thüringer Landtag erlangten, war das Ende absehbar: Ein Jahr später musste die Schule schließen. Das Bauhaus zog nun in das liberalere Dessau.

Das Fagus Werk in Alfeld an der Leine
Architektur für das 20. Jahrhundert

Architekten:
Walter Gropius mit Adolf Meyer,
1911-1912, 1914

Was ist so besonders an diesem eher schlichten Industriegebäude, mag sich mancher fragen. In der Tat findet das an moderne Architektur gewohnte Auge wenig Aufregendes daran. Und doch war das Fagus Werk seinerzeit ein revolutionäres Bauwerk. Insbesondere der 1914 entstandene Bürotrakt der Schuhleisten-Fabrik gilt als Initialzündung der modernen Architektur, als »Beginn einer neuen architektonischen Sprache«, wie es der Architekturhistoriker Sigfried Giedion ausdrückte.

Um das Revolutionäre dieses Bauwerks zu erkennen, muss man sich die Architektur der vorangegangenen Jahrzehnte veranschaulichen, den monumentalen Historismus mit seinem Hang zur üppigen Dekoration. Die zweite Hälfte des 19. Jahrhunderts hatte zwar neue Materialien und Techniken hervorgebracht: den Stahl, den Stahlbeton und die so genannte Vorhang-Fassade, die unabhängig vom Tragwerk eines Gebäudes montiert werden konnte, doch blieben die Neuerungen jahrzehntelang innerhalb der Konstruktion, hinter den historisch geschmückten Fassaden, verborgen. Man baute nach außen so, als hätte es in den letzten Jahrhunderten keine wesentlichen bautechnischen Neuerungen gegeben.

Selbst der Jugendstil, der ab 1890 gegen die Schwere und den traditionellen Anspruch des Historismus antrat, beschränkte sich im Wesentlichen auf eine neuartige Dekoration als Stilmittel. Der Anstoß zum radikalen Stilwandel kam letztendlich aus dem Industriebau. Die Gebäude der im Vorkriegs-Deutschland aufblühenden Industriebetriebe waren funktional, schlicht, frei von überflüssiger Dekoration – sie zeigten die neuen Baumaterialien offen und ohne ästhetische Vorbehalte.

Letzteres lag wohl daran, dass der Industriebau etwas abseits des offiziellen Architekturgeschehens stattfand. Im Gegensatz zur Monumentalität der öffentlichen Bauten entstand hier eine neuartige, ästhetische Schlichtheit.

Walter Gropius, der zuvor bei Peter Behrens, einem Wegbereiter der Moderne, gearbeitet hatte, erkannte den stilbildenden Wert dieser Bauwerke und machte sich mit seinem Selbstverständnis als Architekt und Künstler an die Gestaltung der bis dahin vernachlässigten Industriebauten. In dem Industriellen Karl Benscheidt fand er einen aufgeschlossenen Bauherren, der dem 28 Jahre jungen Architekten sein Vertrauen schenkte. Zusammen mit seinem Mitarbeiter und späteren Bauhaus-Kollegen Adolf Meyer entwarf Gropius ein Bürogebäude, das ohne Monumentalität und Ornamente auskam und in seiner Gestalt völlig von den neuen Materialien und Bautechniken bestimmt war.

Das Tragwerk des Gebäudes ist ein so genanntes Stahlbeton-Skelett, dessen Decken von innen liegenden Stützen getragen werden. Durch diese damals sehr moderne Konstruktionsweise hatten die Außenwände keine tragende Funktion mehr, ihre Aufgabe bestand nun nur noch darin »Regen, Kälte und Lärm abzuhalten«. Gropius nutzte diese technische Neuerung und plante die Fassade großflächig aus Stahl-Glas-Elementen, die nur von schmalen Ziegelbändern unterbrochen sind.

Besonderes Aufsehen erregte die Ausführung der Gebäudeecke: Durch das Glas erkennt man, dass hier keine Eckstütze vorhanden ist – der Stahlbeton macht es möglich. So wurde eine nie gesehene Leichtigkeit demonstriert. Für den damaligen Betrachter war dies ein Bruch alter Sehgewohnheiten, da die Bauwerke des Historismus ihre monumentale Wirkung stets mit den scheinbar massiven Steinfassaden und der mächtigen Dekoration erzielten. Mit den neuen Materialien und Techniken wurde nun eine neue Architektursprache, die Sprache der Moderne, begründet, die sich durch Transparenz und Leichtigkeit ausdrückte. Sie sollte die Architektur des kommenden Jahrhunderts entscheidend prägen.

Das Bürogebäude hat keine Eckstützen, wie gegenüber deutlich erkennbar. Eine Revolution in der Architektur.

> Wir leben in einer Zeit
> vollkommener Mittel und
> verworrener Ziele.
>
> Albert Einstein

Der Einsteinturm in Potsdam – ein Denkmal der Relativitätstheorie

Architekt:
Erich Mendelsohn, 1920 - 1921

Albert Einstein (1879 - 1955) im Jahr 1931.

Im Modell ist das Holzgerüst für die Optik im Turm und der unterirdische Raum für die Messanlage zu erkennen.

Zwei Elemente der Relativitätstheorie, das Licht und die Bewegung, sind zugleich wesentliche Elemente des Expressionismus. Ähnlich waren sich die Theorie und die Kunstform auch in ihrer Wirkung. Der Expressionismus revolutionierte Anfang des 20. Jahrhunderts die Kunstwelt und Einsteins Theorie veränderte unser ganzes Weltbild.
Die Relativitätstheorie war ein völlig neues Denkmodell. Die Erfassung des dreidimensionalen Raumes, die seit Isaac Newton galt, erweiterte Einstein durch die Hinzufügung der Zeit als vierte Dimension. Der Raum, in dem wir leben, kann damit als Oberfläche gedacht werden, die wiederum in Form eines Globus gekrümmt sein kann. Diese Krümmung sorgt – nach Einstein – nicht nur für die Schwerkraft. Sie erlaubt auch die Vorstellung einer Welt, die zwar endlich, aber unbegrenzt ist. Die philosophische Frage nach dem Anfang der Welt wird somit sinnlos. Doch zunächst war alles nur das Gedankenspiel eines Genies, denn Beweise für seine Annahmen hatte Albert Einstein nicht. Der Physiker war seit 1913 Mitglied der Preußischen Akademie der Wissenschaften und Direktor des Kaiser-Wilhelm-Instituts für Physik, dennoch verweigerte ihm das Kultusministerium ein geeignetes Instrument für eine mögliche Beweisführung. Weltweit machten sich derweil die Wissenschaftler daran, die Relativitätstheorie zu überprüfen. Als 1919 englischen Forschern ein erster Beweis gelang, wurde Einstein über Nacht berühmt. Mit einem Mal war es der Regierung peinlich, dass deutsche Wissenschaftler nicht über geeignete Forschungsinstrumente verfügten, und ein Jahr später durfte Einstein das lang ersehnte Instrument in Auftrag geben: Ein Turmspektrograph, bestehend aus einem Sonnenteleskop und einem unterirdischen Spektrographen. Damit hoffte Einsteins Mitstreiter Erwin F. Freundlich die in der Theorie beschriebene »Gravitationsrotverschiebung« zu beweisen.

Den Bau der Optik übernahm die Firma Carl Zeiss, die aus technischen Gründen auf ein Teleskoprohr verzichten und die Linsen an einem Holzgerüst aufhängen wollte. An Stelle des Rohrs sollte zum Schutz der Optik ein Turm entstehen. Den Auftrag für den Bau erhielt Erich Mendelsohn, der die schlichte Bauaufgabe durch seinen expressionistischen Entwurf in ein Denkmal für die Relativitätstheorie verwandelte.
Die organischen Formen des Turmes plante er in Beton – dem revolutionären Baustoff der Zeit. Das in Schalungen gießbare Material schien ihm leicht und willkürlich formbar. Doch er irrte sich: Die kompliziert geschwungenen Schalungen erwiesen sich als Problem. Um sie herzustellen, heuerte er sogar eigens Schiffsbauer an. Letztlich führte der immense Aufwand dazu, dass große Teile des Turms mit Ziegeln fertig gebaut wurden. Im Jahr 1921, als Albert Einstein den Nobelpreis für Physik erhielt, war der Bau vollendet. Da die Inflation den Einbau der Optik verzögerte, fand die offizielle Einweihung erst 1924 statt. Der ersehnte Beweis der »Rotverschiebung« ist jedoch bis heute nicht erbracht. Er wird durch – damals noch unbekannte – Bewegungen der Sonnenmaterie verhindert.
Einsteins Relativitätstheorie und der Expressionismus waren Anfang des 20. Jahrhunderts Teil eines Phänomens: In Technik, Wissenschaft, Kunst und Politik entwickelten sich zeitgleich Erkenntnisse, Theorien und Strömungen, die alte Welt- und Wertvorstellungen aus den Angeln hoben. Der Umsturz der alten Ordnungen stärkte jedoch gerade in Deutschland die antimodernen, rechts-extremen Kräfte. Sie verachteten moderne Architektur und Relativitätstheorie gleichermaßen. Einstein, der wie Mendelsohn nach der Machtergreifung emigrierte, formulierte es einmal so: »Zwei Dinge sind unendlich: das Universum und die menschliche Dummheit. Beim Universum bin ich mir allerdings nicht so sicher.«

Architekt:
Fritz Höger, 1921 - 1924

Wie ein Schiffsbug wirkt die spitze Ecke
des Chilehauses. Der steinerner Kondor
ist seine Galionsfigur.

Das Chilehaus in Hamburg – die Geschichte eines Kontorhauses

Eine original Hamburger Erfindung, wie es Wilhelm Melhop 1925 sah, ist der Bautyp des Geschäftshauses nicht. Denn wie in Hamburg entstanden Ende des 19. Jahrhunderts in allen Handelsmetropolen Gebäude, die allein für die private Verwaltung des Warenverkehrs errichtet wurden – die Vorläufer moderner Bürogebäude.

In der Zeit der Segelschifffahrt lebten und arbeiteten die Händler noch in ihren traditionellen Häusern, die das Warenlager, das Kontor – den Zählraum – und auch die Wohnung der Kaufmannsfamilie beherbergten. Dies änderte sich in der zweiten Hälfte des 19. Jahrhunderts mit dem Aufkommen der Dampfschifffahrt und durch den weltweit blühenden Handel mit Kolonialwaren, die dem Seehandel einen enormen Aufschwung brachten. Mit den Dampfschiffen konnten die Waren nicht nur wesentlich billiger transportiert werden, die neuen Schiffe waren auch unabhängig von den Windverhältnissen und konnten die Waren daher termingerechter denn je liefern. Der Handel nahm nun derart stark zu, dass die Kaufleute ihre traditionellen Wohn- und Arbeitsräume an die neue Zeit anpassen mussten. Der gestiegene Warenumschlag brachte zunächst den Typus des Lagergebäudes hervor, die Speicher, wie sie heute noch in der Hamburger Speicherstadt zu sehen sind. Bald entstand auch der Bautyp des Geschäftshauses – in Hamburg erstmals im Jahr 1886. Er wurde zum bevorzugten Renditeobjekt reicher Kaufleute, die einzelne Etagen ihrer Kontorhäuser an andere Händler vermieteten. Die Hamburger Kontorhäuser führen allesamt Namen, entweder den des Bauherren oder aber den des Landes oder Kontinents, in dem der Eigentümer sein Vermögen gemacht hatte. Henry B. Sloman hatte sein Vermögen durch den Salpeterhandel mit Chile erworben, sein Kontorhaus wurde also das Chilehaus. Es war das erste große Bauwerk, das nach dem Weltkrieg in der zukünftigen »City«, dem Kontorhausviertel zwischen Hafen und Hauptbahnhof, entstand, und die Presse berichtete häufig über die Bauarbeiten. Mit seiner markanten Gebäudeecke, die wie ein Schiffsbug in die Kreuzung ragt, war das Chilehaus von Anfang an eine Berühmtheit. Das Markenzeichen wusste auch der Bauherr zu nutzen: Für einen Werbeprospekt ließ er angeblich eigens eine Fotografie mit einem extremen Objektiv anfertigen, die die auskragende Dachspitze besonders betonte. Nicht zuletzt wegen dieser Fotografie erregte das Chilehaus in Fachkreisen großes Aufsehen. In den frühen Zwanziger Jahren war der Expressionismus der dominante Stil und kristalline, aufsplitternde oder völlig freie Formen waren wie in der Malerei auch in vielen Architektur-Entwürfen zu finden. Mit seinen kantigen, rhythmisch angeordneten Wandpfeilern, seiner außergewöhnlichen Form – der S-förmig verlaufenden Südfassade und der spitz vorspringenden Ostecke – galt das Chilehaus bald als eigenwilliges Meisterwerk des Expressionismus.

Eigenwillig deshalb, weil Fritz Höger den modernen Stil mit der hanseatischen Backstein-Gotik vereinte. Der Architekt war ein begeisterter Anhänger der Backstein-Architektur, der den Ziegel als »Bauedelstein« pries. Seine Spezialität war Fassadenschmuck aus kunstvollen Ziegelornamenten. Beim Chilehaus trieb allerdings die Inflation die Baukosten in Schwindel erregende Höhen, so dass Höger auf einen Großteil des geplanten Dekors verzichten musste. Ebenfalls zu Högers Leidwesen hatte der Bauherr schon vor Baubeginn farblich völlig uneinheitliche, drittklassige Ziegel erworben. Doch dieser Umstand erwies sich schließlich als Glücksfall, da das günstig erworbene Material nicht nur der Fortgang der Bauarbeiten während der Inflation sicherte, sondern die Fassade letztlich durch das unterschiedliche Farbenspiel einen besonderen Reiz erhielt.

> Bauen bedeutet
> gestalten von Lebensvorgängen.
>
> Walter Gropius

Das Bauhaus in Dessau – ein Manifest der Moderne

Architekt:
Walter Gropius, 1925 - 1926

Im Ateliertrakt lebten und arbeiteten die Bauhaus-Schüler. Die Gebäude mit den Werkstätten (gegenüber) hatte eine für seine Zeit ungewöhnlich große Glasfassade.

Die restaurierten Meisterhäuser sind heute der Öffentlichkeit zugänglich.

Nach seiner Vertreibung aus Weimar fand das Bauhaus im Jahr 1925 im sozialdemokratisch regierten Dessau ein neues Zuhause. Hier erhielt die wichtigste Kunstschule des 20. Jahrhunderts nun auch die Möglichkeit, ein eigenes Schulgebäude zu bauen. Der Bauhaus-Direktor Walter Gropius machte sich sogleich an den Entwurf, und schon ein Jahr später wurde das »Bauhaus« feierlich eingeweiht. Eine Zeitzeugin beschrieb das Bauwerk »als Konzentrationspunkt allen Lichtes, aller Helle. Glas, Glas, und dort, wo Wände aufsteigen, strahlen sie ihre blendend weiße Farbe aus.« Es war das gebaute Manifest der Moderne, das die steinerne Schwere des 19. Jahrhunderts endgültig hinter sich ließ. Der Bau war ein »Einheitskunstwerk« im Sinne der Bauhaus-Ideologie, denn fast alle Schulwerkstätten waren an der Innenausstattung beteiligt. Die Metallwerkstatt entwarf die Leuchten, der Wandmalerei-Kurs die Farbgestaltung und die Tischlerei fertigte das Mobiliar. Auch die räumliche Organisation des Bauwerks – es besteht eigentlich aus mehreren Gebäuden, die miteinander verbunden sind – entspricht der Grundidee des Bauhauses. Jeder Bauteil verkörpert einen Lebensbereich, der untrennbar mit den anderen Bereichen verbunden ist: die Werkstätten, die Schulräume, die Theater- und Festsäle, und die Wohnungen der Studenten – Leben und Lernen bildeten eine Einheit. Der auffälligste Bauteil und auch der wichtigste Teil des Bauhaus-Lebens war der Werkstatt-Trakt mit der großen Glasfassade. Solche Glasfassaden waren für die damalige Zeit ungewöhnlich. Man kannte sie fast nur aus dem Industriebau. Gropius hatte bereits Jahre zuvor eine ähnliche Fassade für das Fagus Werk geplant. Unweit der Schule entstanden zeitgleich die streng kubisch geformten Meisterhäuser, die heute neben den zahlreichen weiteren Bauhaus-Bauten in Dessau zum Weltkulturerbe gehören.

Im Jahr 1927 erhielt die »Hochschule für Gestaltung« endlich auch eine eigenständige Architekturabteilung. Zu den Professoren, unter ihnen die aus dem Weimarer Bauhaus bekannten Künstler Kandinsky, Klee, Schlemmer und Feininger, kamen weitere berühmte Namen, wie Lázló Moholy-Nagy und Marcel Breuer. Die Leitung der Architekturabteilung übernahm der Schweizer Hannes Meyer, der 1928 auch das Direktorenamt von Walter Gropius übernahm. Meyer war politisch engagiert, was letztlich dazu führte, dass sich die Studentenschaft sich verstärkt kommunistischen Ideen zuneigte. Da es Ende der Zwanziger Jahre in Deutschland zur erheblichen Polarisierung und auch Kämpfen zwischen kommunistischen und rechten Parteien kam, wurde das von den Sozialdemokraten unterstützte Bauhaus bald zum Politikum. Wohl um die Schule zu entpolitisieren, setzte man Meyer im Jahr 1930 unter intrigenartigen Umständen ab. Neuer Direktor wurde Ludwig Mies van der Rohe; er versuchte nun, die Hochschule mit strengen Maßnahmen politisch neutral zu halten – so wie es Gropius in Weimar getan hatte. Doch wie Gropius in Weimar scheiterte auch van der Rohe am Erstarken der extremen Rechten. In Dessau gingen die Nationalsozialisten 1931 gar mit der Forderung, das Bauhaus abzureißen, auf Stimmenfang und als sie 1932 die Macht im Landtag erlangten, war das Ende, wie zuvor in Weimar auch, absehbar. Kurz darauf beschloss die Landesregierung die Auflösung der Hochschule. Van der Rohe gelang es zwar noch, das Bauhaus in Berlin weiterzuführen, doch nach der Machtergreifung 1933 wurde den Bauhäuslern das Leben derart schwer gemacht, dass die Meister selbst die Auflösung des Bauhauses beschlossen. Viele Bauhaus-Meister und auch Schüler emigrierten während der Nazi-Zeit und sorgten weltweit für die Verbreitung der Bauhaus-Ideen.

Die Weißenhof-Siedlung in Stuttgart
Wohnungsbau in der Weimarer Republik

Architekten:
Ludwig Mies van der Rohe, Peter Behrens,
Victor Bourgeois, Josef Frank, Le Corbusier
und Pierre Jeanneret, J. J. P. Oud, Hans
Scharoun, Adolf Schneck, Mart Stam,
1925 - 1927
mittlerweile zerstörte Gebäude von
Richard Döcker, Walter Gropius, Ludwig
Hilberseimer, Hans Poelzig, Adolf Rading,
Bruno Taut, Max Taut

Zu »links« war den konservativen Parteien die neue Architektur; nicht »links« genug war sie den Kommunisten. Die Demonstration des »Neuen Bauens«, die anlässlich der Ausstellung des Deutschen Werkbundes auf dem Stuttgarter Killesberg im Jahr 1927 Gestalt annahm, wurde fast umgehend politisiert. Es erscheint zunächst absurd, ein Bauwerk politisch einzuordnen, doch die Moderne war vor allem ein Kind der Zwanziger Jahre und damit einer Zeit weltweiter Umwälzungen und gesellschaftlicher Utopien. Die Architekten der Moderne sahen ihre Aufgabe zum einen darin, Bauwerke zu planen, die dem »modernen Menschen« und der Lebensweise in der industrialisierten Welt gerecht wurden. Zum anderen sahen sie sich jedoch auch als aktive Gestalter einer fortschrittlichen Welt, in der das »Neue Bauen« die Gesellschaft gleichsam formen und bilden sollte. Dieses Selbstverständnis war den traditionellen Kräften suspekt, zielte es doch direkt auf eine Erneuerung überkommener gesellschaftlicher und politischer Wertvorstellungen.

Die Weimarer Republik war gekennzeichnet durch die tiefe Zerrissenheit der Gesellschaft. Politik spielte eine enorme Rolle, dabei fehlte es aber an »Grundwerten«. Die letzten, nach dem Desaster des Krieges ohnehin spärlich vorhandenen Reste gemeinsamer öffentlicher Werte hatte das Chaos der Inflation weggespült. Das war gefährlich, wie wir heute wissen, es war aber auch ungeheuer spannend. Man übersieht heute leicht, dass die Zeit von Weimar eine Ära der Experimente war, gefährlich gewiss, überhitzt und angespannt, aber eben auch: lebendig, progressiv und experimentierfreudig. Nachdem die Inflation der frühen Zwanziger Jahre und der damit verbundene Stillstand aller Bautätigkeit überwunden war, wandten sich die Architekten und Politiker dem drängenden Thema der Zeit zu: dem Wohnungsbau. Vor allem in den Städten herrschten damals kata-

strophale Wohnbedingungen. Eine große Zahl von Menschen wohnte dicht gedrängt in Mietshäusern, die schlecht belichtet und belüftet und deren Sanitärinstallationen, wenn überhaupt, nur in unzureichendem Maße vorhanden waren. Der Wohnungsbau wurde daher in der Weimarer Republik besonders gefördert. Es entstanden zahlreiche Großsiedlungen, die Arbeitern und einfachen Angestellten guten und günstigen Wohnraum bieten sollten.

Der Deutsche Werkbund, eine 1907 gegründete Vereinigung, die Handwerk, Kunst und Industrie zusammenführte und sich mit moderner Formgebung befasste, beschloss 1927 eine Ausstellung zu veranstalten, die sich ganz dem Thema »Zeitgemäßes Wohnen« widmete. Unter der Leitung von Mies van der Rohe und Gustav Stotz wurde eine ganze Siedlung aus unterschiedlichen, komplett eingerichteten Musterhäusern konzipiert. Im Mittelpunkt stand »die Wohnung für den modernen Großstadtmenschen«.

Die gezeigten Einrichtungsvorschläge richteten sich denn auch an den gehobenen Mittelstand, an die ledige, berufstätige Frau ebenso wie an Familien mit Hauspersonal.

Gebaut wurde mit neuesten Materialien und Techniken und im Stil der »Neuen Sachlichkeit«: kubische Baukörper, meist weiß verputzt, mit viel Glas und mit flachem Dach. Der ungewohnte Baustil rief zahlreiche Kritiker auf den Plan, die die Siedlung als »Vorstadt Jerusalems« oder als »Araberdorf« verhöhnten.

Insgesamt 17 Architekten waren an der Weißenhof-Siedlung beteiligt, unter ihnen große Namen der Moderne, wie Mies van der Rohe, Le Corbusier, Walter Gropius und Peter Behrens.

Nach der Ausstellung blieben die Häuser als normale Wohnsiedlung bestehen. Von den ursprünglich 21 Bauten der Siedlung, die zu den bedeutendsten Stätten der Moderne zählt, sind heute noch elf Bauwerke erhalten.

Le Corbusier und Pierre Jeanneret planten Häuser funktional und modern wie Maschinen. In Stuttgart entstanden zwei »Wohnmaschinen«, ein Ein- und ein Zweifamilienhaus (unten). Letzteres ist seit 2006 für die Öffentlichkeit zugänglich.

Das zentrale Bauwerk der Siedlung ist die Wohnzeile von Mies van der Rohe (oben). Der Holländer Mart Stam wählte ein tiefes Blau für seine Reihenhäuser. Das benachbarte Terrassenhaus plante Peter Behrens eigens im Hinblick auf gesundes Wohnen.

Zeche Zollverein Schacht XII in Essen
Ein Kulturdenkmal im Kohlerevier

Architekten:
Fritz Schupp, Martin Kremmer,
1927 - 1932
Umbau Kesselhaus
Foster + Partners, 1994 - 1997

Eine Zeche als Sehenswürdigkeit? Für die Menschen im Ruhrgebiet war dies lange Zeit ein absurder Gedanke. Ein Steinkohlebergwerk war ein harter, gefährlicher Arbeitsplatz, der – gleich der Maschinenstadt in Fritz Langs Stummfilm Metropolis – die Kumpels zu Beginn der Schicht verschluckte, um sie später müde und geschwärzt von Kohlestaub wieder auszuspeien. Allein die Architekten Schupp und Kremmer sahen das anders: »Wir müssen erkennen, dass die Industrie mit ihren gewaltigen Bauten nicht mehr ein störendes Glied in unserem Stadtbild und der Landschaft ist, sondern ein Symbol der Arbeit, ein Denkmal der Stadt, das jeder Bürger mit wenigstens ebenso großem Stolz dem Fremden zeigen soll wie seine öffentlichen Gebäude.« Ihre prophetische Aussage ist heute Realität, denn die Zeche Zollverein XII ist die Hauptattraktion des Ruhrgebiets. Die riesige Anlage war eine der größten Bauaufgaben ihrer Zeit, in ihrer Dimension eher ein Stadtteil als ein einfaches Gebäude. Bauwerke dieser Größenordnung kannte man bis dahin nur von Schlossanlagen oder Regierungsgebäuden. Kein Wunder also, dass die Architekten sich in der Komposition der Bauten eben jene zum Vorbild nahmen. Sie behandelten das Industriebauwerk wie »große« Architektur und planten repräsentative Blickachsen, die den Industriekomplex durchkreuzen und ihm eine Ehrfurcht gebietende, monumentale Wirkung verleihen. Besonders beeindruckend ist der Blick gleich vom Haupteingang auf den mächtigen Doppelförderturm der Zeche. Die einzelnen Bauten des Komplexes sind hingegen streng modern gestaltet. Es sind schlichte Quader, die durch ein Fassadensystem aus Stahl und Ziegel ein einheitliches Aussehen erhalten. Mit der Inbetriebnahme von Schacht XII im Jahr 1932 gehörte die Zeche Zollverein mit einer Förderkapazität von 12 000 Tonnen Kohle täglich zu den modernsten Bergwerken der Welt.

Der Volksmund nannte die Zeche Zollverein XII bald »die verbotene Stadt«, weil kaum ein Kumpel die Anlage je betrat. Die meisten Bergleute fuhren über andere Schachtanlagen in das Bergwerk unter Zollverein ein.
Franz Haniel hatte die Zeche Mitte des 19. Jahrhunderts gegründet, als die Steinkohle die knapper werdende Holzkohle bei der Eisenverarbeitung ablöste. Um die Zeche Zollverein lag damals eine kleine, weit verstreute Siedlung: das heutige Essen. Mit dem Boom der Kohle wuchsen die Arbeitersiedlungen und mit ihnen der »Pott«, das gigantische Industrierevier an der Ruhr.
Der Erfolg der Steinkohle dauerte über 100 Jahre, bis zum Wirtschaftswunder der 1950er Jahre, das dem Revier einen letzten Aufschwung bescherte. Als Ende des Jahrzehnts immer mehr Erdöl und billige Kohle importiert wurden, kam es zur Kohlekrise, mit der das unaufhaltsame Zechensterben im Ruhrgebiet begann. Im Jahr 1986 musste auch die Zeche Zollverein XII, die letzte Zeche in Essen, ihre Tore schließen. Der Strukturwandel traf die Menschen im Revier hart, doch spätestens mit der Internationalen Bauausstellung, zwischen 1989 und 1999, verwandelten sich die aufgelassenen Industrieanlagen und die brach liegende Landschaft in Stätten der Kultur und Erholung.
Das umgebaute Kesselhaus der Zeche Zollverein wurde zum Design-Zentrum Nordrhein-Westfalen. Die Besucher können hier über filigrane hängende Stege um den alten Kessel und durch die Ausstellung wandeln. In Zukunft soll das Gelände weiter wachsen. Mit dem Neubau einer Designschule soll die Zeche Zollverein XII zur »Designstadt« ausgebaut werden. Zahlreiche kulturelle Einrichtungen haben sich inzwischen hier angesiedelt. Besonders großen Zulauf haben die Ausstellungen in der Trichterebene der 1961 erbauten Kokerei – deren weitläufige Räume lassen sich heute unter Führung ehemaliger Bergleute erkunden.

Der Doppelförderturm (gegenüber) ist das Markenzeichen der Zeche Zollverein. Eine Blickachse zielt auf das Kesselhaus, das früher einen hohen Schornstein hatte.

Das Reichsparteitagsgelände in Nürnberg
Die Inszenierung von Macht und Massen

Architekten:
Gesamtplan
Albert Speer, 1934 - 1939

Zeppelintribüne
Albert Speer, 1934 - 1937

Kongresshalle
Ludwig Ruff, Franz Ruff, 1935 - 1942
Umbau Dokumentationszentrum
Günther Domenig, 1998 - 2001

Der dekonstruktivistische Einbau des Doku-
mentationszentrums ragt wie ein Pfeil aus
dem Nordflügel der Kongresshalle.
Vor der Zeppelintribüne (gegenüber) lag
ein Aufmarschplatz für 100 000 Menschen.

Das bauliche Vorbild der Kongresshalle war
das Kolosseum in Rom.

Als wäre es so einfach über Deutschland gekommen. Bereits im Juli 1932
wurde die NSDAP mit über 37 Prozent
der Wählerstimmen stärkste Partei im
Reichstag. Mit allen Mitteln griff Hitler
nach der Macht: Am 30. Januar 1933
machte ihn Reichspräsident Hinden-
burg zum Reichskanzler.
Die Nationalsozialisten warfen nun den
durchschaubaren Deckmantel der Le-
galität ab und sicherten sich innerhalb
kürzester Zeit die absolute Macht.
So nutzte Hitler die Aussetzung von
Grundrechten nach dem Reichstagsbrand vom 27. Februar umgehend zur
Inhaftierung seiner politischen Wider-
sacher. Nach der Neuwahl im März –
die NSDAP erhielt nun 43,9 Prozent der
Stimmen – wurden die politischen Gegner ganz unverholen terrorisiert: 107
Abgeordnete waren entweder auf der
Flucht oder in Haft, als im gleichen Mo-
nat das Ermächtigungsgesetz erlassen
wurde – Hitler konnte nun willkürlich
die Verfassung ändern.
Offen und amtlich trat jetzt auch der
Antisemitismus zutage: Im April 1933
riefen NSDAP und Propagandaministe-
rium zum »Boykott jüdischer Geschäf-
te« auf. Dann, im Juni, wurde die SPD
verboten und die anderen Parteien lös-
ten sich unter Druck selbst auf.
Die Machtfülle der Nationalsozialisten
war nahezu vollkommen.
Die NS-Propaganda beeilte sich, die
NSDAP als Massenbewegung zu inszenieren. Die Bühne dafür sollte in
Nürnberg entstehen. Hier, in der Stadt
mittelalterlicher Reichstage, wähnte
sich Hitler mit den Reichsparteitagen in
der Tradition des »Alten Reichs« und
damit letztlich in einer Reihe mit dem
Römischen Imperium. Da das »Dritte
Reich« tausend Jahre währen und
dann die Nachwelt mit mächtigen Ruinen beeindrucken sollte, entwickelte
Albert Speer den Gesamtplan des
Reichsparteitagsgeländes ganz im
Sinne des nationalsozialistischen Grö-
ßenwahns: monumental und mit deutli-
chem Bezug zur Antike.

Die Architektur der Reichsparteitage
war in erster Linie die Inszenierung der
Massen, die man, als wären sie ein be-
weglicher Teil der Architektur, in Auf-
marschplänen organisierte. Den Fix-
punkt für die gelenkten Massen bildete
dabei die Rednerkanzel – es war die
architektonische Umsetzung des Füh-
rerkults. Mit der Zeppelintribüne schuf
Speer obendrein eine sakrale Kulisse.
Vorbild war hier der Pergamonaltar.
Die Reichsparteitage mit ihren Bekennt-
nissen, Schwüren und Weihen, den Fa-
ckeln und Feuerschalen, wurden wie
kultisch-religiöse Handlungen inszeniert. Die Tribüne, deren monumentale
Pfeilerreihen in der Nachkriegszeit ge-
sprengt wurden, gehört zu den wenigen fertiggestellten Bauten des Geländes. Die Bautätigkeit kam Ende 1939
nahezu zum Erliegen – mit dem Ein-
marsch deutscher Truppen in Polen
hatte am 1. September der Zweite
Weltkrieg begonnen. Das nach antikem
Muster entworfene Sportstadion für
400 000 Zuschauer kam nie über die
Baugrube hinaus, auch die gewaltige
Kongresshalle blieb ein Rohbau.
»Hitler-Deutschland«, bemerkte Thomas Mann 1941, »kann nur zerstören,
und Zerstörung wird es erleiden«.
Nachdem deutsche Truppen Europa
tyrannisiert hatten, nachdem Millionen
Juden und Abertausende anderer
Menschen in Lagern hingemordet waren, nachdem der Krieg 50 Millionen
Opfer gefordert hatte – nach all dem
lag Deutschland selbst in Trümmern.
In Nürnberg ragen heute schräge, moderne Bauformen aus der Kongresshalle. Der pfeilartige Einbau setzt sich
ganz bewusst von der monumentalen,
symmetrischen Architektur ab. Er markiert den Eingang des Dokumentations-
zentrums. Die Dauerausstellung wirft
einen analytischen Blick auf das NS-
Regime, vor allem auf die Parteitage
und natürlich den nationalsozialistischen Rassenwahn, der 1935 während
des Reichsparteitages in die »Nürnberger Gesetze« gefasst wurde.

Aus der Tiefe rufe ich, Herr, zu dir.
Herr, höre meine Stimme!

Psalm 130, 1-2

Die Versöhnungskirche der KZ-Gedenkstätte Dachau

Architekt:
Helmut Striffler, 1964-1967

Architektur kann zu uns sprechen, durch ihre Form, ihr Material, den Lichteinfall, die Räume – eng, hoch oder weit – und durch den Weg, der uns durch ein Bauwerk führt. So kann ein Raum, eine Architektur nahezu unbewusst Empfindungen auslösen und eine Botschaft transportieren.

Ein besonderes Beispiel hierfür ist die evangelische Versöhnungskirche der KZ-Gedenkstätte Dachau. Ihre Architektur erzählt auf subtile, bildliche Art vom Leidensweg der Menschen in den Konzentrationslagern.

Wie in einen Trichter steigt man hinab über ihre Stufen, vom hellen Licht in das Dunkel eines tunnelartigen Ganges. Eng umschließt der rohe Beton den Besucher, nur über einen schmalen Spalt fällt Tageslicht ein. Man geht unter der Erde, ohne die Sonne zu sehen, durch den enger werdenden Gang auf eine Pforte mit einer Inschrift zu: »Zuflucht ist unter dem Schatten deiner Flügel«. Schreitet man durch die Pforte, betritt man einen gleißend hellen Innenhof, eingegraben in das Gelände des ehemaligen Konzentrationslagers, eingefasst in hohe Mauern aus rohem Beton. Hier ist einem jeder Ausblick verwehrt, einzig der Himmel, die Quelle des Lichts, ist zu sehen. Durchquert man den Innenhof, gelangt man in den schlichten Andachtsraum, der den Besucher wie eine schützende Höhle umfängt.

Eine gewundene Rampe führt schließlich weiter – man sieht den Ausgang am Ende des Weges zunächst nicht, nur einen schwachen Lichtschein. Die Rampe führt vorbei an einer Wandinschrift, Psalm 130, 1-5:
»Aus der Tiefe rufe ich, Herr, zu dir. / Herr, höre meine Stimme! / Lass deine Ohren merken auf die Stimme meines Flehens! / So du willst, Herr, Sünden zurechnen – / Herr, wer wird bestehen? / Denn bei dir ist die Vergebung, / dass man dich fürchte. / Ich harre des Herrn, meine Seele harret, / und ich hoffe auf sein Wort.«

Das Konzentrationslager Dachau war das erste Konzentrationslager in Deutschland, es markiert den Anfang des nationalsozialistischen Terrors. Die Lager waren, wie es Hannah Arendt formulierte, die »zentrale Institution des totalen Macht- und Organisationsapparates«. Schon kurz nach der Machtergreifung hatte Heinrich Himmler im März 1933 als Polizeipräsident von München die Errichtung eines Konzentrationslagers bei Dachau verkündet. Hier sollten all jene inhaftiert werden, »die die Sicherheit des Staates gefährdeten«. Gemeint waren politische Gegner und Kritiker aller Art, die man in großer Zahl nach dem Reichstagsbrand im Februar 1933 verhaftet hatte.

Dachau war zunächst ein »politisches« Lager, doch bald schon zählten auch viele Geistliche, Zeugen Jehovas und Homosexuelle zu den Insassen. Später, ab dem 9. November 1938, waren es verstärkt die Opfer des nationalsozialistischen Rassenwahns, die jüdischen Mitbürger, aber auch Sinti und Roma, die hier inhaftiert wurden. Während des Krieges kamen auch Widerstandskämpfer und Juden aus ganz Europas hinzu. Die Schrecken des Lagers reichten von Folter über Zwangsarbeit bis hin zu »medizinischen« Versuchen. Tausende Menschen kamen zu Tode. Gaskammern gab es auch, doch waren sie – aus welchen Gründen ist unbekannt – nie in Betrieb.

Nach dem Vorbild des Dachauer »Musterlagers« entstanden zahllose Konzentrationslager in ganz Europa. Das Grauen kulminierte, nachdem auf der Wannsee-Konferenz die »Endlösung« beschlossen wurde. Die Konzentrationslager wurden nun zu Todesfabriken, zum Werkzeug der Ermordung von mehr als sechs Millionen Juden. Das Dachauer Konzentrationslager wurde am 29. April 1945 von der US-Armee befreit. Der Blick, der sich den Soldaten bot, war der Blick auf unendliches Leid und in den Abgrund der deutschen Geschichte.

Das von Nandor Gild 1968 gestaltete Mahnmal erinnert an das Leid der Häftlinge.

Das Geheimnis der Erlösung
heißt Erinnerung.

Talmud

Das Denkmal für die ermordeten Juden Europas in Berlin

Architekt:
Peter Eisenman, 1999-2005

Das schlimmste Verbrechen in der Geschichte der Menschheit ist ein Teil der deutschen Geschichte. Die Ermordung von etwa sechs Millionen Juden in ganz Europa wurde vom deutschen Staat angeordnet, geplant und durchgeführt. Der nationalsozialistische Wahn wird für immer die erschreckende Kehrseite des Bildes von der Kulturnation Deutschland sein.

Die Nationalsozialisten begannen mit der Politik des Rassismus und Antisemitismus unmittelbar nach ihrer Machtergreifung im Januar 1933 und steigerten die Brutalität von Jahr zu Jahr. Die Tatsache, dass weite Teile der Bevölkerung mit dem faschistischen System einverstanden waren oder es zumindest schweigend duldeten, ist schockierend, zumal die Nationalsozialisten das rassistische Element ihrer Ideologie ja nicht verhehlten, sondern es im Gegenteil pausenlos in die Welt hinausbrüllten.

Im Jahr 1935 wurden die »Nürnberger Rassengesetze« verkündet. Die ehemalige Kulturnation hatte sich damit bereits zum schlimmsten Apartheitssystem seit Menschengedenken herabgewürdigt. Am 9. November 1938 wurde eine weitere Schwelle der Gewalt überschritten: Der Terrorstaat organisierte Pogrome mittelalterlichen Gepräges, unter der Beteiligung des fanatisierten Pöbels und mit stillschweigender Billigung der zivilen Polizei. 1942, auf der »Wannsee-Konferenz«, wurde dann die systematische Durchführung des Völkermords auf europäischer Ebene beschlossen und akribisch geplant. Viele staatliche Organisationen, etwa die Reichsbahn, die Stadtverwaltungen und die Wehrmacht wurden in das System des Grauens eingebunden. Vernichtungslager wie Auschwitz, Treblinka und Majdanek wurden errichtet und mit mörderischer Effizienz an die Infrastruktur des Reiches angeschlossen. Bis zum Sieg der Alliierten hatten die Faschisten mit ihrem industriell organisierten Vernich-

tungssystem etwa sechs Millionen Menschen umgebracht.

Es gibt keinen Zweifel, dass dieses Verbrechen einen zentralen Platz im politisch-historischen Bewusstsein der Deutschen haben muss. Dies bedenkend beschloss der Deutsche Bundestag im Jahr 1999 die Errichtung eines Denkmals für die ermordeten Juden Europas. Dem Beschluss voraus gingen jahrelange Anstrengungen eines privaten Förderkreises und zwei Gestaltungswettbewerbe. Den Auftrag erhielt der New Yorker Architekt Peter Eisenman. »Die Sinnlosigkeit und Trostlosigkeit der Massenvernichtung kann nicht in einer klassischen Bauform ausgedrückt werden. Das Denkmal muss die Sinnlosigkeit ausdrücken«, so Eisenman. Er entwarf ein großflächiges Stelenfeld im Herzen Berlins, nahe jenen Orten, wo die Organisatoren des Völkermords gewohnt und geherrscht hatten. Das Denkmal besteht aus 2711 unterschiedlich hohen, in einem Raster aufgestellten rohen Betonquadern. Die schmalen Zwischenräume dieses Stelenfeldes sind begehbar. Durch die Absenkung des Geländes und die ansteigende Höhe der Stelen kann der Besucher gewissermaßen in das Denkmalfeld eintauchen und in der labyrinthähnlichen Struktur verschwinden. Offen bekennt sich Eisenman zur streitbaren These, ein Verstehen sei »nicht möglich«. Er setzt eine »lebendige Erinnerung und individuelle Erfahrung« an die Stelle einer Bemühung um endgültige Erkenntnis.

Unter dem Denkmal befindet sich der »Ort der Information«. Während Eisenmans Monument individuelle Eindrücke – das Verschwinden in einer Bauform, Orientierungslosigkeit und Isolation – auslöst, wird der Besucher hier durch persönliche Aussagen und Lebensgeschichten einzelner Opfer mit den Schrecken des Holocaust konfrontiert. Die Stelen sind auch unterirdisch wahrnehmbar, in einem Raum scheinen sie sogar durch die Decke zu dringen.

Überlebende Kinder verlassen das Vernichtungslager Auschwitz nach der Befreiung durch die Rote Armee.

Der Flughafen Tempelhof in Berlin und der Kalte Krieg

Architekt:
Ernst Sagebiel, 1936-1941

Berliner Kinder bejubeln den Start eines »Rosinenbombers«.

Das Denkmal auf dem Platz der Luftbrücke in Berlin. Das Gegenstück ist am Flughafen Frankfurt am Main zu sehen.

Mai 1945 – die Herrschaft der Nationalsozialisten war zu Ende, der Krieg vorüber, Deutschland besiegt. Auch die Pläne für die monströs-monumentale »Welthauptstadt Germania«, die Albert Speer für Hitler entworfen hatte, waren gescheitert. Hitler hatte Berlin nicht in die besagte Welthauptstadt, sondern in eine Trümmerlandschaft verwandelt. Unweit der Trümmerberge lag, kaum beschädigt und noch unvollendet, der Flughafen Tempelhof, einst als »größter Flughafen der Welt« in Speers »Germania«-Plänen verzeichnet. Seine markante Großform mit dem elliptischen Flugfeld und dem gebogenen Flugsteig ist noch heute leicht im Stadtgrundriss zu erkennen.

Das Bauwerk hat interessanter Weise zwei unterschiedliche Gesichter: Zur Stadt hin gibt es sich im monumentalen Stil der Zeit, mit mächtigen Pfeilern und einer strengen, steinbekleideten Fassade. Am Flugfeld hingegen erkennt man die hohe Funktionalität der Planung: An dem gebogenen, 1200 Meter langen Flugsteig konnten die Flugzeuge äußerst effizient abgefertigt werden. Die über 40 Meter auskragende Überdachung ist eine technische Meisterleistung, die durch die Klarheit der Stahlkonstruktion modern, funktional und wenig monumental wirkt.

Der Befehl zur Sprengung des Bauwerks, den Hitler in den letzten Tagen noch gegeben hatte, wurde vom Direktor des Flughafens schlicht verweigert. So kam es, dass die US-Streitkräfte die ersten waren, die Tempelhof in Betrieb nahmen. Die gigantischen Hallen, die eigentlich dazu bestimmt waren, Größe und Macht zu demonstrieren, wurden nun auf ganz pragmatische Weise genutzt: In einem Saal richteten die Amerikaner gar ein Basketball-Feld ein.

Zu Beginn des Kalten Krieges rückte der Flughafen Tempelhof ins Zentrum weltweiter Aufmerksamkeit. Das in vier Besatzungszonen aufgeteilte Deutschland, vor allem aber das in vier Sektoren geteilte Berlin geriet zwischen die

Machtblöcke. Angesichts der Insellage der Berliner West-Sektoren versuchte die Sowjetunion ab 1947, ganz Berlin unter ihren Einfluss zu bringen – die Teilung Deutschlands zeichnete sich ab. Mit kurzfristigen Straßenblockaden versuchten die Sowjets nun Druck auf die anderen Alliierten auszuüben, und die Berliner fürchteten um ihre gerade wiedererlangte Freiheit. Die westlichen Alliierten stärkten daraufhin die Bindung ihrer Besatzungszonen an die westliche Staatengemeinschaft. In den Westzonen kam es am 20./21. Juni 1948 zur Währungsreform, am 25. Juni trat sie auch in den Berliner West-Sektoren in Kraft. Die Sowjetunion nahm dies zum Anlass, sofort sämtliche Wasser- und Landwege nach Berlin zu blockieren. Damit war die Lebensmittelversorgung von etwa zwei Millionen Menschen und der Kohlenachschub für die Elektrizitätsversorgung gefährdet.

Unter Federführung des US-amerikanischen Generals Clay richteten die West-Alliierten daher ab 26. Juni 1948 eine Luftbrücke, die »Operation Vittels«, ein. Es war eine gewaltige logistische Leistung. Mit über 227000 Flügen wurde die Versorgung der West-Sektoren monatelang, bis zum Ende der Blockade am 30. September 1949, aus der Luft gesichert. Angeflogen wurde dabei hauptsächlich Tempelhof. Die West-Berliner waren begeistert von den »Rosinenbombern«, die ungefähr im 90 Sekunden-Takt starteten und landeten. Ein nicht ungefährlicher Einsatz für die Piloten. Auf dem »Platz der Luftbrücke« erinnert ein Denkmal auch an die 76 tödlich verunglückten Piloten.

Heute hat der innerstädtische Flughafen eine ungewisse Zukunft, im Jahr 2004 entging er nur knapp der Schließung. Ob der Flughafen Tempelhof »alle anderen überlebt«, wie einige seiner Fans meinen, oder ob das Flugfeld sich einst zur Parklandschaft wandelt oder gar mit Wohnblocks bebaut sein wird, wie es sich so mancher Investor vorstellt, bleibt vorerst ungewiss.

Monumentale Strenge in der Abfertigungs-
halle. Das auskragende Dach am Flugfeld
ist ein Meisterwerk der Ingenieurbaukunst.

> Architektur ist ein politischer Akt.
>
> Lebbeus Woods

Die Bonner Republik in Bauwerken
Eine Hauptstadt auf Zeit im geteilten Deutschland

Architekten:
ehemaliges Bundeshaus
Hans Schwippert, 1949
Günter Behnisch & Partner, 1988 - 1992

ehemaliger Kanzlerbungalow
Sep Ruf, 1963 - 1965

ehemaliges Abgeordneten-Hochhaus
»Langer Eugen«
Egon Eiermann, 1965 - 1969

ehemaliges Bundeskanzleramt
Planungsgruppe Stieldorf, 1973 - 1976

Der ehemalige Kanzlerbungalow im Garten
des Palais Schaumburg.
Der »Lange Eugen« (gegenüber) ist heute
Teil des UN-Campus.

Die letzte Bundestagssitzung in Bonn. Das
Bundeshaus ist heute ein Kongresszentrum.

Auf einfachen Klappstühlen nahmen die Abgeordneten Platz, als am 7. September 1949 der Deutsche Bundestag erstmals zusammentrat. Der eilig errichtete Plenarsaal war kaum fertig geworden. Architekt Hans Schwippert hatte ihn bescheiden und sparsam gestaltet, ganz im Stil der Nachkriegszeit. Draußen, vor der Glasfassade, versammelten sich neugierige Bürger auf einem Gerüst – der Zuschauertribüne – um das Ereignis mitzuerleben. Alles war irgendwie provisorisch, sogar die neue Hauptstadt selbst.

Erst Anfang Mai hatte der Parlamentarische Rat Bonn als Hauptstadt der Bundesrepublik erwählt. Andere Städte, allen voran das traditionsreiche Frankfurt am Main, wo bereits ein Parlamentsgebäude im Entstehen war, hatten das Nachsehen. Die durch den Kalten Krieg forcierte Teilung Deutschlands wollten die Politiker der jungen Bundesrepublik nicht anerkennen. Langfristig gab es nur eine Hauptstadt: Berlin. Bonn war ein Provisorium.

Doch die »Bonner Republik« wurde eine Erfolgsgeschichte. Der Erfolg hatte sein Fundament: das Grundgesetz. Ausgearbeitet vom Parlamentarischen Rat, verkündet für die drei westlichen Besatzungszonen am 24. Mai 1949, garantierte es die Grundrechte und schuf den Rahmen für das demokratisch staatliche Handeln.

Der Erfolg hatte seine Macher: Zunächst war es Konrad Adenauer, der als Regierungschef von 1949 bis 1963 die Republik aus dem Nachkriegschaos führte. Ins Amt folgte ihm sein Wirtschaftsminister Ludwig Erhard, der »Vater des Wirtschaftswunders«. Der ließ sich im Garten des Palais Schaumburg einen modernen Bungalow als Dienstwohnung erbauen. Zu modern für viele seiner Politikerkollegen. Das Bauwerk wurde allseits verspottet. Anfang der 1960er Jahre begann sich die provisorische Aura der Bonner Anfangszeit langsam aufzulösen. Der Kalte Krieg hatte sich weiter verschärft,

Berlin war durch eine Mauer geteilt. Die Regierung richtete sich nun auf eine längere Zeit in Bonn ein. In aller Heimlichkeit – man fürchtete einen Sturm der öffentlichen Entrüstung – begannen die Planungen: Neue Gebäude für das Parlament, den Bundesrat und für die Abgeordneten sollten entstehen. Letztlich wurde allein das Abgeordneten-Hochhaus verwirklicht. In der Bonner Republik regierte zwischenzeitlich die Große Koalition unter Kurt Georg Kiesinger, die 1969 von der Sozialliberalen Koalition mit Willy Brandt als Bundeskanzler abgelöst wurde. Brandts Neuausrichtung der Ostpolitik, der »Wandel durch Annäherung«, hatte auch Konsequenzen für das Provisorium Bonn. 1973 bekannte sich Brandt in einer Regierungserklärung zur Hauptstadt Bonn. Im gleichen Jahr noch schrieb man einen Architekturwettbewerb für ein neues Bundeshaus aus, Günter Behnisch gewann. Doch es gab zahlreiche Widerstände, und so legte man die Pläne auf Eis.

1974 wurde Helmut Schmidt Kanzler, zwei Jahre später zog er ins neue Bundeskanzleramt. Dieses Bauwerk ist vor allem durch Henry Moores organische Skulptur bekannt, die einen markanten Kontrapunkt zu der streng rechtwinkligen Fassade setzt.

Unter Helmut Kohl, der 1982 Bundeskanzler wurde, entschieden sich die Abgeordneten endgültig für den Neubau des Bundeshauses. Schwipperts alter Plenarsaal wurde abgerissen und 1988 begannen die Bauarbeiten. Doch schon im folgenden Jahr »überholte« die Geschichte das Bauvorhaben. Die Mauer fiel. Helmut Kohl wusste die Chancen zu nutzen: Die Wiedervereinigung kam am 3. Oktober 1990. Es war das Ende der Bonner Republik.

Das neue Bundeshaus, hoch gelobt als gelungener Repräsentativbau der Demokratie, diente nach seiner Fertigstellung noch einige Jahre dem Deutschen Bundestag. Die letzte Sitzung fand am 1. Juli 1999 statt.

Die Karl-Marx-Allee in Berlin und der 17. Juni 1953

Architekten:
Erster Bauabschnitt 1951 - 1958
Strausberger Platz, Frankfurter Tor
Kollektiv Hermann Henselmann
weitere Bauten
Kollektive Egon Hartmann, Richard Paulick,
Kurt Leucht, Hanns Hopp, Karl Souradny

Der Aufstand vom 17. Juni 1953 wurde mit
Panzern niedergeschlagen.

Die Bauten am Frankfurter Tor bilden den
Schlusspunkt der sozialistischen Prachtstraße, deren Architektur später, in der Zeit
der Plattenbauten, offiziell in Ungnade fiel.

Genosse Ulbricht machte es deutlich:
»Die Stalinallee ist der Grundstein zum
Aufbau des Sozialismus in der Hauptstadt Deutschlands, Berlin.« Dass die
Hauptstadt Deutschlands ohne Frage
zur DDR gehörte, in den Einflussbe-
reich des »siegreichen Sozialismus«,
war ein politisches Statement, das man
vor allem im Westen vernehmen sollte.
Aus den Trümmern der alten Frankfurter Allee entstand die Prachtstraße des
Sozialismus, 2 500 Meter lang und 90
Meter breit, mit komfortablen Wohnungen, vielen Läden und vor allem: viel
Menschlichkeit. Dies sollte die Stalinallee nach dem Wunsch des Politbüros
nämlich ausdrücken. Auch der Namens-
geber galt damals durchaus als perso-
nifizierte »Menschlichkeit« – erst als
das wahre Ausmaß des stalinistischen
Staatsterrors nicht mehr zu leugnen
war, benannte man die Straße im Jahr
1961 in Karl-Marx-Allee um. Doch bis
dahin war der Architekturgeschmack
des Genossen Stalin und die Architektur Moskaus das Maß aller Dinge.
Das mussten Architekten wie Hermann
Henselmann, der eigentlich der modernen Architektur zugeneigt war, erst
noch lernen. Walter Ulbricht gab hier
als Generalsekretär der SED den Ton
an. Er war ein Gegner moderner Bauten, die er »undeutsch und unkünstler-
isch« nannte. Neben den Moskauer Vorbildern schien ihm nur die traditionelle
Berliner Architektur, der Klassizismus,
ein geeigneter Repräsentant des Sozialismus zu sein. So fand die Stalinallee
ihre Vorbilder in der Palastarchitektur
Preußens. Die Arbeiter hatten die Könige ja als Herrscher abgelöst, also sollten sie nun auch in Palästen wohnen.
Der Bau der Stalinallee, insbesondere
des ersten, 1 800 Meter langen Bau-
abschnitts mit Wohnraum für 14 000
Menschen, war ein kollektiver Kraftakt.
Im Rahmen des Nationalen Aufbaupro-
gramms beteiligten sich zehntausende
Freiwillige an der Beseitigung der Trüm-
mer und an den Bauarbeiten. Zunächst
arbeiteten die Ost-Berliner durchaus

mit Begeisterung. Später sorgte auch
entsprechender Druck für die nötigen
Sonderschichten. Unter allen Umständen wollte die SED-Führung nun den
Aufbau des Sozialismus vorantreiben.
Die II. Parteikonferenz beschloss daher
einige Neuerungen. Neben einer Normerhöhung, einer Erhöhung des Arbeits-
pensums ohne Lohnausgleich, war dies
vor allem die Enteignung vieler Bauern.
Letzteres verschärfte jedoch die bereits
bestehenden Versorgungsengpässe.
Wegen der schlechten Wirtschaftslage,
aber auch weil der Sozialismus immer
unverhohlener sein totalitäres Gesicht
zeigte, flüchteten nun Tausende aus
der DDR in die Bundesrepublik. Angesichts dieser Entwicklung nahm das
Politbüro einige seiner Beschlüsse zurück – nicht aber die Normerhöhung.
Am 16. Juni 1953 marschierten deshalb hunderte Bauarbeiter der Stalinallee vom Strausberger Platz zum Haus
der Ministerien. Sie protestierten gegen
die Normerhöhung und riefen für den
folgenden Tag zum Generalstreik auf.
Am 17. Juni entlud sich in zahlreichen
ostdeutschen Städten der Unmut der
Bevölkerung. Die Demonstranten forderten nicht nur die Rücknahme der
Normen, sondern auch den Rücktritt
der SED-Regierung. Die Aktionen waren teilweise militant: Volkspolizisten
wurden entwaffnet, Gefangene befreit
und Parteibüros in Brand gesetzt.
Schließlich griffen sowjetische Panzer
ein und schlugen den Aufstand nieder.
Mindestens 55 Menschen, so belegen
jüngere Forschungsberichte, starben.
Etwa 100 Demonstranten, schätzt man,
wurden später zum Tode verurteilt. Mit
dieser blutigen Machtdemonstration
und den anschließenden »Säuberungs-
aktionen« wurde eine offene Opposition zur SED-Regierung praktisch unmöglich. Die Unterdrückung endete
erst mit den ebenso mutigen wie friedli-
chen Demonstrationen von 1989.
Die Bundesrepublik gedachte der Opfer des 17. Juni bis zur Wiedervereinigung mit einem nationalen Feiertag.

Die klassizistischen Anleihen sind auch an den Bauten von Richard Paulick (oben) zu erkennen. Am Strausberger Platz (rechts) begann der Aufstand der Bauarbeiter.

Das Dreischeibenhaus in Düsseldorf
Architektur für das deutsche Wirtschaftswunder

Architekten:
Helmut Hentrich, Hubert Petschnigg,
1955 - 1960

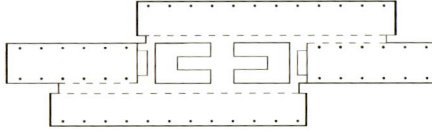

Durch die Anordnung der drei Scheiben hat jeder Arbeitsplatz eine optimale Belichtung.

Das Wirtschaftswunder der Adenauer-Ära ist der Gründungsmythos der Bundesrepublik schlechthin. Der deutsche Wirtschaftsboom wurde durch den Wiederaufbau der zerstörten Städte und Industrien und insbesondere durch die Währungsreform 1948 und die Einführung marktwirtschaftlicher Prinzipien angefacht. Wesentlichen Anteil an der ökonomischen Weichenstellung hatte der Wirtschaftsminister und spätere Bundeskanzler Ludwig Erhard, der eine »Marktwirtschaft moderner Prägung« gegen alle Rufe nach einer Planwirtschaft durchsetzte.
»Diese Mechanisten und Dirigisten hatten nicht die geringste Vorstellung von der sich entzündenden dynamischen Kraft, sobald sich ein Volk nur wieder des Wertes und der Würde der Freiheit bewusst werden darf« urteilte Erhard über seine Gegner und das Wirtschaftswunder sollte ihm recht geben.
Auch die rasch voranschreitende Liberalisierung des internationalen Handels trug ihren Teil bei. Die Bundesrepublik profitierte davon ganz erheblich und wurde Exportnation, da ihre unzerstörten Industrien nicht durch Demontage geschwächt und rasch einsatzbereit waren. Die Vereinigten Staaten stützten die positiven Entwicklungen zudem durch den Marshall-Plan, der äußerst günstige Kredite garantierte. Der Wirtschaftsboom sorgte binnen kurzem für Vollbeschäftigung. Das bedeutete nicht nur die erfolgreiche Eingliederung der vielen Millionen Flüchtlinge aus dem Osten, auch Menschen aus anderen Ländern wie Italien, Spanien und der Türkei fanden in der Bundesrepublik Arbeit und ein neues Zuhause. Längerfristig sorgte der Boom wohl auch für die gefühlsmäßige Westbindung der Bundesrepublikaner. Sie identifizierten sich dank des deutschen Wirtschaftswunders mehr und mehr mit dem neuen demokratischen System. Und: Man blickte mit Bewunderung auf die Führungsmacht des Westens, die Vereinigten Staaten.

Dieser Zeitgeist kommt in der Architektur des Dreischeibenhauses zum Ausdruck. Mitten in Düsseldorf platziert, steht es für die enge Symbiose des wirtschaftlichen und politischen Erfolges der jungen Republik. Ursprünglich war es der Firmensitz der Phoenix-Rheinrohr AG, eines Stahlriesen, bevor es in den 1960er Jahren das Thyssen-Haus wurde. Die Stahlindustrie war ein Motor der positiven Wirtschaftsentwicklung, welche zum Baubeginn des Hochhauses schon voll durchgeschlagen hatte. Man hatte es geschafft, »war wieder wer« und man wollte es zeigen. Die architektonischen Vorbilder des Hochhauses kamen selbstverständlich aus den Vereinigten Staaten – genauer: aus New York. Die Architekten bezogen sich ausdrücklich auf das Vorbild Manhattan. Dort hatte sich in den 1950er Jahren der »International Style« als der Stil der großen Konzerne etabliert. Die Bauwerke waren modern im Erscheinungsbild, industriell in der Bauweise, effizient in Raumanordnung und spiegelten so das Selbstbild ihrer Bauherren. Zu den Merkmalen dieser Nachkriegsmoderne zählen die Skelettkonstruktion, mit der eine freie Grundrissgestaltung möglich wird, und die so genannte Vorhangfassade aus Glas. Auch die schlichte kubische Gestalt ist ein Merkmal der Moderne, dabei ist die dreischeibige Form des Hochhauses letztlich auch auf die Vorgaben des Baurechts zurückzuführen: Jeder zum dauerhaften Aufenthalt von Personen gedachte Raum sollte ausreichend mit natürlichem Licht versorgt sein. Der Grundriss des Dreischeibenhauses garantiert dies in idealer Weise. Innerhalb Düsseldorfs steht das Gebäude, das heute die Hauptverwaltung der ThyssenKrupp AG beherbergt, an einem zentralen Platz: am Ende der prominenten Einkaufsstraße, der »Kö«, gegenüber des Stadtparks. Es zählt fraglos zu den Klassikern unter den Hochhäusern der Republik und steht auch in der Denkmalliste seiner Stadt.

Ludwig Erhard, der »Vater des Wirtschaftswunders«, posiert Zigarre rauchend mit einer überdimensionalen D-Mark.

Die Kaiser-Wilhelm-Gedächtniskirche in Berlin
Über den Umgang mit Ruinen: die Nachkriegsmoderne

Architekt:
Vorgängerbau
Franz Schwechten, 1891 - 1895
Neubau
Egon Eiermann, 1957 - 1963
Glasmalerei
Gabriel Loire
Christusfigur
Karl Hemmeter

Der Kurfürstendamm im Jahr 1948 mit der zerstörten Gedächtniskirche im Hintergrund.

Die ehemalige Gedächtnishalle für Kaiser Wilhelm I. in der Turmruine wird heute als Ausstellungsraum genutzt. Das schlichte, von Egon Eiermann gestaltete Kreuz wurde durch die Christusfigur (gegenüber) ersetzt.

Die Berliner waren empört: Der Plan für den Neuaufbau der Kaiser-Wilhelm-Gedächtniskirche sah den Abriss der Turmruine vor. Der im Jahr 1956 ausgeschriebene Wettbewerb hatte den Teilnehmern deren Abriss oder Erhaltung freigestellt. So plante Egon Eiermann zunächst den von vielen Architekten begrüßten Befreiungsschlag: Weg mit der alten, zertörten Bausubstanz, weg mit den Relikten des Historismus, endlich hin zur Moderne. Man wollte die Lasten der Vergangenheit abwerfen. Diese Lasten, das waren auch die Trümmerfelder der deutschen Städte. Wohin der Faschismus Deutschland geführt hatte, konnte man überall sehen: in Berlin, Frankfurt am Main, Dresden, Hamburg, München und Hannover, um nur einige schwer zerstörte Städte zu nennen. Aus den allgegenwärtigen Schutthalden, die die Trümmerfrauen in mühevoller Arbeit abtrugen, sollte nun ein neues, ein modernes Deutschland entstehen, in der Politik ebenso wie in der Architektur. Das galt sowohl in der Bundesrepublik als auch in der DDR. Insbesondere die Architekten im Westen verschrieben sich nun der »Nachkriegsmoderne«. Doch, wie sich vor allem im Städtebau zeigte, bildeten sich hier zwei Lager. Auf der einen Seite die Anhänger des Neuaufbaus, die an Stelle der untergegangenen engen Altstädte weitläufige Grünflächen mit punktuellen Wohnblöcken und mehrspurige Stadtstraßen für »autogerechte« Städte planten – ein Beispiel ist hier Hannover. Auf der anderen Seite die Befürworter des Wiederaufbaus, welche die Rekonstruktion der alten Städte inklusive der zerstörten Baudenkmäler betrieben – so geschehen beispielsweise in München. Auch im Fall der Gedächtniskirche dachte man kurzzeitig an eine Rekonstruktion, bevor die Entscheidung für den Neuaufbau fiel. Doch der Plan Eiermanns, der den Totalabriss der Ruine vorsah, rief einen Sturm öffentlicher Entrüstung hervor. Zu stark waren die Erinnerungen, die an dem Kirchturm hingen. Erinnerungen an das alte, untergegangene Berlin und auch an die schrecklichen Bombennächte; die Ruine war zum Mahnmal geworden. Also beschloss man, den alten Turm zu erhalten. Für Egon Eiermann, der keineswegs zu den Dogmatikern unter den »Modernen« zählte, war dies kein wirkliches Problem, nur eine völlig andere Aufgabenstellung. Er fertigte einen neuen Entwurf, der die konservierte Turmruine inmitten einer Gruppe von Neubauten bestehen ließ. Die Zusammengehörigkeit der Einzelbauwerke machte Eiermann durch eine gemeinsame Basis deutlich, die das Kirchenareal vom Straßenniveau abhebt. Zunächst entstanden der achteckige Kirchenraum und der sechseckige Glockenturm. Nachdem die Kirche im Jahr des Mauerbaus 1961 geweiht wurde – gewissermaßen als Symbol für die (Religions-)Freiheit im Westen – kamen noch Foyer und Kapelle hinzu. Die Berliner waren begeistert. Das Zusammenspiel der modernen Baukörper mit der Ruine ergab einen beeindruckenden Kontrast, West-Berlin hatte ein neue Ikone. Der in mystisch blaues Licht getauchte Kirchenraum wurde umgehend zum Touristenmagnet. Die überwältigende Wirkung des Innenraums ist nicht zuletzt Gabriel Loire zu verdanken. Der Künstler aus Chartres, wo die Glaskunst seit Jahrhunderten bis heute in höchster Blüte steht, schuf für Berlin »einen Höhepunkt der Gotikrezeption im 20. Jahrhundert«, wie es ein Architekturkritiker ausdrückte. Bei der Rasterfassade aus Betonfertigteilen wandte Eiermann im Hinblick auf die Beleuchtung einen architektonischen Kniff an: Die Hülle des Stahlbaus ist größtenteils zweischalig, sie besteht aus zwei im Abstand von etwa 2,5 Metern parallel laufenden Wänden – im Zwischenraum ist die Beleuchtung angebracht. Am abendlichen Breidscheidplatz leuchtet die Kirche so weithin sichtbar in ihrem mystischen Blau.

Die Berliner Mauer – Fassade des Totalitarismus

13. August 1961 bis 9. November 1989

Architekten:
Mauergedenkstätte Bernauer Straße
Kohlhoff & Kohlhoff, 1995 - 1998

Die Mauer vor dem Brandenburger Tor in einer Aufnahme aus dem Jahr 1962.
In der Bernauer Straße befindet sich heute die Mauergedenkstätte (gegenüber) und ein Dokumentationszentrum.

Am Tag nach der Grenzöffnung besetzten tausende Berliner die Mauer vor dem Brandenburger Tor. Im Hintergrund ist das Reichstagsgebäude zu sehen.

Man nannte es eine »Abstimmung mit den Füßen« – 2,6 Millionen Menschen, die zwischen 1949 und 1961 aus der DDR in den Westen gingen, entschieden sich so, wie Willy Brandt es formulierte, »gegen ein Regime, das die eigentliche Abstimmung der Menschen verhindert«. Für die DDR bedeutete der Flüchtlingsstrom schlicht einen enormen Verlust an Arbeitskräften. Die Wirtschaftslage war dramatisch schlecht. Dazu trug auch der unkontrollierbare Warenumschlag von Ost nach West bei, der durch das Devisengefälle entstanden war. Den drohenden Staatsbankrott im Nacken, sah die SED-Führung also in den offenen Grenzen den Hauptgrund ihrer Wirtschaftsmisere. Eine »Grenzsicherung« seitens der DDR sollte die Lage stabilisieren.
Doch nicht nur das: Berlin stand in dieser Zeit im Zentrum des Kalten Krieges. Hier trafen die Machtblöcke direkt aufeinander; hier fiel nun der Eiserne Vorhang mit voller Wucht.
Zunächst war es ein streng geheimer Plan: »Niemand hat die Absicht eine Mauer zu errichten!« versicherte Walter Ulbricht noch am 15. Juni 1961. Der eigenen Bevölkerung malte die DDR-Propaganda derweil das Bild von der kriegslüsternen Bundesrepublik und dem Gefahrenpunkt West-Berlin. Von hier drohe die ständige Infiltration von Spionen, Saboteuren und Menschenhändlern – Letztere waren ein SED-eigener Erklärungsversuch für das Flüchtlingsphänomen. Die Bevölkerung müsse, so die Propaganda-Logik, dringend geschützt werden.
Mit Zustimmung der Sowjetunion wurde dann alsbald die Schließung der Grenzübergänge verfügt: In der Nacht zum 13. August 1961 riegelten DDR-Truppen die innerdeutsche Grenze ab. Schwerpunkt des Truppenaufmarsches war Berlin, mit seiner bis dahin eher durchlässigen Grenze durch das Stadtgebiet. Nun versperrten Bewaffnete die Übergänge, Stacheldraht wurde ausgerollt, in den nächsten Tagen rückten Bau-

arbeiter an und Straßenzufahrten wurde ebenso zugemauert wie die Fenster der Häuser entlang der Grenze. Die waghalsigen Fluchtszenen, die sich in diesen Tagen abspielten, aber auch spätere Fluchtversuche durch Tunnels oder gar in selbst gebauten Flugobjekten sind heute im Mauermuseum am Checkpoint Charlie dokumentiert.
Bis in die 1980er Jahre hat die DDR-Regierung den »antifaschistischen Schutzwall«, wie sie die Mauer zynischer Weise nannte, stetig ausgebaut. In Berlin bestand die Grenzsicherung schließlich aus einer 3,60 Meter hohen Mauer aus Betonfertigteilen, die durch Beobachtungstürme, Sperrgräben, eine Hinterlandmauer und elektrische Zäune erweitert wurde.
Außerhalb von Berlin gab es noch die mit Minen oder Selbstschussanlagen bestückten Todesstreifen. Zudem galt seit 1961 der Schießbefehl: »Republikflüchtlinge« waren mit allen Mitteln aufzuhalten. Entlang der DDR-Grenze starben insgesamt 957 Menschen, davon 239 nach dem 13. August 1961 an der Berliner Mauer.
Erst als mit Michael Gorbatschows Perestroika das Ende des Kalten Krieges nahte, schöpften die Bürger der DDR wieder Mut. Im September 1989 formierten sich schließlich die ersten Montagsdemonstrationen. »Wir sind das Volk!« mahnte die wöchentlich wachsende Zahl der Demonstranten das SED-Regime. Die gewaltlose Revolution begann und das totalitäre System war am Ende. Am 9. November 1989 fiel die Berliner Mauer – unter dem Ansturm einer jubelnden Menschenmenge. Ein welthistorisches Ereignis, denn der Fall der Mauer symbolisierte zugleich das Ende des Kalten Krieges.
Die Grenzanlagen wurden in der Wendezeit rasch abgebaut. Mittlerweile ist der Verlauf der Mauer, bis auf stellenweise Markierungen im Bodenbelag, kaum noch zu erkennen. Ein Abschnitt der Grenzanlagen ist heute Teil der Mauergedenkstätte Bernauer Straße.

Der Olympiapark in München
Architektur im Zeichen der Demokratie

Architekten:
Günter Behnisch, Frei Otto,
Fritz Auer, Winfried Büxel, Jürgen Joedicke,
Erhard Tränkner, Karlheinz Weber
mit Leonhardt + Andrä, 1967 - 1972
Landschaftsarchitekt
Günther Grzimek

Die Zeltkonstruktion überspannt alle Olympiastätten, vom Stadion über die Halle zur Schwimmhalle im Vordergrund.

Die Entwurfsvorgaben des Nationalen Olympischen Kommitees waren in einer Hinsicht klar: Das Olympiagelände in München sollte sich in jedem Fall von der Szenerie der Olympischen Spiele im Jahr 1936 unterscheiden. »München 72« sollte ein Gegenentwurf zu den olympischen Bauten in Berlin werden, die das Dritte Reich als steinerne Kulisse einer monumentalen Selbstdarstellung genutzt hatte. Nun, da die Spiele erneut nach Deutschland, in die Bundesrepublik, kamen, sollte die Welt sehen, dass das Land wieder Teil der Weltgemeinschaft war, ein anderes Land als 1936: demokratisch, weltoffen und brüderlich gesinnt.

Kein Wunder also, dass das Team um Günter Behnisch den ausgeschriebenen Wettbewerb gewann. Denn die organisch geformten Zeltkonstruktionen, die sich leicht und transparent über die Sportstätten legen, vermitteln genau die Botschaft, die man für die Spiele wünschte. Keine monumentalen Fassaden, keine Achsen und Aufmarschstraßen, statt dessen Leichtigkeit, Offenheit und Dezentralisierung.

Selbst das Olympiastadion für etwa 80 000 Menschen ist in die Hügellandschaft eingebettet und hat daher keineswegs die Monumentalität, die man bei diesen Ausmaßen erwarten könnte. Im Wesentlichen tritt nur das Dach als Bauwerk hervor. Die Hügel modellierte man sorgsam – als Material dienten hier die Kriegstrümmer des Zweiten Weltkrieges – so dass die Topographie zusammen mit der geschwungenen Kette von Zeltdächern eine einheitliche Gestalt bildet. Mehr noch, die Silhouette der Dachkonstruktion korrespondiert mit den Bergketten der Alpen, die man bei schönem Wetter, insbesondere bei Föhn, oben vom Olympiaberg so unwirklich nahe sehen kann.

In dieser offenen, organisch gestalteten Landschaft sollten die Besucher, auch im kollektiven Erlebnis der Spiele, als Individuen und nicht als geformte Masse wahrnehmbar bleiben – heitere

Spiele demokratischer Bürger statt organisierter Massenaufmärsche.

Das architektonische Symbol der Spiele war die Dachkonstruktion. Die Realisierung der 34 500 Quadratmeter großen, mit Acrylplatten bedeckten Dachfläche als Seilnetzkonstruktion, die an zwölf Stahlpylonen hängt, war eine echte Herausforderung. Ausgehend von Skizzen und ersten, mit Damenstrümpfen bespannten Drahtmodellen entstand nach komplizierten statischen Berechnungen – die mangels leistungsfähiger Computer monatelang von zahllosen Hirnen durchgeführt wurden – ein technisches Meisterwerk.

Die Eröffnungsfeier am 26. August, »Münchens Sternstunde«, erlebten tausende Menschen im Stadion und auf der großen begrünten Tribüne, dem Olympiaberg. Die XX. Olympischen Sommerspiele begannen in der Tat heiter, das Klima war bestimmt von Fairness und der Hochachtung für die Leistungen der Sportler.

Doch dann zeigte sich die Kehrseite der demonstrativen demokratischen Offenheit: die Angreifbarkeit. Die Sicherheitsmaßnahmen für die Sportler erwiesen sich als nicht ausreichend. München wollte seine Gäste nicht in einer gefängnisartigen, von Stacheldraht und Polizisten dominierten Atmosphäre unterbringen. Dieser Gedanke erwies sich schließlich als fatal. Am 5. September drangen palästinensische Terroristen ins Olympische Dorf ein und nahmen elf israelische Sportler als Geiseln. Zwei Gefangene erschossen sie sofort, die anderen neun Geiseln und einen Polizisten ermordeten sie in der folgenden Nacht während der versuchten Befreiungsaktion am Flughafen Fürstenfeldbruck.

Im Angesicht des Terrors traf das Internationale Olympische Kommittee eine schwere Entscheidung: »Die Spiele müssen weitergehen«. Man wollte dem Terror nicht erlauben, die Olympische Idee von Frieden und Brüderlichkeit unter den Menschen zu zerstören.

Kultur für alle.

Hilmar Hoffmann

Das Deutsche Architekturmuseum in Frankfurt am Main
Architektur für alle

Architekten:
Fritz Geldmacher, 1912-1913
Umbau, Erweiterung Museum
Oswald Mathias Ungers, 1979-1984

Man muss sich Frankfurt am Main in den Siebziger Jahren vorstellen: Die Stadt hatte ein Imageproblem. Nach Büroschluss traten die Angestellten aus dem Bankenviertel die »Flucht« ins Umland an. Man arbeitete wohl hier, doch wohnen, ja leben in Frankfurt galt schlicht als unattraktiv. Irgendetwas fehlte der Stadt, die reichlich Arbeitsplätze bot, aber immer weniger Neubürger und Besucher anzog.
Hilmar Hoffmann, Kulturdezernent der Stadt Frankfurt, sah, was fehlte: Die Stadt brauchte Kultureinrichtungen. Insbesondere Museen, die als Orte der Freizeit und Erholung eine große Rolle spielen. In einer Gesellschaft, die den »Wohlstand für alle« längst erreicht hatte, machte er nun die »Kultur für alle« zum Schlagwort.
So gingen die Verantwortlichen Ende der 70er Jahre daran, Frankfurt in eine Kulturstadt zu verwandeln. Ein wesentliches Element dieser Verwandlung war das städtebauliche Projekt »Museumsufer«, das aus einer Kette von Museen – darunter einige Neugründungen – am südlichen Mainufer bestand.
In dieser »Erholungszone« direkt gegenüber dem Bankenviertel sollten Museen als moderne Freizeiteinrichtungen allen Bürgern offen stehen und durch ihr Erscheinungsbild und ihr Angebot – etwa mit Cafés, Museumsläden und Grünflächen – auch »museumsfremde Schichten« anziehen.
Der Architektur fiel dabei eine wichtige Rolle zu, sie sollte selbst zur Attraktion werden. Den konkreten Rahmen für die Baumaßnahmen bildete eine Reihe von Villen und eine Kirche, die für die Museen umgestaltet wurden oder großräumige Erweiterungsbauten erhielten. Namhafte Architekten führten die Aufträge aus, so dass in den 80er Jahren gleich mehrere Aufsehen erregende Bauwerke am Schaumainkai entstanden, darunter das Museum für Kunsthandwerk von Richard Meier und das Postmuseum von Behnisch & Partner.
Der Museumsbau jedoch, der dem

Zeitgeist der 80er Jahre entsprach wie kein anderer, war der des neu gegründeten Deutschen Architekturmuseums. Die umgebaute Villa wurde zum Vorzeigeprojekt der Postmoderne in Deutschland. Diese Stilrichtung war als Gegenbewegung zur immer strenger und minimalistischer werdenden Moderne der Nachkriegszeit entstanden. Die Kritik an der Architektur der 50er und 60er Jahre galt der Monotonie der Rasterfassaden und der Baukörper, dem Diktat von »Form folgt Funktion« und der vermeintlichen Loslösung der Moderne von allen geschichtlichen Bezügen. Gerade Letzteres wollten die postmodernen Architekten demonstrativ nicht. Sie entwickelten eine Architektursprache, die mit Zitaten aus der Architekturgeschichte arbeitete. Diese reichten von reduzierten architektonischen »Urformen« bis hin zu karikaturhaft überhöhten Motiven wie Säule, Giebel und Ornament.
Neben der Funktion, so forderte auch der Gründungsdirektor des Deutschen Architekturmuseums, Heinrich Klotz, solle auch die »Fiktion« in den Entwurf eines Gebäudes einfließen; die Architektur solle über Funktion und Form hinaus als Kunstform und Medium einen Inhalt vermitteln.
In diesem Sinne plante Oswald Mathias Ungers in der Villa ein »Haus im Haus«, das über mehrere Stockwerke reicht und in jeder Etage Grundelemente der Architektur veranschaulicht: Stütze, Wand, Dach – eine moderne Version der legendären »Urhütte«, die den Beginn der Baukunst symbolisiert.
Vom oberen Stockwerk des Museums hat man einen Blick auf die Frankfurter Skyline. Der Bezug regte wohl den Titel der Dauerausstellung »Von der Urhütte zum Wolkenkratzer« an, die Heinrich Klotz ins Leben rief und die er auch für Laien konzipierte.
»Kultur für alle« machte auch andernorts Schule: In den 80er Jahren wurden Museen zu einer dominierenden Bauaufgabe in der Bundesrepublik.

Der Altbau wurde entkernt und innen völlig neu geplant. Das »Haus im Haus« ragt bis ins oberste Stockwerk (gegenüber).

Der Landschaftspark Duisburg-Nord
Teil der Internationalen Bauausstellung Emscher-Park

Leitung IBA Emscher-Park
Karl Ganser, 1989-1999

Landschaftspark Duisburg-Nord
Hüttenwerk Meiderich, 1902-1911
Landschaftsarchitekten
Latz + Partner, 1990-1994

Zu den Attraktionen des Landschaftsparks
zählen der Aussichtsturm (gegenüber) und
die Lichtinstallation von Jonathan Park.

Der ehemalige Abwasserkanal der »Alten
Emscher« wurde im Bereich des Parks in
einen Regenwasserkanal verwandelt.

Über 70 Kilometer lang, mehr als 100 Projekte in 17 Städten, rund 2,5 Milliarden Euro teuer – das war die Internationale Bauausstellung, die IBA Emscher-Park, die 1989 begann.

Die Stimmung im Ruhrgebiet war am Boden, als der Strukturwandel in den 1980er Jahren viele Zechen und Hüttenwerke endgültig in die Knie zwang; Arbeitslosigkeit und Zukunftsangst lasteten schwer auf dem Revier. Wo früher die Schlote rauchten, Kohle, Koks und Stahl den Alltag bestimmt hatten, war die Landschaft nun öde und verbraucht. Doch man steckte sich die Ziele hoch. Nicht nur, dass die Industriebrachen zu Landschaftsparks werden sollten, auch der soziale Umbau wurde Programm. Der Niedergang der Montanindustrie sollte die Identität der Menschen im Ruhrgebiet nicht erschüttern, im Gegenteil, man wollte stolz auf das industrielle Erbe sein und den strukturellen Übergang zur Dienstleistungsgesellschaft vorantreiben.

All dies keine kleine Aufgabe, doch mit der IBA Emscher-Park packte man es an. Die einzelnen Projekte waren dabei durchaus unterschiedlich. Unter dem Titel »Arbeiten im Park« entstanden in alten Industriegebäuden Zentren für Dienstleistungsunternehmen und Existenzgründer. Man förderte den Neubau und die Modernisierung von Wohnanlagen und, mit dem Projekt »Einfach und selber Bauen«, auch das »Eigenheim für kleine Leute«. Dann natürlich die Emscher, der einstige Abwasser-Fluss im Betonbett. Sie wurde im Rahmen der IBA teilweise renaturiert.

Die zentralen Projekte der IBA waren jedoch die erstaunlichen Umnutzungen von Industriedenkmälern. Nicht zuletzt die Kultur und die Kunst – auf Halden, in Zechen und Eisenhütten – sollte das Ruhrgebiet für seine Bewohner, neue Investoren und Touristen attraktiver machen. Zu diesen Bauwerken, die heute Bestandteil der »Route Industriekultur« sind, gehörten z. B. das kulturelle Flaggschiff des Reviers, die Zeche

Zollverein in Essen sowie der Gasometer von Oberhausen und die ehemalige Thyssen-Eisenhütte in Duisburg-Meiderich. Letztere ist das Herzstück des Landschaftsparks Duisburg-Nord und das spektakulärste Projekt der IBA. Das Ergebnis beeindruckt: Ob es Alpinisten sind, die in den alten Erzbunkern auf Klettertour gehen; Taucher, die im wassergefüllten Gasometer in die Tiefe schweben; Theater- und Konzertliebhaber, die hier Aufführungen besuchen oder Touristen, die von den Hochöfen weit ins Ruhrgebiet spähen – der alte Stahlkoloss ist heute ein Besuchermagnet.

Geradezu exemplarisch für die Montanindustrie ist die Geschichte des Hüttenwerks: Kurz nach der Jahrhundertwende gründete August Thyssen seine »Aktiengesellschaft für Hüttenbetrieb« in Meiderich, die im Jahr 1903 in Betrieb ging. Die deutsche Wirtschaft boomte, der Bedarf an Eisen und Stahl war nicht zuletzt durch den Ausbau der Eisenbahnverbindungen enorm. Die Rohstoffvorkommen des Reviers machten aus dem ländlichen Gebiet an der Ruhr innerhalb kürzester Zeit die größte Industrieregion Deutschlands. Die Bedeutung des Ruhrgebiets als Industriestandort blieb bis in die 1950er Jahre ungebrochen. Mit der Kohlekrise begann dann jedoch der Strukturwandel in der ausschließlich von der Montanindustrie geprägten Region. Es folgte das »Zechensterben« und schließlich, nach der Stahlkrise, kam im Jahr 1985 auch das Aus für Meiderich und seine 8000 Arbeiter.

Mit der IBA wurde dem Industriedenkmal neues Leben eingehaucht. Der umliegende Park ist einer von vielen der Region, die über die Jahrzehnte zum Emscher Landschaftspark zusammenwachsen sollen; eine Vision, die weit in die Zukunft reicht. Es bleibt viel zu tun, denn auch der bittere Strukturwandel ist längst nicht abgeschlossen. Es gilt, um es mit einem alten Bergmannsgruß zu sagen: Glück auf!

Der Erweiterungsbau des Jüdischen Museums in Berlin
Ein Bauwerk aus den Linien der Geschichte

Architekten:
Eingangsbau
Philipp Gerlach, 1734-1735
Hermann Friedrich Waesemann, 1856-1858
Wiederaufbau 1963-1965
Erweiterungsbau
Daniel Libeskind, 1989-1998

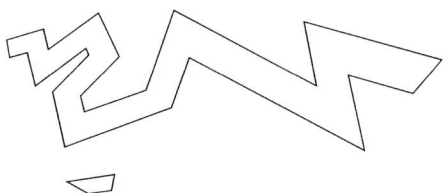

Die Dachaufsicht des Erweiterungsbaus.

Die Metallfassade erinnert an eine Collage.
Im Innern durchdringen rohe Betonstreben
das Haupttreppenhaus (gegenüber).

Wie macht man die unfassbare Leere spürbar? Jene Leere, die sich nach dem Holocaust auftat, die an Stelle der Menschenleben trat, die dem national-sozialistischen Wahn zum Opfer gefallen waren. All die ausgelöschten Leben haben Leerräume hinterlassen, nicht nur in ihren Familien, auch in der deutschen Gesellschaft, in der Geistes- und Kulturlandschaft unseres Landes. Ein Ort, an dem dies besonders deutlich wird, ist Berlin, die kulturelle Metropole der Zwanziger Jahre, in der die Nazis den Holocaust geplant und mit der perversesten Akribie organisiert hatten. In diesem Bewusstsein entwarf Daniel Libeskind, der selbst als Kind vor den Nationalsozialisten fliehen musste, seinen Erweiterungsbau. Ihn trieb die Überzeugung, dass die Geschichte Berlins ohne den »intellektuellen, ökonomischen und kulturellen Beitrag der jüdischen Bürger der Stadt« weder zu verstehen noch zu erzählen ist; er sah weiter die Notwendigkeit, den Holocaust »physisch und spirituell in das Bewusstsein und die Erinnerung der Stadt zu integrieren«; und schließlich gelangte er zur Erkenntnis, dass nur durch ein allgemein verbreitetes und tiefes Wissen um jene »Leerräume«, von Libeskind »voids« genannt, eine »menschliche Zukunft für Berlin und Europa« sichergestellt werden kann. Bei der Formfindung ließ sich der Architekt von verschiedenen Aspekten leiten. Zunächst legte er ein Liniengerüst über den Stadtgrundriss, das die ehemaligen Wohnstätten von Geistesgrößen wie E.T.A. Hoffmann, Heinrich Heine und anderen verband. Dieses irrational anmutende Liniengeflecht, das er mit einem geborstenen Davidstern assoziierte, prägte den Grundriss seines Bauwerks. Weitere Inspirationsquellen waren ihm Arnold Schönbergs unvollendete Oper »Moses und Aron« sowie ein Buch mit den Namen aller deportierten und ermordeten Berliner Juden und letztlich Walter Benjamins Textcollage »Einbahnstraße«.

Das Ergebnis seiner intensiven theoretischen Vorarbeit war schließlich kein schlichter Museumsbau, sondern ein Kunstwerk. »Between the Lines« nannte Libeskind sein Werk. Herausgearbeitet aus einem Liniengeflecht, besteht der expressiv gezackte Baukörper aus drei Achsen und einer unterbrochenen Linie aus »voids«. Linien und Splitterformen finden sich auch an der Fassade, deren Fenster im Stil einer Collage auf der glänzenden Metallhaut des Bauwerks angeordnet sind.
Die Intensität des Eindrucks, die den Besucher umfängt, ist immens. Man gelangt in die eigentliche Ausstellung durch den Altbau des Museums. Beklemmung in der Eingangshalle. Die strengen Kontrollen erinnern hier daran, dass das Gespenst des Antisemitismus weiter in der Welt umgeht. Durch einen unterirdischen Gang gelangt man in das eigentliche Ausstellungsgebäude, dessen Raumfolgen durch die drei Achsen bestimmt werden: Die »Achse der Kontinuität« steht für die deutsch-jüdische Geschichte. Eine lange Treppenflucht, die symbolisch in die Zukunft weist, führt hier zur Ausstellung. Über die zweite Achse gelangt man in den »Garten des Exils und der Emigration«, die dritte Achse endet im »Turm des Holocaust«, einem schachtartigen, düsteren Raum, der nur über einen Spalt nahe der Decke Licht erhält. Hier erlebt der Besucher durch die Mittel der Architektur die Gefühle Angst, Grauen und Leere.
Mit den in Beton gefassten »voids«, den verstörend schrägen Räumen und den irrational wirkenden Durchdringungen der Bauteile hat Libeskind mehr als nur einen Ausstellungsbau geschaffen. Das Museum ist vielmehr eine feinsinnig entwickelte Bauskulptur, in der Geschichte fühlbar wird. Die Architektur ist hier ein Medium. Sie ergänzt in dieser Funktion die ständige Ausstellung, welche die 2000-jährige deutsch-jüdische Geschichte, die Gegenwart und die Zukunftsperspektiven reflektiert.

Der Neue Zollhof an der Düsseldorfer Medienmeile
Architektur als Attraktion

Architekten:
Frank O. Gehry Associates mit
Beucker Maschlanka und Partner,
1998 - 1999

Das höchste Gebäude des Neuen Zollhofs
ist der weiße Büroturm.

Das Spiegelbild in der Metallfassade ändert
sich mit jedem Schritt des Betrachters.

Der Wellengang entlang des alten Düsseldorfer Hafenbeckens ist sehenswert. An der Hafenmauer kräuselt sich das Rheinwasser sanft, doch an Land, nur wenige Schritte entfernt, türmen sich hier hohe, glitzernde Wellen auf. Die Häuserwände biegen und krümmen sich, als wäre ein mächtiger Wind in die Fassaden gefahren. Der Leitsatz der modernen Architektur »Form folgt Funktion«, der die Bauform eines Gebäudes streng dem Nutzen unterwirft, scheint im Sturm hinweggefegt. Gehrys Bauten an der »Medienmeile« sind eher eigenwillige Skulpturen als funktionale Architektur. Auf den ersten Blick demonstrieren die drei Gebäude den künstlerischen Anspruch des Star-Architekten, auf den zweiten Blick enthüllen sie dem Betrachter jedoch die enormen bautechnischen Möglichkeiten im Computerzeitalter. Dies gilt insbesondere für das mittlere Gebäude, das mit seiner Edelstahl-Fassade zwischen dem weiß verputzten Turmbau und dem mit Naturstein bekleideten dritten Bauwerk hervorsticht.

Wie ein Künstler hat sich der Architekt in seinem Atelier im kalifornischen Santa Monica daran gemacht, die richtige Form zu finden. Zunächst entstand ein Modell, das so lange bearbeitet wurde, bis es gefiel. Das fertige Modell wurde sodann dreidimensional eingescannt, um die Form mittels einer Software aus der Automobil- und Flugzeugindustrie in ein Computermodell zu übertragen. Einmal im Computer, konnten nun alle Maße des Modells in der Originalgröße des Bauwerks errechnet werden – bei den unregelmäßigen wellenförmigen Außenwänden entspricht dies einer Rechenleistung, die ein menschliches Gehirn allein wohl über Jahre beschäftigt hätte. Mit den exakten Koordinaten des Bauwerks wurden nun die entsprechenden Negativformen der Betonschalungen geplant. Deren digitale Daten wiederum wurden an eine computergestützte Fräsanlage weitergeleitet, die die Schalungselemente innerhalb

kürzester Zeit aus Kunststoffblöcken herausschnitt. Der Architekt des Einsteinturms hätte seine wahre Freude an dieser Technik gehabt.

Doch gerade die maßgeschneiderte Edelstahl-Fassade kam nicht ohne handwerkliche Feinarbeit aus. Zwar waren die Maße und Befestigungspunkte der Metallstreifen ebenfalls mittels Computertechnik bestimmt, doch das Falzen und Anbringen der Bleche übernahmen letztlich die unentbehrlichen Handwerker vor Ort.

In den 1980er und 90er Jahren revolutionierte der Computer nicht nur das Bauen, die neue Technik veränderte nahezu alle Bereiche des täglichen Lebens. Der von den Datenverarbeitungs- und Kommunikationstechnologien ausgelöste Produktivitätsboom brachte eine Technik- und Zukunftseuphorie hervor, die sich insbesondere in der wirtschaftlichen Entwicklung der 1990er Jahre niederschlug. Nahezu weltweit wurden neue Firmen gegründet, das Wachstum und die technologischen Möglichkeiten schienen unbegrenzt. Auch die Medien – nun erweitert um Internet und digitale Produktionsmethoden – profitierten und profitieren noch von dieser Zeit.

Viele Städte umwerben die zukunftsträchtige Branche. In Düsseldorf soll die »Medienmeile« die jungen, erfolgreichen Unternehmen anziehen. Das privat finanzierte Bauprojekt bedient sich dabei findig der Architektur als Werbemittel. Dass Architektur an sich in den letzten Jahrzehnten verstärkt öffentliches Interesse weckt, ist nicht zuletzt einigen »Star-Architekten« und einigen spektakulären Bauprojekten zu verdanken. Zu den prominentesten Architekten unserer Zeit zählt zweifellos Frank O. Gehry. Seine Bauwerke sind Garanten für Publicity und große Besucherströme, ganz gleich ob in Bilbao oder Düsseldorf.

In diesem Sinne folgt die Form seiner Bauwerke am Hafen ganz trefflich ihrer Funktion: der Medienwirksamkeit.

Das Reichstagsgebäude in Berlin – Spuren deutscher Geschichte

Architekten:
Paul Wallot, 1884-1894
Wiederaufbau
Paul Baumgarten, 1961-1972
Umbau
Foster + Partners, 1992-1999

Der Plenarsaal des Deutschen Bundestages.

Der von Peter Behrens gestaltete Schriftzug
»Dem Deutschen Volke« wurde erst im Jahr
1916 angebracht.

Das Reichstagsgebäude in Berlin, seit Beschluss vom Juni 1991 Sitz des Deutschen Bundestages, symbolisiert wie kein zweiter Ort Höhen und Tiefen des Parlamentarismus und der Demokratie in Deutschland. Man denke nur an die Flammen, die im März 1933 nicht nur das Gebäude zerstörten, sondern das Fanal zum Untergang der ersten deutschen Republik darstellten. Damals hatte das deutsche Parlament in Hermann Göring einen Präsidenten, der alle parlamentarischen und demokratischen Werte voller Hass verhöhnte und nichts so intensiv wie die Abschaffung aller mit dem Parlamentarismus einhergehenden Rechte betrieb. Man denke aber auch an die zentrale Rolle, die dem Ort im Rahmen der Wiedervereinigung und der heutigen, zweiten deutschen Republik zuerkannt wurde.

In der Verfassung des 1871 gegründeten Reiches spielte der Reichstag eine ambivalente Rolle; vom klassischen Parlamentarismus war man noch einige Schritte entfernt, aber immerhin gab es nun erstmals ein verfassungsgemäßes deutsches Parlament.

Der Architekt Paul Wallot plante den Bau, der durchaus die Zwiespältigkeit der Verfassung von 1871 spiegelt. Da ist zum einen die monumentale Geste mit der strikt durchgehaltenen Symmetrie, die den Betrachter eher an die imperiale Macht als an die Demokratie denken lässt. Da ist jedoch andererseits der Stil: Wallot wählte nicht eine der vielen Stilrichtungen des 19. Jahrhunderts, etwa den Klassizismus, den Baustil des preußischen Machtstaates, barocke Formen oder die Neugotik. Er mischte in nie dagewesener Weise sämtliche Spielarten des Historismus. Mit der Verschmelzung verschiedenster Stile wurde der dominante preußische Stil in den Hintergrund gerückt, so dass sich die einzelnen deutschen Länder mit ihren Stileigenheiten im Reichstag wiederfinden konnten.

Als bald nach der Wiedervereinigung der Umzug des Deutschen Bundestages in Wallots Monumentalbau beschlossen wurde, war klar, dass nicht nur aus benutzertechnischen Gründen ein umfassender Umbau nötig war. Man wollte die Spuren der bewegten Vergangenheit nicht verwischen, aber der neue Parlamentssitz sollte doch ein markantes Symbol der funktionierenden parlamentarischen Demokratie sein. Den Architekturwettbewerb gewann der britische Architekt Lord Foster mit einem beeindruckenden Entwurf, der das Reichstagsgebäude ohne Kuppel und asymmetrisch unter einer großräumigen, leichten Dachtragwerk platziert vorsah. Allein die Parlamentarier bestanden auf der Wiederherstellung der einstigen Gebäudesilhouette und damit auf einer Kuppelkonstruktion.

So kam es, dass der Architekt die Aufsehen erregende Glaskuppel entwarf, die heute als sichtbarster Ausdruck unserer Demokratie gilt. Gemahnt schon das Baumaterial an Transparenz, so symbolisiert die Begehbarkeit der Kuppel die Demokratie in offensichtlicher Weise: Das Parlament tagt wortwörtlich unter den Augen des Volkes, das von der spektakulären spiralförmigen Rampe einen Einblick in den Plenarsaal hat. Die Kuppel hat aber auch andere Funktionen: Die trichterförmige, verspiegelte Konstruktion inmitten der Kuppel streut das Tageslicht weit in den darunter liegenden Plenarsaal.

Die Kombination moderner Gestaltung mit den erkennbaren Spuren einer bewegten und problematischen Vergangenheit wird auch im Inneren durchgehalten: Die Graffitis russischer Soldaten, eingeritzt im April 1945, sind hier ebenso sichtbar wie einzelne Brandspuren aus dem Jahr 1933.

Einen besonders behutsamen Umgang wünschten die Parlamentarier auch mit dem Bundesadler im Plenarsaal. Lord Foster gestaltete ihn daher nur geringfügig um und beließ seinen ursprünglichen Bonner Charakter, so dass auch sein damaliger Spitzname, die »fette Henne«, erhalten blieb.

Die Werfthalle und das tropische Paradies von Brand

Architekten:
SIAT Architektur + Technik mit
Ove Arup & Partners, 1998-2000

Lange erwartet, paradiesisch, mit Palmen und tropischem Flair, endlich ist sie da: die blühende Landschaft. Bevor sich dieser Traum in der ehemaligen CargoLifter-Werfthalle materialisieren konnte, mussten allerdings einige Illusionen begraben werden.

Die Erste war die von Alt-Bundeskanzler Helmut Kohl, der den fünf neuen Bundesländern einst einen wirtschaftlichen Aufschwung und die Verwandlung in »blühende Landschaften« prophezeit hatte. Leider eine Fehleinschätzung, wie er selbst im Rückblick zugeben musste. Die Wiedervereinigung brachte nicht den erhofften Wirtschaftseffekt. Auch zahlreiche Subventionen konnten nicht verhindern, dass heute die wirtschaftliche Situation in großen Teilen der neuen Bundesländer immer noch weit schlechter ist als in den alten Ländern.

Die zweite Illusion war die der zahlreichen Kleinanleger, die Ende der 90er Jahre auf eine Vervielfachung ihrer Geldanlagen hofften und in blindem Optimismus in Aktien junger, scheinbar innovativer Unternehmen investierten. Das Leibniz-Zitat über die »beste aller Welten« wurde zum geflügelten Wort im Fieber der »New Economy«. Die Zukunft schien dem ungebremsten, immer währenden Wachstum der neuen Technologien zu gehören. Eine kleine Firma mit nichts mehr als einer Idee reichte aus, um die euphorischen Anleger in einen Kaufrausch zu treiben. Und eine Idee klang wirklich gut: Eine neue Generation von Luftschiffen sollte den Schwerlast-Transport revolutionieren. Unabhängig von Flug- und Seehäfen sollten die neuen Zeppeline ihre Fracht auch in die entlegendsten Winkel der Erde bringen. Doch eben diese Luftschiffe gab es noch gar nicht, sie mussten erst entwickelt werden. Was man vorweisen konnte, war eine Luftschiff-Werft. Und was für eine!
Auf dem ehemaligen Militärflugplatz in Brand, eine Autostunde südlich von Berlin, entstand eine gewaltige Stahl-

konstruktion, umhüllt von einer lichtdurchlässigen Kunststoff-Membran. Die größte stützenfreie Halle der Welt: 210 Meter breit, 360 Meter lang und 107 Meter hoch. Ein Raum, in dem die Freiheitsstatue stehend Platz fände, eine überdachte Fläche so groß wie acht Fußballfelder.

Platz genug für ein 240 Meter langes Luftschiff, das problemlos durch die gigantischen, beweglichen Schalentore an den Schmalseiten der Halle ein- und ausschweben könnte – wenn es denn käme. Doch es kam nie. Nachdem die Spekulationsblase des »Neuen Marktes« im Frühjahr 2000 geplatzt war, ging es mit zahlreichen neuen Firmen bergab. So erging es auch der Firma mit der Luftschiff-Idee. Nach der großen Hoffnung, nicht nur für die Anleger, sondern auch für die Spreewald-Region, die neue Arbeitsplätze erwartet hatte, kam die Pleite und die Werfthalle stand leer. Nach langen Unsicherheiten, man dachte gar daran, die Halle abzureißen, fand sich schließlich ein Investor und die Werfthalle wurde zum »Tropical Islands Dome«.

Ein wenig wie in Las Vegas, der Mutter der künstlichen Vergnügungswelten, kommt es einem schon vor. Zwischen dem »tropischen Meer« und der »Salzwasserlagune« erheben sich die aus Spritzbeton modellierten Felsen, auf denen tausende von Pflanzen arrangiert sind. Teile der Hallenmembran wurden eigens für die Pflanzen durch eine UV-Licht-durchlässige Kunststoff-Folie ersetzt. Die Raumtemperatur von durchschnittlich 25 Grad – der Heizaufwand ist gigantisch – sorgt für das Wohlfühlen in tropischer Landschaft. Die unverblümte Künstlichkeit dieser tropischen Gefilde hat durchaus ihren Reiz. Wenn am virtuellen Horizont, auf der Multimedia-Wand gegenüber des Sandstrandes, je nach Stimmungsbedarf ein sommerlich blauer Himmel oder ein rotglühender Sonnenuntergang aufstrahlt, hofft man, dass all das mehr ist als nur eine weitere Illusion.

Die ehemalige Werfhalle für Schwerlast-Luftschiffe ist heute ein Tropenpark.

160

> Erst durch die Geschichte
> wird ein Volk sich seiner selbst
> vollständig bewusst.
>
> Arthur Schopenhauer

Das Deutsche Historische Museum in Berlin
Architektur im Dienst der Geschichte

Architekten:
Zeughaus
Johann Arnold Nering, Martin Grünberg,
Andreas Schlüter, Jean de Bodt, 1695-1730
Umbauten
Friedrich Hitzig, 1877-1880
Werner Harting, Kollektiv Otto Haesler,
1948-1965
Ioeh Ming Pei mit Winfried Brenne,
Schlaich, Bergermann + Partner, 1997-2003

Ausstellungsbau
Ioeh Ming Pei mit Eller + Eller, 1997-2003

Die Gründung zweier deutscher Staaten nach dem Zweiten Weltkrieg verdoppelte so ziemlich alles. Fortan gab es zwei Systeme und Regierungen, zwei Währungen, zwei grundverschiedene Bündnis-Zugehörigkeiten, später auch zwei UN-Vollversammlungssitze, Olympia-Mannschaften und so fort. Es ist keineswegs übertrieben zu sagen: Es gab auch zweierlei Geschichte. Als tragende Säule im marxistischen Theoriegebäude hatte sie in der DDR eine besonders wichtige Funktion. Geschichte musste die zwingende Gesetzmäßigkeit des Sieges des Sozialismus demonstrieren. Das ist der Historische Materialismus. Demgemäß verordnete die SED-Regierung eine offizielle Geschichtsschreibung und deren Propagierung, unter anderem mittels eines »Museums der deutschen Geschichte«, das man in den 50er Jahren im ehemaligen Zeughaus der brandenburgisch-preußischen Armee einrichtete. Dort wurde in verschiedenen Versionen der Historische Materialismus durchdekliniert, und dies bis zur endgültigen Niederlage des Systems.
Etwas unübersichtlicher gestalteten sich die Dinge in der Bundesrepublik. Sie hatte sich zur Rechtsnachfolge des Deutschen Reiches bekannt, ein Entschluss, der gleichwohl eher die Möglichkeit in sich barg, auch die dunkelsten Stunden deutscher Geschichte zu thematisieren, denn auch sie gehörten zum schwierigen Erbe. Das dauerte zwar – in den 50er Jahren war die jüngste Geschichte fast ein Tabu – aber spätestens seit Ende der 60er Jahre besteht ein Konsens dahingehend, dass der Holocaust als einzigartiges und schlimmstes Verbrechen in der Geschichte der Menschheit zu gelten und daher im Zentrum historischer Bemühungen zu stehen hat. Von der Pflicht zur Sinnstiftung war die Geschichtsschreibung in der Bundesrepublik weitgehend befreit. Das lag daran, dass sie systembedingt nicht von der Regierung aufgezwungen werden konnte.

Freilich, unter Bundeskanzler Helmut Kohl, selbst promovierter Historiker, kam die Idee auf, in Berlin ein staatliches Geschichtsmuseum zu gründen, durchaus auch als Gegenmodell zum DDR-Museum. Dies wurde 1987 mit der Gründung des »Deutschen Historischen Museums« in die Tat umgesetzt. Nun gab es in Berlin zwei historische Museen, die schließlich im September 1990 vereinigt wurden. Sitz dieser ersten vereinigten Kultureinrichtung wurde das Zeughaus.
Das Bauwerk stammt aus jener Zeit, in der Preußen zum Königreich wurde. Zu seiner eigentlichen Funktion als Waffenlager gesellte sich nun das Bedürfnis des 1701 zum König erhobenen Hohenzollern Friedrich I., mit dem prachtvollen barocken Bauwerk seine Macht zu demonstrieren.
Um die umfangreichen Ausstellungen angemessen präsentieren zu können, benötigte man jedoch zusätzlichen Raum. Der einzig mögliche Ort für einen Anbau lag hinter dem Zeughaus in direkter Nachbarschaft zur Neuen Wache und zur Museumsinsel.
Der Architekt I. M. Pei, der vor allem für die Glaspyramide des Louvre bekannt ist, nennt seinen Erweiterungsbau ein »urban theatre« – ein städtisches Theater. Hier wird Berlin inszeniert. Das großzügig verglaste, mehrstöckige Foyer gewährt immer neue Ausblicke auf die historischen Bauten ringsum. Die Steinfassade des Neubaus nimmt auch farblich Bezug auf die klassizistischen Werke der Umgebung.
Im Zeughaus, wo die ständige Ausstellung ab 2006 zu sehen ist, wurde der Innenhof durch ein besonders leicht wirkendes Glasdach zum festlichen Innenraum. Diese beeindruckende Synthese aus alt und neu bietet einen gelungenen Rahmen für eine Darstellung der deutschen Geschichte. Mit dem Dichter und Historiker Friedrich Schiller sei daran erinnert: »Es ist keiner unter Ihnen allen, dem Geschichte nicht etwas Wichtiges zu sagen hätte.«

Die repräsentative Fassade des ehemaligen Zeughauses Unter den Linden.

DEUTSCHES HISTORISCHES MUSEUM

Der neue Ausstellungsbau des Deutschen
Historischen Museums.

Architekten:
Herzog & de Meuron, 2002-2005

Rot steht für den FC Bayern, Blau für 1860
und bei der WM 2006 erstrahlt die Arena
auch in Weiß.

Wie viele andere Stadien, trägt die Arena
den Namen ihres Sponsors.

Die Allianz Arena in München – ein Tempel für den Fußball

Welche Dinge prägen ein positives Bild von Deutschland in der Welt? Abgesehen natürlich von Bier, Kuckucksuhren und Luxusautos sind wir weltbekannt für unseren Fußball. Die Geschichte des deutschen Nationalfußballs nennt sich mit Recht stolz, blickt man auf die WM-Erfolge unserer Nationalelf.

Dass die Fußballgeschichte dabei stets auch die Geschichte und die Befindlichkeit des Landes spiegelte, ist ein ebenso viel beschworenes wie erstaunliches Phänomen. Man denke an das »Wunder von Bern« im Jahr 1954. War den Deutschen – aus begreiflichen Gründen – die Teilnahme an der Weltmeisterschaft 1950 versagt geblieben, zeigte sich vier Jahre später ein neues Bild von Deutschland. Das Land sah sich dank harter Arbeit aus den Kriegsruinen wiedererstanden, und der überraschende Sieg der Herberger-Truppe gegen die favorisierten Ungarn wurde zum Symbol des Wiederaufstiegs. »Wir sind wieder wer!« Die junge Bundesrepublik erlebte durch den Fußball erstmals ein positives Nationalgefühl. Die Weltmeisterschaft von 1974 brachte zunächst die historische Begegnung des bundesrepublikanischen Teams mit der DDR-Mannschaft, die das Spiel für sich entscheiden konnte. Doch ins WM-Finale schaffte es schließlich die Elf der Bundesrepublik, diesmal gegen die Holländer. Die Mannschaft ertrotzte sich den Titel in gewohnt kämpferischer Manier. Die Krise nach dem holländischen Führungstreffer wurde ganz im Stile des neuen Bundeskanzlers Helmut Schmidt überwunden: pragmatisch, energisch, schmucklos.

Dann 1990, einige Monate nach dem Weltfest des Mauerfalls und wenige Wochen vor der Wiedervereinigung, wiederholten die von »Kaiser« Franz Beckenbauer geführten Jungs in Rom den Triumph von 1954 und 1974. Angesichts solch auffallender Parallelen mag einem der Dornröschenschlaf der Nationalelf in jüngerer Vergangenheit verständlich erscheinen. Doch

nährt es auch die Hoffnung, dass die jüngst eingeleiteten Fußball-Reformen zum Erfolg führen und die oft beklagte Reformunfähigkeit des Landes nicht nur im Fußball widerlegt werden wird. In München steht die ideale Bühne für einen solchen Neuanfang, ein Fußballtempel, würdig einer Stadt mit zwei großen Vereinen und einer beeindruckenden Geschichte als Schauplatz welthistorischer Finale wie etwa des erwähnten von 1974.

Mit äußerster Kompromisslosigkeit inszenieren die Architekten in der neuen Münchner Arena Fußball, nichts als Fußball! Die Nähe zum Geschehen – sie ist hier der große Trumpf. 66 000 pilgern in das Stadion in fiebriger Erwartung, erzeugt und gesteigert durch die sensationelle Fassade: Fröttmaning leuchtet! Ja, die Arena strahlt – in der jeweiligen Farbe der Heimmannschaft. Rot für den FC Bayern oder Blau für den TSV 1860. Bei internationalen Spielen und der WM 2006 leuchtet das Stadion auch in Weiß.

Möglich wird diese spektakuläre Hülle durch rautenförmige, luftgefüllte Kissen aus hauchdünner Kunststofffolie; sie bilden die transparente Haut der Arena. Das Material, der Kunststoff ETFE, ist ein relativ neuer Baustoff. Wie die moderne Stahl-Glas-Architektur, deren Geschichte im 19. Jahrhundert mit den Bauten des Gärtners Joseph Paxton begann, verwendete man auch den Baustoff »Folie« zunächst an Gewächshäusern im Gartenbau. Die Weiterentwicklung der Kunststoffe hat in den letzten Jahrzehnten neue Baumaterialien von hoher Transparenz, Leichtigkeit und Brandsicherheit hervorgebracht, die sich nun anschicken, die Architektur zu revolutionieren. Die Allianz Arena mit einer der größten Membranhüllen der Welt ist deshalb ohne Zweifel ein richtungsweisendes Bauwerk.

Ebenso richtungsweisend, so die Hoffnungen der »Roten«, der »Blauen« und unserer Nationalelf, steht sie auch für eine leuchtende Fußballzukunft.

Ohne Optimismus
kein Hochhausbau

Christoph Ingenhoven

Bauzeit:
verschiedene Architekten, ab etwa 1950

Das höchste Gebäude der Skyline ist das Commerzbank-Hochhaus (gegenüber), rechts daneben ist der Rundturm des Main Tower zu sehen. Der Hauptsitz der EZB (unten) wird im Osten der Stadt entstehen.

Die Skyline von Frankfurt am Main
Eine Wirtschaftsmetropole zeigt Profil

Die Bedeutung der Mainmetropole war von je her enorm. Schon im Mittelalter war sie florierender Marktplatz und europäische Messestadt, Ort von Königswahlen und Kaiserkrönungen, Freie Reichsstadt, dann Sitz des Deutschen Bundes und schließlich 1848 Stadt der ersten deutschen Nationalversammlung. Frankfurt hat auch eine große intellektuelle Tradition, man denke nur an Johann Wolfgang von Goethe oder die Frankfurter Schule. Heute ist die Stadt am Main einer der wichtigsten Handels- und Finanzplätze Europas und Sitz der Europäischen Zentralbank.

Die treibende Kraft für den Erfolg der Stadt war stets der Handel: Im Mittelalter kreuzten sich hier wichtige europäische Handelsstraßen; heute liegen die Kreuzungspunkte der weltweiten, virtuellen Waren- und Geldströme in den Frankfurter Bankentürmen.

Der Höhendrang der Stadt begann nach dem Zweiten Weltkrieg, als die historische Innenstadt in Trümmern lag und die künftige Rolle Frankfurts in der Bundesrepublik hinter den Erwartungen seiner Bürger zurückzubleiben schien – die Bewerbung als Hauptstadt wurde von einer knappen Mehrheit im Parlamentarischen Rat abgelehnt.

Doch die Mainmetropole war durchaus attraktiv: Mit der größten deutschen Börse und mit ihrer neu ausgebauten Infrastruktur – allem voran dem Flughafen – zog sie die großen Banken und Konzerne an. Die wollten ihre Verwaltungen nach amerikanischem Vorbild effizient, zentralisiert und modern, also in Hochhäusern, organisieren.

Hochhäuser hatte es in Frankfurt schon früher gegeben; das erste, ein Industriegebäude, war bereits in den 20er Jahren entstanden. Dennoch sorgten die Bürobauten der Nachkriegszeit, meist nur sechs bis zehn Etagen hoch, für Diskussionen. Das Thema »Rekonstruktion oder Neuaufbau« erhitzte in Frankfurt, wie in anderen deutschen Städten, die Gemüter. Daher entstand in respektvollem Abstand zur Altstadt,

wo man Paulskirche und Goethehaus wieder aufbaute, das Frankfurt des 20. Jahrhunderts.

Obwohl noch lange Jahre der Kaiserdom mit seinem 95 Meter hohen Turm die »Schamgrenze« für die Bürobauten anzeigte, galt Frankfurt bereits in den 50er Jahren als »amerikanische« Hochhausstadt: »Mainhattan«. Die noch bescheidene Skyline wurde zu einem Symbol des Wirtschaftswunders.

In den 60er und 70er Jahren, mit der Protestbewegung, kamen die Hochhäuser etwas in Verruf. Mancher interpretierte sie als Zeichen verfehlter Stadtplanung oder gar als phallische Symbole des Kapitalismus.

Heute gehört die Skyline, die gerade Ende der 90er Jahre ein neues Profil gewann, zu den Touristenattraktionen der Stadt. Mit dem Commerzbank Tower (Foster + Partners, 1997) entstand nicht nur das damals höchste Gebäude Europas – ohne Antenne misst es 258,7 Meter – sondern auch ein ungewöhnliches Beispiel für »ökologisches« Bauen. Mit begrünten Lichthöfen, einer Klimafassade und ausgefeilter Haustechnik wurde das Hochhaus im Hinblick auf ein optimales Raumklima und niedrigen Energieverbrauch geplant.

Mit dem Main Tower (Schweger + Partner, 2000) bekam das Bankenviertel seine erste öffentliche Aussichtsplattform und damit eine Touristenattraktion. Auch außerhalb der Innenstadt entstanden und entstehen neue Wolkenkratzer: Seit 1991 markiert der Messeturm (Murphy/Jahn) das Messegelände und westlich des Bankenviertels fällt der runde Westhafen Tower (Schneider + Schumacher, 2003) ins Auge.

Im Osten, an der alten Markthalle, wird bis 2009 der von Coop Himmelb(l)au geplante Neubau der Europäischen Zentralbank in die Höhe wachsen. Als Heimat dieser einflussreichen Institution, die über die Stabilität des Euro wacht, setzt Frankfurt am Main seine historische Bedeutung als europäische Wirtschaftsmetropole direkt fort.

Die HafenCity in Hamburg – eine Stadtvision an der Elbe

Bauzeit:
verschiedene Architekten,
2003 bis voraussichtlich 2025

Der View Point bietet einen Ausblick auf die
wachsende HafenCity.

Das gesamte Planungsgebiet der HafenCity
umfasst 155 Hektar.

Es ist eine Attraktion besonderer Art, die man am Hamburger »View Point« bewundern kann: Eine Baustelle – das aktuell größte städtebauliche Projekt in Europa. In direkter Nähe zur Innenstadt entsteht hier auf ehemaligem Hafengebiet ein neues Stadtviertel. Geplant sind Wohnungen für über 10 000 Menschen, kulturelle Einrichtungen und natürlich Bürogebäude mit insgesamt 40 000 Arbeitsplätzen.

Etwa 155 Hektar umfasst das Projekt, das in den nächsten zwei Jahrzehnten zur HafenCity heranwachsen soll. Um den Hamburgern und auch den Touristen stets den aktuellen Stand der Bauarbeiten zu präsentieren, wird der View Point im Laufe der Zeit über die Baustelle wandern. So ist es zumindest gedacht, denn der von dem Architektenteam Renner Hainke Wirth im Jahr 2004 geplante knall-orange Aussichtsturm ist demontierbar. Der erste Standort des »mobilen« Turmes liegt unweit des Hamburger Cruise Centers – ein nur vorübergehend errichtetes Terminal für Kreuzfahrt-Schiffe, ebenfalls von Renner Hainke Wirth. Das endgültige Terminal wird in den nächsten zehn Jahren als Teil des zentralen Überseequartiers der HafenCity entstehen. Die Architekten haben für das provisorische Terminal bunte, gebrauchte Stahlcontainer verwendet. Eben solche Container haben letztlich die Umwandlung des alten Hafens in einen neuen Stadtteil herbeigeführt. Der Einsatz von genormten Containern und effektiven Containerschiffen, der die Logistik in den 1960er Jahren revolutionierte, führte in Hamburg zum Ausbau neuer Hafenanlagen am Südufer der Elbe und damit zu einem Bedeutungsverlust der alten Anlagen nahe der Speicherstadt. So entstand die Vision eines neuen innerstädtischen Quartiers entlang der alten Hafenbecken, dessen Masterplan schließlich im Jahr 2000 vom Hamburger Senat beschlossen wurde.

Alle anfänglichen Zweifel an der Umsetzbarkeit des ehrgeizigen Projekts scheinen heute widerlegt. Die ersten Wohnungen und Büros sind bereits bezogen und die Planungen nehmen sichtbar Gestalt an. Das gewaltige Bauvorhaben ist in mehrere Phasen gegliedert, die nach und nach – von West nach Ost – realisiert werden.

In der benachbarten Speicherstadt hat die städtische Entwicklungsgesellschaft HafenCity ein Informationszentrum eingerichtet. Von dem bei Touristen beliebten historischen Stadtteil sind es nur wenige Schritte zur HafenCity, die mit dem Kaispeicher B am Rande der Speicherstadt beginnt. Der im Jahr 1879 von Hanssen & Meerwein erbaute Speicher wird derzeit vom Architekturbüro MRLV zu einem Marinemuseum umgebaut. Es wird die erste Attraktion der HafenCity sein. Das neue Stadtquartier soll mit seinen Freiflächen und kulturellen Einrichtungen nicht nur die Wohnqualität Hamburgs steigern, sondern auch als Touristenmagnet wirken. Nicht zuletzt deshalb wird die maritime Tradition Hamburgs in der HafenCity weiter gepflegt: Im Sandtorhafen sollen historische Schiffe vor Anker liegen, während der Grasbrookhafen in eine Sportboot-Marina verwandelt wird.

Das bemerkenswerteste Einzelprojekt ist jedoch zweifellos die Elbphilharmonie an der westlichen Spitze der HafenCity. Der Bauplatz liegt quasi auf dem Dach des Kaispeichers A. Der im Jahr 1963 von Werner Kallmorgen erbaute Speicher soll nach dem Entwurf der Schweizer Architekten Herzog & de Meuron aufgestockt werden. Über dem schlichten, kubischen Bauwerk wird eine leichte, zeltartige Konstruktion mit einem wellenförmigen Dach entstehen. Neben Konzertsälen finden hier auch andere Nutzungen Platz, etwa ein Hotel und etliche Luxuswohnungen. Die Fertigstellung der Elbphilharmonie ist für das Jahr 2009 geplant. Über der restlichen HafenCity liegt noch viel Zukunftsmusik und es wird einige Zeit vergehen, ehe die Stadtvision in Gänze wahr werden kann.

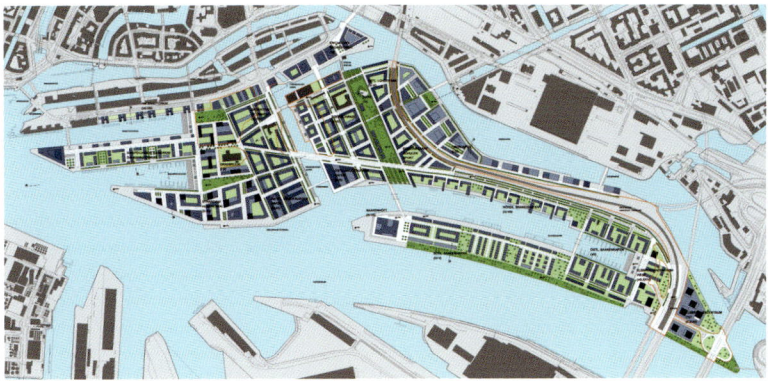

Der Entwurf für die Elbphilharmonie – auf
und im Kaispeicher A – stammt von den
Architekten Herzog & de Meuron.
Das städtebauliche Konzept (rechts) soll in
mehreren Bauphasen verwirklicht werden.

Literatur- und Internethinweise

Museum und Park Kalkriese

www.kalkriese-varusschlacht.de
www.varusforschung.de

Clunn, Tony: Auf der Suche nach den verlorenen Legionen. Hamburg 1998

Harnecker, Joachim: Arminius, Varus und das Schlachtfeld von Kalkriese. Bramsche 1999

Heine, A. (Hrsg.): Caesar – Tacitus. Berichte über Germanen und Germanien. Berlin 1996

Wiegels, Rainer; Woesler, Winfried: Arminius und die Varusschlacht. Paderborn 2003

Der Limes

www.limes-in-deutschland.de
www.limesstrasse.de
www.museen-aalen.de
www.saalburgmuseum.de

Dannheimer, Hermann (Hrsg.): Der römische Limes in Bayern. 100 Jahre Limesforschung. München 1992

Rabold, B.; Schallmayer E.; Thiel, A. (Hrsg.): Der Limes. Die deutsche Limes-Straße vom Rhein bis zur Donau. Stuttgart 2000

Schallmayer, Egon: Der obergermanisch-raetische Limes. Die Grenze des Imperium Romanum in Deutschland. In: www.archaeologie-online.de – Thema Limes.

Scholz, Markus: Das Ende des Limes. In: www.archaeologie-online.de – Thema Limes.

Das Trier der Römer

www.trier.de

Cüppers, Heinz: Trier – Lebendige Antike. Die Römerbauten. In: Unser Weltkulturerbe. Hrsg. v. Hans Christian Hoffmann, Dietmar Keller, Karin Thomas. Köln 2003; S. 13-26 und 27-36

Heinen, Heinz: Trier und das Treverland in römischer Zeit. Trier 1985

Ternes, Charles-Marie: Römisches Deutschland. Aspekte seiner Geschichte und Kultur. Stuttgart 1986

Die Pfalzkapelle in Aachen

www.aachendom.de

Becher, M.: Karl der Große. München 2002

Grimme, Ernst Günther: Der Dom zu Aachen. Architektur und Ausstattung. Aachen 1994

Machat, Christoph: Der Dom zu Aachen. In: Unser Weltkulturerbe. Hrsg. v. H. C. Hoffmann, D. Keller, K. Thomas. Köln 2003; S. 83-88

Die Klosterinsel Reichenau im Bodensee

www.reichenau.de

Borst, Arno (Hrsg.): Mönchtum, Episkopat und Adel zur Gründungszeit des Klosters Reichenau. Stuttgart 1974

Epple, B.; Berschin, W. (Hrsg.): Walahfrid Strabos Lob der Reichenau. Friedrichshafen 2000

Spicker-Beck, Monika; Keller, Theo: Klosterinsel Reichenau. Kultur und Erbe. Stuttgart 2001

Zettler, Alfons: Die frühen Klosterbauten der Reichenau. Sigmaringen 1988

Das Kloster Lorsch

www.kloster-lorsch.de

Bischoff, B.; Herde, P.: Die Abtei Lorsch im Spiegel ihrer Handschriften. o.O. 1989

Ericsson, Ingolf; Sanke, Markus (Hrsg.): Aktuelle Forschungen zum ehemaligen Reichs- und Königskloster Lorsch. Darmstadt 2004

Staatliche Schlösser und Gärten Hessen (Hrsg.): Weltkulturerbe Kloster Lorsch. Das Mittelalter erwacht. Regensburg 2003

Schnitzer, Paul (Hrsg.): Beiträge zur Geschichte des Klosters Lorsch. Lorsch 1980

Die Klosterkirche St. Michael in Hildesheim

www.st-michaelis-hildesheim.de
www.welterbe-hildesheim.de

Brandt, Michael (Hrsg.): Abglanz des Himmels. Romanik in Hildesheim. Regensburg 2001

Brandt, Michael; Eggebrecht, Arne (Hrsg.): Bernward von Hildesheim und das Zeitalter der Ottonen. Hildesheim 1993

Sommer, Johannes: St. Michael zu Hildesheim. Königstein 1989

Der Kaiserdom zu Speyer

www.dom-speyer.de

Haas, Walter: Romanische Kirchenbaukunst. St. Michael in Hildesheim und der Dom zu Speyer. In: Unser Weltkulturerbe. Hrsg. v. Hans Christian Hoffmann, Dietmar Keller, Karin Thomas. Köln 2003; S. 105-117

Kubach, Hans E.: Der Dom zu Speyer. 3 Bde. München 1972

Weinfurter, Stefan: Herrschaft und Reich der Salier. Grundlinien einer Umbruchzeit. Sigmaringen 1992

Winterfeld, Dethard von: Die Kaiserdome Speyer, Mainz, Worms und ihr romanisches Umfeld. Würzburg 1993

Dom und Liebfrauenkirche in Trier

www.trierer-dom.de

Berger-Keweloh, Nicola: Die Liebfrauenkirche in Trier. Studien zur Baugeschichte. Trier diss.phil. 1986

Helten, Leonhard, (Hrsg.): Streit um Liebfrauen. Eine mittelalterliche Grundrisszeichnung und ihre Bedeutung für die Liebfrauenkirche zu Trier. Trier 1992

Ronig, F. (Red.): Der Trierer Dom. Neuss 1980

Die Kaiserpfalz in Goslar

www.goslar.de

Dahlhaus, Joachim: Zu den Anfängen von Pfalz und Stiften in Goslar. In: Die Salier und das Reich. Hrsg v. Stefan Weinfurter. Bd. III. Sigmaringen 1991; S. 373ff.

Meckseper, Cord: Zur salischen Gestalt des Palas der Königspfalz Goslar. In: Burgen der Salierzeit. Hrsg. v. Horst Wolfgang Böhme. Bd. I. Sigmaringen 1992; S. 85ff.

Müller, Ursula; Griep, Hans G.: Kaiserstadt Goslar. Weltkulturerbe. Goslar 2000

Die Burg Trifels bei Annweiler

www.burgen-rlp.de

Gillingham, John: Richard Löwenherz. Eine Biographie. Herrsching 1990

Meyer, B.: Burg Trifels. Regensburg 2004

Müller, Wolfgang; Pleticha, Heinrich (Hrsg.): Des Reiches Glanz. Reichskleinodien und Kaiserkrönungen im Spiegel der deutschen Geschichte. Freiburg u. a. 1989

Reither, Hans; Seebach, Helmut: Der englische König Richard I. Löwenherz als Gefangener auf Burg Trifels. Annweiler 2003

Die Wartburg bei Eisenach

www.wartburg-eisenach.de

Asche, Sigfried: Die Wartburg. Ein Abriss der Baugeschichte. Dresden 1955

Hintzenstern, Herbert von: 300 Tage Einsamkeit. Dokumente und Daten aus Luthers Wartburgzeit. Weimar 2003

Karpe, Georg: Die Wartburg über Eisenach. Jena 1967

Schuchart, Günter: Die Wartburg. München 1992

Die Nürnberger Burg

www.schloesser.bayern.de

Engels, Odilo: Die Staufer. Berlin 1998

Neuhaus, Helmut (Hrsg.): Nürnberg. Eine europäische Stadt in Mittelalter und Neuzeit. Nürnberg 2000

Pfistermeister, Ursula: Wehrhaftes Franken 1. Um Nürnberg. Nürnberg 2000

Salley, Victoria: Kaiserburg Nürnberg. München 2002

Das Kloster Maulbronn

www.maulbronn.de

Deney, Noël; Kinder, Terryl Nancy (Hrsg.): Die Welt der Zisterzienser. Würzburg 1997

Knapp, Ulrich: Das Kloster Maulbronn. Geschichte und Baugeschichte. Stuttgart 1997

Untermann, Mathias: Gebaute unanimitas. Zu den »Bauvorschriften« der Zisterzienser. In: Zisterzienser. Norm, Kultur, Reform - 900 Jahre Zisterzienser. Hrsg. v. Ulrich Knefelkamp. Berlin u.a. 2001; S. 239-266

Die Altstadt von Lübeck

www.luebeck.de
www.wege-zur-backsteingotik.de

Albrecht, Thorsten; Giese, Gerd; Hacker, Hans-Joachim: Weltkulturerbestädte Lübeck Wismar Stralsund. Rostock 2004

Benevolo, Leonardo: Die Geschichte der Stadt. Frankfurt 1983

Thalheim, Gerlinde: Die Hanse. Macht des Handels. Der Lübecker Fernhandelskaufmann. Hrsg. v. Deutsche Stiftung Denkmalschutz. Bonn 2002

Stiebeling, Heiner, u.a.: Lübeck. Ein Führer durch die Bau- und Kunstdenkmäler der Hansestadt. Lübeck 1999

Die Löwenpfalz in Braunschweig

www.braunschweig.de

Biegel, G. (Hrsg.): Heinrich der Löwe und seine Burg Dankwarderode. Braunschweig 1990

Jordan, Karl: Heinrich der Löwe. Eine Biographie. München 1993

Königfeld, Peter; Roseneck, Reinhard: Burg Dankwarderode – ein Denkmal Heinrichs des Löwen. Bremen 1995

Niehoff, Franz, u.a. (Hrsg.): Heinrich der Löwe und seine Zeit. Herrschaft und Repräsentation der Welfen 1125-1235. Katalog zur Ausstellung in Braunschweig 1995. 2 Bde. München 1995

Rothenburg ob der Tauber

www.rothenburg.de

Colhausen, August von: Die Befestigungsweisen der Vorzeit und des Mittelalters. Würzburg 2003

Holstein, Kurt: Rothenburger Stadtgeschichte. Ein Gang durch ein Jahrtausend der ehemals Freien Reichsstadt. Rothenburg o.Tauber o.J.

Pfistermeister, Ursula: Wehrhaftes Franken 1. Um Nürnberg. Nürnberg 2000

Das Freiburger Münster

www.dompfarrei-freiburg.de
www.muensterbauverein-freiburg.de

Kunze, Konrad: Himmel aus Stein. Das Freiburger Münster. Freiburg u. a. 1995

Schaufelberger, Benedikt: Wie die Freiburger ihr Münster bauten. Freiburg 2000

Vellguth, Friedrich: Der Turm des Freiburger Münsters. Versuch einer Darstellung seiner Formenzusammenhänge. Tübingen 1986

Der Bamberger Dom

www.eo-bamberg.de

Freise-Wonka, Christine; Ebers, Peter: Bamberg. Weltkulturerbe. Bamberg 2004

Neundorfer, Bruno: Der Dom zu Bamberg. Mutterkirche des Erzbistums. Bamberg 1987

Reitzenstein, Alexander Freiherr von: Die Geschichte des Bamberger Domes. Von den Anfängen bis zu seiner Vollendung im 13. Jahrhundert. München 1984

Schuller, Manfred (Hrsg.): Das Fürstenportal des Bamberger Domes. Bamberg 1993

Seifert, Gerhard; u.a.: Bamberg. Die Altstadt als Denkmal. München 1981

Der Dom zu Köln

www.dombau-koeln.de

Beuckers, Klaus G.: Der Kölner Dom. Darmstadt 2004

Kaltwasser, Ute: Der Kölner Dom wie ihn keiner kennt. Köln 1998

Schneider, Wolf: Der Kölner Dom. Wie die Deutschen zu ihrem Weltwunder kamen. Hamburg 1991

Schock-Werner, Barbara: Kölner Dom. Köln 2005

Wolff, Arnold: Der Kölner Dom. Köln 1989

Quedlinburg

www.quedlinburg.de

Althoff, Gerd: Die Ottonen. Königsherrschaft ohne Staat. Stuttgart 2005

Kaps, Sebastian; Döhmer, Cornelia; Pantenius, Michael: UNESCO-Welterbe in Sachsen-Anhalt. Halle/Saale 2002

Sage, Walter: Deutsche Fachwerkbauten. Königstein im Taunus 1976

Schauer, Hans-Hartmut: Das städtebauliche Denkmal Quedlinburg und seine Fachwerkbauten. Berlin 1990

Voigtländer, Klaus: Die Stiftskirche St. Servatii zu Quedlinburg. Berlin 1989

Das Ulmer Münster

www.ulmer-muenster.de

Baumhauer, Hermann; Feist, Joachim: Das Ulmer Münster und seine Kunstwerke. Stuttgart 1989.

Specker, Hans E.; Wortmann, Reinhard (Hrsg.): 600 Jahre Ulmer Münster. Stuttgart 1977

Wiegand, Herbert: Ulm. Geschichte einer Stadt. Stuttgart 1989

Das Rathaus von Stralsund

www.stralsund.de
www.stralsund-wismar.de
www.wege-zur-backsteingotik.de

Albrecht, Thorsten; Giese, Gerd; Hacker, Hans-Joachim: Weltkulturerbestädte Lübeck Wismar Stralsund. Rostock 2004

Kiesow, Gottfried; Grundner, Thomas: Backsteingotik in Mecklenburg-Vorpommern. Leipzig 2004

Kiesow, Gottfried: Wege zur Backsteingotik. Eine Einführung. Hrsg. v. Deutsche Stiftung Denkmalschutz. Bonn 2003

Wismar

www.wismar.de
www.stralsund-wismar.de
www.wege-zur-backsteingotik.de

Albrecht, Thorsten; Giese, Gerd; Hacker, Hans-Joachim: Weltkulturerbestädte Lübeck Wismar Stralsund. Rostock 2004

Hamm, Manfred und Hoppe, Klaus-Dieter: Wismar. Berlin 1991

Kindler, Christel; Weldt, Kuno: Wismar. Stadt an der Bucht. Bremen 1995

Das Rathaus in Bremen

www.rathaus-bremen.de

Albrecht, Stephan: Das Bremer Rathaus im Zeichen städtischer Selbstdarstellung vor dem 30-jährigen Krieg. Marburg 1993

Albrecht, Stephan: Mittelalterliche Rathäuser in Deutschland. Architektur und Funktion. Darmstadt 2004

Meier, Ulrich; Schreiner, Klaus (Hrsg.): Stadtregiment und Bürgerfreiheit. Göttingen 1994

Schädler-Saub, Ursula; Weyer, Angela (Hrsg.): Mittelalterliche Rathäuser in Niedersachsen und Bremen. Petersberg 2003

Die Fuggerei in Augsburg

www.fuggerei.de

Graf Fugger von Glött, Ulrich: Die Fuggerei.
Die älteste Sozialsiedlung der Welt. Augsburg
2003

Scheller, Benjamin: Memoria an der Zeitenwende. Die Stiftungen Jakob Fuggers des Reichen
vor und während der Reformation. Berlin 2004

Tietz-Strödel, Marion: Die Fuggerei in Augs-
burg. Studien zur Entwicklung des sozialen
Stiftungsbaus im 15. und 16. Jahrhundert.
Tübingen diss. phil. 1982

Weidenbacher, Joseph: Die Fuggerei in Augsburg. Die erste deutsche Kleinhaussiedlung.
Augsburg 1926

Die Lutherstätten in Wittenberg

www.wittenberg.de

Badstübner-Gröger, S.; Findeisen, P.: Martin
Luther. Städte. Stätten, Stationen. Eine kunst-
geschichtliche Dokumentation. München 1992

Die Lutherbibel. Ausgabe Stuttgart 1999

Hartung, Fritz: Deutsche Geschichte von 1519
bis 1648. Berlin 1971

Lilje, Hanns: Martin Luther. Reinbeck 2002

Die Stadtresidenz in Landshut

www.schloesser.bayern.de

Bayerische Verwaltung der staatlichen Schlösser, Gärten und Seen (Hrsg.): Stadtresidenz
Landshut. München o.J.

Hojer, Gerhard (Hrsg.): Der Italienische Bau.
Materialien und Untersuchungen zur Stadtresidenz Landshut. München u.a. 1994

Hubensteiner, Benno: Herzog Ludwig X. von
Niederbayern. In: Große Niederbayern. Hrsg.
v. Hans Bleibrunner. Landshut 1972; S. 65-72

Das Heidelberger Schloss

www.schloesser-magazin.de

Franzke, Irmela: Die Renaissance im deutschen Südwesten zwischen Reformation und
Dreißigjährigem Krieg. Karlsruhe 1986

Reiser, Rudolf: Die Wittelsbacher. 1180 - 1918.
Ihre Geschichte in Bildern. München 1979

Wiese, Wolfgang: Schloss Heidelberg.
München u.a. 2005

Das Rathaus in Augsburg

www.augsburg.de

Burke, Peter: Die europäische Renaissance.
München 2005

Skalecki, Georg: Deutsche Architektur zur Zeit
des Dreißigjährigen Krieges. Der Einfluß Itali-
ens auf das deutsche Bauschaffen. Regensburg 1989

Kadatz, H.-J.: Deutsche Renaissancebaukunst
von der frühbürgerlichen Revolution bis zum
Ausgang des Dreißigjährigen Krieges. Berlin
1983

Kießling, H.: Augsburg und sein Rathaus. Die
Sanierung des Rathauses und des Perlachtur-
mes. Die Rekonstruktion des Goldenen Saales
und eines Fürstenzimmers. Augsburg 1985

Die Rathäuser von Münster und Osnabrück

www.muenster.de
www.osnabrueck.de
www.lwl.org

Duchhardt, Heinz (Hrsg.): Der Westfälische
Friede. München 2001

Findeisen, Jörg-Peter: Der Dreißigjährige Krieg.
Wien 2002

Galen, Hans: Münster und Westfalen zur Zeit
des Westfälischen Friedens geschildert durch
den päpstlichen Gesandten Fabio Chigi.
Regensberg 1997

Hartung, Fritz: Deutsche Geschichte von 1519
bis 1648. Berlin 1971

Das Alte Rathaus in Regensburg

www.museen-regensburg.de

Angerer, Martin; Färber, Konrad M.; Paulus,
Helmut-Eberhard: Rathausführer Altes Rathaus
und Reichstagsmuseum. Regensburg 2001

Fürnrohr, Walter: Der Immerwährende Reichstag zu Regensburg. Das Parlament des Alten
Reiches. Regensburg u. a. 1963

Vierhaus, Rudolf: Staaten und Stände. Vom
Westfälischen Frieden bis zum Hubertusburger
Frieden. 1648 bis 1763. Berlin 1984

Der Schlosspark Wilhelmshöhe in Kassel

www.schloesser-hessen.de
www.wilhelmshoehe.de

Becker, Horst; Hartmann, Jens; Kröner, Alexander: Das Gesamtkunstwerk Wilhelmshöhe in
Kassel. Worms 2005

Mathieu, Kai R. (Hrsg.): Schlosspark Wilhelmshöhe Kassel. Regensburg 2002

Mathieu, Kai R. (Hrsg.): Wasserkünste im
Schlosspark Wilhelmshöhe. Regensburg 2000

Sander, Helmut: Das Herkules-Bauwerk in
Kassel-Wilhelmshöhe. Kassel 1981

Der Zwinger in Dresden

www.skd-dresden.de
www.schloesserland-sachsen.de

Ermisch, Hubert Georg: Der Dresdner Zwinger.
Dresden 1956

Marx, Harald: Matthäus Daniel Pöppelmann.
Der Dresdner Zwinger. Vom Festbau zum
Museum. Frankfurt am Main 2000

Matthäus Daniel Pöppelmann. 1662-1736. Ein
Architekt des Barock in Dresden. Katalog zur
Ausstellung. Dresden 1987

Kloster Ettal

www.kloster-ettal.de
www.abtei-ettal.de

Hörhammer, Edelbert, Abt von Ettal (Hrsg.):
Festschrift zum Ettaler Doppeljubiläum 1980.
Ettal 1981

Koch, Laurentius: Basilika Ettal. München 1996

Thomas, Heinz: Ludwig der Bayer. Kaiser und
Ketzer. Regensburg u.a. 1993

Die Residenz in Würzburg

www.schloesser.bayern.de
www.tiepolo-wuerzburg.net

Bachmann, Erich; von Roda, Burkard: Residenz Würzburg und Hofgarten. München 1994

Hubala, Erich; Mayer, Otto: Die Residenz zu
Würzburg. Würzburg 1984

Krückmann, Peter O.: Der Himmel auf Erden.
Tiepolo in Würzburg. 2 Bde. München 2000

Die Frauenkirche in Dresden

www.frauenkirche-dresden.org

Gerlach, Siegfried: George Bähr. Köln 2005

Gretschel, Matthias: Die Dresdner Frauenkirche. Hamburg 1994

Rader, Olaf B.: Kleine Geschichte Dresdens.
München 2005

Strehlow, Hans: Der Atem der Steine. Die Ruine der Frauenkirche in Dresden. Mainz 1993

Stiftung Frauenkirche Dresden (Hrsg.): Die
Frauenkirche zu Dresden. Dresden 2005

Schloss Augustusburg in Brühl

www.schlossbruehl.de

Hansmann, Wilfried: Die Schlösser Augustusburg und Falkenlust in Brühl. Worms 2002

Hoppe, Stephan: Was ist Barock? Architektur
und Städtebau Europas 1580-1770. Darmstadt
2003

Rothkamp, Hans: Schloss Augustusburg und
Park. Erfurt 2005

Die Wieskirche bei Steingaden

www.wieskirche.de

Bauer, Herrmann; Bauer, Anna: Johann Baptist
und Dominikus Zimmermann. Entstehung und
Vollendung des bayerischen Rokoko. Regensburg 1985

Kirchmeir, Msgr. Georg; Hasenmüller, Margret:
Die Wies. Wallfahrtskirche zum Gegeisselten
Heiland. Lechbruck o.J.

Lampl, Sixtus: Dominikus Zimmermann.
München 1987

Das Schloss Sanssouci in Potsdam

www.spsg.de
www.preussen.de

Augstein, Rudolf: Preußens Friedrich und die
Deutschen. Nördlingen 1986

Giersberg, Hans-Joachim: Friedrich II. als
Bauherr. Studien zur Architektur des 18. Jahrhunderts in Berlin und Potsdam. Berlin 2001

Haffner, Sebastian: Preußen ohne Legende.
München 1981

Krockow, Christian Graf von: Potsdam als
Darstellung Preußens. In: Unser Weltkulturerbe.
Hrsg. v. Hans Christian Hoffmann, Dietmar
Keller, Karin Thomas. Köln 2003; S. 304-308

Mielke, Friedrich: Potsdamer Baukunst. Das
klassische Potsdam. Berlin 1998

Streidt, Gert, u.a.: Sanssouci. Schlösser und
Gärten von Potsdam. Berlin u.a. 1991

Die Wörlitzer Anlagen

www.gartenreich.com

Bechtholdt, Frank-Andreas; Weiss, Thomas (Hrsg.): Weltbild Wörlitz. Entwurf einer Kulturlandschaft. Ostfildern-Ruit 1996

Eisold, Norbert: Das Dessau-Wörlitzer Gartenreich. Der Traum von der Vernunft. Köln 1993

Institut für Auslandsbeziehungen e.V.; Kulturstiftung Dessau-Wörlitz (Hrsg.): Den Freunden der Natur und Kunst. Das Gartenreich des Fürsten Franz von Anhalt Dessau. Stuttgart 1997

Sühnel, Rudolf: Der englische Landschaftsgarten in Wörlitz als Gesamtkunstwerk der Aufklärung. Heidelberg 1997

Trauzettel, Ludwig: Das historische Dessau-Wörlitzer Gartenreich. München u.a. 2000

Weiss, Thomas: Das Gartenreich Dessau-Wörlitz. Hamburg 2004

Weimar, Stadt der Klassik

www.swkk.de

Dolgner, Dieter: Die Architektur der Goethezeit in Weimar. Weimar 1999

Goethe, Johann Wolfgang: Die Leiden des jungen Werthers. Ed. cit. Ditzingen 1999

Grüning, Uwe; Pietsch, Jürgen M.: Goethes Gartenhaus. Leipzig 1999

Ulferts, Gert-Dieter (Red.): Dichterhäuser in Weimar. München 2005

Vulpius, Wolfgang: Der Goethepark in Weimar. Weimar 1962

Das Brandenburger Tor in Berlin

www.stadtentwicklung.berlin.de

Cullen, M. S.; Kieling, U.: Das Brandenburger Tor – ein deutsches Symbol. Berlin 2000.

Laabs, Rainer: Das Brandenburger Tor. Brennpunkt deutscher Geschichte. München 2001

Stiftung Denkmalschutz Berlin (Hrsg.): Das Brandenburger Tor. Weg in die Geschichte. Tor in die Zukunft. Berlin 2003

Die Neue Wache in Berlin

www.stadtentwicklung.berlin.de

Ibbeken, Hillert; Blauert, Elke (Hrsg.): Karl Friedrich Schinkel. Stuttgart u.a. 2001

Fessmann, Jörg (Hrsg.): Streit um die Neue Wache. Zur Gestaltung einer zentralen Gedenkstätte. Berlin 1993

Stölzl, Christoph (Hrsg.): Die Neue Wache Unter den Linden. Ein deutsches Denkmal im Wandel der Geschichte. Berlin 1993

Die Museumsinsel in Berlin

www.smb.museum
www.museumsinsel-berlin.de

Gaehtgens, Thomas W.: Die Berliner Museumsinsel im Deutschen Kaiserreich. München 1992

Schuster, Peter-Klaus; Steingräber, Cristina Inês: Museumsinsel Berlin. Berlin u.a. 2004

Wedel, Carola (Hrsg.): Die neue Museumsinsel. Der Mythos. Der Plan. Die Vision. Berlin 2002

Das Hambacher Schloss

www.hambacher-schloss.de

Grewenig, Meinrad M. (Hrsg.): Das Hambacher Schloß. Ein Fest für die Freiheit. Ostfildern 1998

Historischer Verein – Bezirksgruppe Neustadt (Hrsg.). Das Hambacher Fest 1832. Hambacher Vorträge 1982. Neustadt 1982

Nipperdey, Thomas: Deutsche Geschichte. Bd. I: 1800-1866. Bürgerwelt und starker Staat. München 1993; insb. S. 366ff.

Willms, Johannes: Nationalismus ohne Nation. Deutsche Geschichte von 1789 bis 1914. Düsseldorf 1983; insb. S. 125ff.

Die Paulskirche in Frankfurt am Main

www.bpb.de
www.stadtgeschichte-ffm.de

Bartetzko, Dieter: Denkmal für den Aufbau Deutschlands. Die Paulskirche in Frankfurt am Main. Königstein im Taunus 1998

Bartetzko, Dieter: Ein Symbol der Republik. Geschichte und Gestalt der Frankfurter Paulskirche. In: Architektur und Demokratie. Hrsg. v. W. J. Stock, I. Flagge. Stuttgart 1992

Mick, Günter: Die Paulskirche. Streiten für Einigkeit und Recht und Freiheit. Frankfurt am Main 1988

Nipperdey, Thomas: Deutsche Geschichte. Bd. I: 1800-1866. Bürgerwelt und starker Staat. München 1993; insb. S. 595-673

Die Semperoper in Dresden

www.semperoper.de

Magirius, Heinrich: Die Semperoper zu Dresden. Entstehung. Künstlerische Ausstattung. Ikonographie. Leipzig 2000

Klempnow, Bernd: Semperoper. Dresden 2005

Mallgrave, Harry Francis: Gottfried Semper. Ein Architekt des 19. Jahrhunderts. Zürich 2001

Nerdinger, Winfried; Oechslin, Werner (Hrsg.): Gottfried Semper 1803-1879. Architektur und Wissenschaft. München 2003

König Ludwig II. als Bauherr

www.schloesser.bayern.de
www.herrenchiemsee.de
www.linderhof.de
www.neuschwanstein.de

Bunz, Achim; Petzet, Michael: Gebaute Träume. Die Schlösser Ludwigs II. von Bayern. München 1995

Herre, Franz: Ludwig II. von Bayern. Sein Leben – sein Land – seine Zeit. Stuttgart 1986

Nöhbauer, Hans: Auf den Spuren König Ludwigs II. München 1986

Die Völklinger Hütte

www.voelklinger-huette.org

Burckhardt, Lucius; Meyer-Veden, Hans: Alte Völklinger Hütte. Stuttgart 1997

Glaser, Harald: Museumsweg Alte Völklinger Hütte. Saarbrücken 1994.

Mörscher, Franz; Grewenig, Meinrad M.: Die Völklinger Hütte. Ostfildern 2001

Die Speicherstadt in Hamburg

www.speicherstadtmuseum.de

Altstaedt, K. H.: Quartiersmann in der Hamburger Speicherstadt. Hamburg 2003

Lange, Ralf; Batz, Michael: Speicherstadt – Ein Viertel zwischen Tradition und Vision. Hamburg 2002

Maak, Karin: Die Speicherstadt im Hamburger Freihafen. Eine Stadt an Stelle der Stadt. Hamburg 1985

Meyer-Veden, H.; Lange, R.; Sack, M.: Die Hamburger Speicherstadt. Berlin 1990.

Das Völkerschlachtdenkmal in Leipzig

www.stadtgeschichtliches-museum-leipzig.de
www.voelkerschlachtdenkmal.de

Loest, Erich: Völkerschlachtdenkmal. Roman. Hamburg 1984

Mann, Heinrich: Der Untertan. Ed. cit. München 1985

Nipperdey, Thomas.: Deutsche Geschichte. Bd. II,1: 1866-1918. Arbeitswelt und Bürgergeist. München 1993; insb. S. 738 ff.

Stadtgeschichtliches Museum Leipzig (Hrsg.): Völkerschlachtdenkmal. Leipzig 2004

Stadtges. Museum Leipzig (Hrsg.): Die Völkerschlacht bei Leipzig 1813. Leipzig 2004

Wehler, Hans Ulrich: Das deutsche Kaiserreich 1871-1918. Göttingen 1973

Die Künstlerkolonie auf der Mathildenhöhe in Darmstadt

www.mathildenhoehe.info

Hoffmann, Hans-C.; Mader, Richard: Darmstadt und der Jugendstil. Grasberg k.A.

Institut Mathildenhöhe Darmstadt (Hrsg.): Museum Künstlerkolonie Darmstadt. Darmstadt 1999

Lieb, Stefanie: Was ist Jugendstil? Darmstadt 2002

Olbrich, Joseph Maria: Architektur. Vollständiger Nachdruck der drei Originalbände von 1901-1914. Tübingen 1988

Ulmer, Renate: Jugendstil in Darmstadt. Darmstadt 1997

Die Anfänge der Moderne in Weimar
Von Henry van der Velde zum Bauhaus

www.kunstfreunde-weimar.de
www.uni-weimar.de
www.bauhaus.de

Canning, Susan M.: Henry van der Velde (1863-1957). Hrsg. v. Museum der Schönen Künste, Antwerpen. Antwerpen 1987

Dolgner, Dieter: Henry van der Velde in Weimar. 1902-1917. Weimar 1996

Droste, Magdalena: Bauhaus. 1919-1933. Hrsg. v. Bauhaus-Archiv Museum für Gestaltung. Köln 1991

Siebenbrodt, Michael: Bauhaus Weimar. Entwürfe für die Zukunft. Ostfildern 2000

Van der Velde, Henry: Geschichte meines Lebens. München 1962

Das Fagus Werk in Alfeld an der Leine

www.fagus-gropius.com

Giedion, Sigfried: Raum, Zeit, Architektur. Die Entstehung einer neuen Tradition. Ravensburg 1965

Gössel, Peter; Leuthäuser, Gabriele: Architektur des 20. Jahrhunderts. Köln 1990

Nerdinger, Winfried: Der Architekt Walter Gropius. Berlin 1996

Probst, Hartmut; Schädlich, Christian: Walter Gropius. Band 3: Ausgewählte Schriften. Berlin 1987

Der Einsteinturm in Potsdam

www.aip.de

Fischer, Ernst Peter: Einstein für die Westentasche. München 2005

Hentschel, Klaus: Der Einstein-Turm. Heidelberg u. a. 1992

Krausse, Joachim; Ropohl, Dietmar; Scheiffele, Walter: Vom großen Refraktor zum Einsteinturm. Gießen 1996

Limberg, Jörg; Staude, Jürgen: Erich Mendelsohns Einsteinturm in Potsdam. Potsdam 1994

Stephan, Regina (Hrsg.): Erich Mendelsohn. Gebaute Welten. Ostfildern-Ruit 1998

Das Chilehaus in Hamburg

www.chilehaus-hamburg.de

Pehnt, Wolfgang: Die Architektur des Expressionismus. Ostfildern-Ruit 1998

Bucciarelli, Piergiacomo: Fritz Höger, hanseatischer Baumeister. Berlin 1992

Fischer, Manfred F.: Das Chilehaus in Hamburg. Architektur und Vision. Berlin 1999

Hipp, Hermann; Meyer-Veden, Hans: Hamburger Kontorhäuser. Berlin 1988

Das Bauhaus in Dessau

www.bauhaus-dessau.de
www.bauhaus.de

Droste, Magdalena: Bauhaus. 1919-1933. Hrsg. v. Bauhaus-Archiv Museum für Gestaltung. Köln 2002

Engelmann, Christine; Schädlich, Christian: Die Bauhausbauten in Dessau. Berlin 1991

Rehm, Robin: Das Bauhausgebäude in Dessau. Berlin 2005

Tharandt, Elisabeth: Bauhaus. Weimar – Dessau – Berlin. Halle/Saale 2001

Die Weißenhof-Siedlung in Stuttgart

www.weissenhofsiedlung.de

Campbell, Joan: Der deutsche Werkbund 1907-1934. München 1989

Kirsch, Karin: Die Weißenhofsiedlung. Ein internationales Manifest. In: Moderne Architektur in Deutschland. 1900 bis 1950. Expressionismus und Neue Sachlichkeit. Hrsg. v. Vittorio Magnano Lampugnani, Romana Schneider. Stuttgart 1994

Kirsch, Karin: Kleiner Führer durch die Weißenhofsiedlung. Stuttgart 1989

Die Zeche Zollverein in Essen

www.zeche-zollverein.de

Busch, Wilhelm: F. Schupp, M. Kremmer. Bergbauarchitektur. Köln 1980

Ebert, Wolfgang: Kathedralen der Arbeit. Historische Industriearchitektur in Deutschland. Tübingen u.a. 1996

Geschichtswerkstatt Zollverein (Hrsg.): Zeche Zollverein. Essen 1996

Chevallerie, Huberta de la: Zeche Zollverein Schacht XII in Essen. Essen 2004

Das Reichsparteitagsgelände in Nürnberg

www.museen.nuernberg.de

Ogan, Bernd; Weiß, Wolfgang W. (Hrsg.): Faszination und Gewalt. Zur politischen Ästhetik des Nationalsozialismus. Nürnberg 1992

Dietzfelbinger, Eckart; Liedtke, Gerhard: Nürnberg – Ort der Massen. Das Reichsparteitagsgelände. Berlin 2004

Broszat, Martin; Frei, Norbert (Hrsg.): Das Dritte Reich im Überblick. Chronik Ereignisse Zusammenhänge. München u.a. 1996

Die Versöhnungskirche der KZ-Gedenkstätte Dachau

www.kz-gedenkstaette-dachau.de
www.versoehnungskirche-dachau.de

Brebeck, Wulff E.: Zur Arbeit in Gedenkstätten für die Opfer des Nationalsozialismus. Ein internationaler Überblick. Berlin 1988

Comité International de Dachau (Hrsg.): Konzentrationslager Dachau. o.O. o.J.

Flagge, I. (Hrsg.): Helmut Striffler Architekt. Fotograf Robert Häusser. Hamburg 2002

Das Denkmal für die ermordeten Juden Europas in Berlin

www.holocaust-mahnmal.de
www.holocaust-denkmal-berlin.de
www.shoa.de

Goldhagen, Daniel Jonah: Hitlers willige Vollstrecker. Ganz gewöhnliche Deutsche und der Holocaust. München 2000

Gutman, Israel; Jäckel, Eberhard; Longerich, Peter (Hrsg.): Enzyklopädie des Holocaust. Die Verfolgung und Ermordung der europäischen Juden. München 1998

Rauterberg, Hanno; Eisenman, Peter; Binet, Helene; Wassermann, Lukas: Peter Eisenman. Holocaust Mahnmal Berlin. Baden 2005

Stiftung Denkmal für die ermordeten Juden Europas (Hrsg.): Materialien zum Denkmal für die ermordeten Juden Europas. Berlin 2005

Der Flughafen Tempelhof in Berlin

www.flughafen-berlin.de

Demps, L.: Flughafen Tempelhof. Berlin 1998

Förster, Uwe; von Hochberg, Stephanie; Kubisch, Lutz-Ulrich: Auftrag Luftbrücke. Berlin 1999

Meuser, Philipp: Vom Fliegerfeld zum Wiesenmeer. Berlin 2000

Die Bonner Republik in Bauwerken

www.wegderdemokratie.de

Flagge, Ingeborg: Provisorium als Schicksal. In: Architektur und Demokratie. Bauen für die Politik von der amerikanischen Revolution bis zur Gegenwart. Hrsg. v. W. J. Stock, I. Flagge. Ostfildern-Ruit 1992; S. 224-245

Kil, Wolfgang: Das sympathische Experiment. In: »Dem Deutschen Volke«. Der Bundestag im Berliner Reichstagsgebäude. Hrsg. v. Heinrich Wefing. Bonn 1999

Recker, Marie-Luise: Geschichte der Bundesrepublik Deutschland. München 2005

Die Karl-Marx-Allee in Berlin

www.kma-portal.de

Hain, Simone: Berlin Ost: »Im Westen wird man sich wundern.« In: Neue Städte aus Ruinen. Deutscher Städtebau der Nachkriegszeit. Hrsg. v. W. Durth, N. Gutschow, W. Nerdinger, T. Topfstedt, K. von Beyme. München 1992

Hain, Simone: »Von der Geschichte beauftragt, Zeichen zu setzen.« Zum Monumentalitätsverständnis in der DDR. Beispiel der Gestaltung der Hauptstadt Berlin. In: Moderne Architektur in Deutschland 1900 bis 2000. Macht und Monument. Hrsg. v. Romana Schneider, Wilfried Wang. Ostfildern-Ruit 1998

Knabe, Hubertus: 17. Juni 1953. Ein deutscher Aufstand. München 2003

Mählert, Ulrich: Kleine Geschichte der DDR. München 2004

Nicolaus, Herbert; Obeth, Alexander: Die Stalinallee. Geschichte einer deutschen Straße. Berlin 1997

Das Dreischeibenhaus in Düsseldorf

www.thyssenkrupp.de

Erhard, Ludwig: Wohlstand für alle. Bearb. v. Wolfram Langer. München 1990

Hentrich, Helmut: Bauzeit. Aufzeichnungen aus dem Leben eines Architekten. Düsseldorf 1995

Nerdinger, Winfried; Schneider, Romana; Wang, Wilfried (Hrsg.): Architektur im 20. Jahrhundert. Deutschland. München 2000

Pehnt, Wolfgang: Ein Star kommt in die Jahre. In: Deutsche Architektur nach 1945. 40 Jahre Moderne in der Bundesrepublik. Hrsg. v. Mathias Schreiber. Stuttgart 1980

Die Kaiser-Wilhelm-Gedächtniskirche in Berlin

www.gedaechtniskirche.com

Feireiss, Kristin (Hrsg.): Egon Eiermann. Die Kaiser-Wilhelm-Gedächtnis-Kirche. Berlin 1994.

Schirmer, Wulf (Hrsg.): Egon Eiermann. 1904-1970. Bauten und Projekte. Stuttgart 2002

Jaeggi, Annemarie (Hrsg.): Egon Eiermann (1904-1970). Die Kontinuität der Moderne. Ostfildern-Ruit 2004

Durth, Werner; Gutschow, Niels; Nerdinger, Winfried; Topfstedt, Thomas; von Beyme, Klaus (Hrsg.): Neue Städte aus Ruinen. Deutscher Städtebau der Nachkriegszeit. München 1992

Die Berliner Mauer

www.berliner-mauer-dokumentationszentrum.de
www.mauer-museum.com

Hildebrandt, Alexandra: Die Mauer. Zahlen.
Daten. Berlin 2001

Küchenmeister, Daniel (Hrsg.): Der Mauerbau.
Krisenverlauf – Weichenstellung – Resultate.
Berlin 2001

Kruse, Michael: Politik und deutsch-deutsche
Wirtschaftsbeziehungen von 1945-1989. Berlin
diss. phil. 2005; insb. S. 80ff.

Mählert, Ulrich: Kleine Geschichte der DDR.
München 2004

Verein Berliner Mauer – Gedenkstätte und
Dokumentationszentrum (Hrsg.): Die Berliner
Mauer. Dresden o.J.

Der Olympiapark in München

www.olympiapark-muenchen.de

Behnisch & Partner: Behnisch & Partner.
50 Jahre Architektur. Stuttgart 1997

Dheus, Egon: Die Olympiastadt München.
Entwicklung und Struktur. Stuttgart u.a. 1972

Fox, Angelika (Red.): Olympia-Attentat 1972.
Hrsg. v. Landkreis Fürstenfeldbruck. Fürstenfeldbruck 1999

Klotz, Heinrich: Architektur in der Bundes-
republik. Gespräche mit Günter Behnisch,
Wolfgang Döring, Helmut Hentrich, Hans
Kammerer, Frei Otto, Oswald M. Ungers.
Frankfurt/Main u.a. 1977

Olympiapark München GmbH (Hrsg.):
Olympiapark München. Olympic Park Munich.
Das Dach der Welt. Sport und Vergnügen für
Millionen. München o.J.

Das Deutsche Architekturmuseum in
Frankfurt am Main

www.dam.inm.de

Flagge, I.; Schneider, R. (Hrsg.): Revision der
Moderne. Post-Modernism Revisited. In Memo-
riam Heinrich Klotz. Hamburg 2004

Hoffmann, Hilmar: Kultur für alle. Perspektiven
und Modelle. Frankfurt/Main 1984

Klotz, Heinrich: Moderne und Postmoderne.
Architektur der Gegenwart 1960-1980. Braunschweig u.a. 1985

Lampugnani, V. M. (Hrsg.): Museumsarchitek-
tur in Frankfurt 1980-1990. München 1990

Der Landschaftspark Duisburg-Nord
Teil der IBA Emscher Park

www.route-industriekultur.de
www.landschaftspark.de

Ebert, Wolfgang: Kathedralen der Arbeit.
Historische Industriearchitektur in Deutschland.
Tübingen u.a. 1996

Forßmann, Jörg: Der Landschaftspark Duisburg-Nord. In: Bauwelt 24/1991. Berlin 1991;
S. 1238-1247

Hoppe, Wilfried; Kronsbein, Stefan: Landschaftspark Duisburg-Nord. Duisburg 1999

Sack, Manfred: Siebzig Kilometer Hoffnung.
Die IBA Emscher-Park. Stuttgart 1999

Der Erweiterungsbau des Jüdischen
Museums in Berlin

www.juedisches-museum-berlin.de

Dorner, Elke: Daniel Libeskind, Jüdisches
Museum Berlin. Berlin 1999

Jüdisches Museum Berlin (Hrsg.): Zwei Jahr-
tausende deutsch-jüdische Geschichte. Ge-
schichten einer Ausstellung. Köln 2002

Winkler, Kurt; Boberg, Jochen u. a. (Hrsg.): Ein
Museum für Berlin. Positionen zum Erweite-
rungsbau des Berlin-Museums mit Jüdischem
Museum von Daniel Libeskind. Berlin 1995

Müller, A. M.: Libeskind, Daniel: Radix – Matrix.
Architekturen und Schriften. Hrsg. v. Museum
für Gestaltung Zürich. München 1994

Libeskind, Daniel: Jüdisches Museum Berlin.
Amsterdam u.a. 1999

Der Neue Zollhof in Düsseldorf

www.medienhafen.de

Gehry, Frank O.; Ragheb, J. F.: Frank Gehry,
Architect. Ostfildern 2001

Hamm, Oliver G.: Die Erneuerung des Düsseldorfer Hafens. Architekturzoo am Rhein. In:
deutsche bauzeitung db 2/2000; S. 52-66

Rempen, Thomas (Hrsg.): Frank O. Gehry. Der
Neue Zollhof Düsseldorf. Bottrop 1999

Das Reichstagsgebäude in Berlin

www.bundestag.de

Kieling, Uwe: Der Deutsche Reichstag. Geschichte des Parlamentshauses. Berlin 1998

Schulz, Bernhard: Der Reichstag. Die Architektur von Norman Foster. München 2000

Willms, Johannes: Nationalismus ohne Nation.
Deutsche Geschichte von 1789 bis 1914. Düsseldorf 1983; insb. S. 422ff.

Wefing, Heinrich (Hrsg.). »Dem Deutschen
Volke«. Der Bundestag im Berliner Reichstagsgebäude. Bonn 1999

Die Werfthalle und das tropische
Paradies von Brand

www.my-tropical-islands.com

Janner, Michele: »The worlds largest self-
supporting enclosure«. In: The Arup Journal,
2/2001; S. 24-31

SIAT/ARUP/SR: Luftschiffe in der Niederlausitz.
In: Bauwelt 1998. Heft 44; S. 2478-2481

Wefthalle für Luftschiffe. In: Detail – Zeitschrift
für Architektur + Baudetail. 6/2000; S. 984-985

Das Deutsche Historische Museum in
Berlin

www.dhm.de

Kretschmar, Ulrike (Hrsg.): I. M. Pei. Der Ausstellungsbau für das Deutsche Historische Museum Berlin. München u. a. 2003

Pei, I.M.: Die Ausstellungshalle des Deutschen
Historischen Museums. München 2003

VERNISSAGE. Die Zeitung zur Ausstellung,
Nr. 14/03, Jg. 122/D: Deutsches Historisches
Museum. Der Erweiterungsbau von I. M. Pei.

Die Allianz Arena in München

www.allianz-arena.org

Busse, C.; Hofmeister, S.; von Westphalen, J.:
Das Stadion: Allianz Arena in München. In:
Baumeister. B6. 4XL. München 2005

Dürr, Alfred, u.a.: Allianz Arena in München. In:
Detail. Zeitschrift für Architektur + Baudetail.
Konzept Stadien. 9/2005. München 2005

Moritz, Karsten; Barthel, Rainer: Bauen mit
ETFE-Folie. In: Transluzente Materialien. Glas.
Kunststoff. Metall. Hrsg. v. Frank Kaltenbach.
München 2003

Seitz, Norbert: Bananenrepublik und Gurken-
truppe. Die nahtlose Übereinstimmung von
Fußball und Politik 1954-1987. Frankfurt 1987

Die Skyline von Frankfurt am Main

www.frankfurt.de
www.maintower.de

Beyme, Klaus von: Frankfurt am Main. Stadt mit
Höhendrang. In: Neue Städte aus Ruinen.
Deutscher Städtebau der Nachkriegszeit.
Hrsg. v. W. Durth, N. Gutschow, W. Nerdinger,
T. Topfstedt, K. von Beyme. München 1992

Davies, Colin; Lambot, Ian: Commerzbank
Frankfurt. Prototype for an Ecological High-
Rise. Modell eines ökologischen Hochhauses.
Basel 1997

Flagge, Ingeborg: Main Tower. Berlin 2000

Menges, Axel: Sir Norman Foster and Partners.
Commerzbank, Frankfurt am Main. Stuttgart/
London 1997

Müller-Vogg, Hugo; Zimmer, Dirk: Hochhäuser
in Frankfurt. Frankfurt 1999

Rodenstein, Marianne: Hochhäuser in Deutschland. Stuttgart 2000

Die HafenCity in Hamburg

www.hafencity.com

db. Deutsche Bauzeitung. 6/2003: Hamburg.
Leinfelden 2003

HafenCity Hamburg GmbH (Hrsg.): HafenCity
Hamburg Projekte. Einblicke in die aktuellen
Entwicklungen. Hamburg 2005

Kossak, Egbert: Speicherstadt und Hafencity.
Hamburg 2004

Tölle, Alexander: Quartiersentwicklung an innerstädtischen Uferzonen. Die Beipiele Hamburg HafenCity, Lyon Confluence und Gdansk
Mlode Miasto. Berlin 2005

Autoren

Heike Werner

Jahrgang 1963
Architekturstudium an der
TU München
Seit 1998 publizistische Tätigkeit

Mathias Wallner

Jahrgang 1967
Studium der Geschichte an der
LMU München
Promotion über mittelalterliche Geschichte
Seit 2004 publizistische Tätigkeit

Abbildungsnachweis

Angegeben sind die Seitenzahlen (o/oben, u/ unten m/Mitte).

Abbildungen Schutzumschlag:

Vorderseite

  großes Bild
  Pfalzkapelle, Aachen:
  Bildarchiv Monheim /
  Florian Monheim/R. von Götz

  kleine Bilder (von oben nach unten)
  Reichstagsgebäude, Berlin; Kloster
  Lorsch; Versöhnungskirche, Dachau;
  Einsteinturm, Potsdam; Olympiapark,
  München; Dom zu Köln:
  Heike Werner (alle)

Rückseite

  kleine Bilder (von oben nach unten)
  Jüdisches Museum Berlin; Freiburger
  Münster; Palas Dankwarderode, Braun-
  schweig; Kaiser-Wilhelm-Gedächtnis-
  kirche, Berlin; Speicherstadt, Hamburg;
  Zeche Zollverein, Essen:
  Heike Werner (alle)

Frontispiz:
  Dom zu Köln: Heike Werner

Abbildungen Innenteil:

akg-images
  31 u, 32 u, 43 u, 48 u, 60 u, 61 u, 62 o,
  70 u, 76 u, 80 u, 100, 102 u, 104 u, 106 o,
  112, 120 o, 136 o, 140 o, 144 o
  Erich Lessing   30
  Museum Kalkriese   10
  Gert Schütz   146 o
  Michael Teller   75, 108 o
  Reimer Wulf   168 u

Bildarchiv Monheim
  Florian Monheim   39, 54, 56, 57, 58,
  59, 81, 84 u
  Florian Monheim/R. von Götz   55
  Schütze/Rodemann   38

bpk Berlin
  Foto: Klaus Lehnartz   98

Deutscher Bundestag.
  Fotograf: Achim Melde/Lichtblick   158 o

Domkapitel Aachen
  Foto: Ann Münchow   16 o

Hafencity Hamburg GmbH   169 u

Hannich, Sabine   26 o, 142 o, 154 o

Herzog & de Meuron   169 o

Kruppe, Peter   12 o

Kulturstiftung DessauWörlitz,
  Bildarchiv, Heinz Fräßdorf   90 o

Laub, Stefan   166

Leidorf, Klaus   13

Presse- und Informationsamt
  Osnabrück   70 o

Riehle, Tomas / artur   151

Tropical Islands Resort   160, 161

ullstein bild
  82 o, 142 u
  BPA   138 o
  CARO/Muhs   96
  Meldepress   138 u
  Nowosti   134
  Röhrbein   146 u

Wallner, Mathias   165 u

Weltkulturerbe Völklinger Hütte
  Gerhard Kassner   108 u

Werner, Heike
  2, 7, 8, 11, 12 u, 14, 15, 16 u, 17-25, 26 u,
  27-29, 31 o, 32 o, 33-37, 40-42, 43 o,
  44-47, 48 o, 49-53, 60 o, 61 o, 62 u,
  63-69, 71-74, 76 o, 77-79, 80 o, 82 m,
  82 u, 83, 84 o, 85-89, 90 u, 91-95, 97, 99,
  101, 102 o, 103, 104 o, 105, 106 u, 107,
  109-111, 113-119, 120 u, 121-133, 135,
  136 u, 137, 139, 140 u, 141, 143, 144 u,
  145, 147-150, 152 u, 153, 154 u, 155-157,
  158 u, 159, 162-164, 165 o, 167, 168 o

Zielske, Horst   152 o